Monetary Banking

货币银行学

杜 放 朱 疆 编著

清华大学出版社

北 京

内容简介

货币和银行是金融业的源头与基础。货币银行学是学习金融知识、研究金融问题的基础。

本书专门为高职高专货币银行学课程的教学而编写。全书共分10章。第一章和第二章介绍了金融的基础概念和基本原理。第三～五章论述了金融机构的主要类型与特征，以及最主要的金融机构——商业银行和中央银行的性质及业务。第六章论述了金融市场的类型、特征及运作方式。第七章和第八章论述了基础的货币需求、货币供给理论和两种货币现象"通货膨胀"与"通货紧缩"。第九章和第十章阐述了金融风险与金融监管的基本知识和中外金融创新的主要内容。

本书适用对象是高职高专学生、普通大中专学生，也可作为本科生的学习参考书和教师教学参考书。

图书在版编目(CIP)数据

货币银行学/杜放，朱疆编著. --北京：清华大学出版社，2015(2021.9重印)
高职高专经管类专业核心课程教材
ISBN 978-7-302-40278-7

Ⅰ. ①货… Ⅱ. ①杜… ②朱… Ⅲ. ①货币银行学－高等职业教育－教材 Ⅳ. ①F820

中国版本图书馆CIP数据核字(2015)第106319号

责任编辑：刘士平
封面设计：杨　拓
责任校对：袁　芳
责任印制：宋　林

出版发行：清华大学出版社
网　址：http://www.tup.com.cn，http://www.wqbook.com
地　址：北京清华大学学研大厦A座　**邮　编**：100084
社 总 机：010-62770175　**邮　购**：010-62786544
投稿与读者服务：010-62776969，c-service@tup.tsinghua.edu.cn
质量反馈：010-62772015，zhiliang@tup.tsinghua.edu.cn
课件下载：http://www.tup.com.cn，010-62795764

印 装 者：北京富博印刷有限公司
经　销：全国新华书店
开　本：185mm×260mm　**印　张**：16　**字　数**：385千字
版　次：2015年10月第1版　**印　次**：2021年9月第6次印刷
定　价：48.00元

产品编号：063702-02

前言 Foreword

金融是现代经济的核心。进入21世纪，金融理论与业务日新月异，对社会和经济生活产生深刻的影响。

货币银行学是金融学科的基础和核心教程。本书是在2005年1月朱疆老师主编的高职高专《货币银行学》教材的基础上修订编写的。在编写中，突出了以下几个特色。

(1) 基础性。保持货币银行学原理的基本框架，将重点放在对基础知识、基本原理、基本技能的掌握上。

(2) 先进性。在内容上反映最新的金融实践，比如网上银行、金融风险、金融监管等。

(3) 实用性。体现高职特色，理论以“够用”为度，突出问题讨论、案例分析与实务训练，使学生能真正地掌握和运用。

本书共分为四篇，其基本框架如下：第一章“货币与货币制度”和第二章“信用、利息与利率”为第一篇，阐述了金融学的基础知识，包括货币、信用的概念、本质与形式，利率的种类、决定因素与利率的效应等；第三～六章为第二篇，全面阐述了金融机构体系和金融市场体系，以及主要的金融机构和金融市场中主要的业务操作；第七章“基础货币理论”和第八章“通货膨胀与通货紧缩”为第三篇，介绍了货币需求、货币供给的基本理论，以及主要的货币现象“通货膨胀”和“通货紧缩”的成因及治理；第九章“金融风险与金融监管”和第十章“金融创新”为第四篇，阐述了金融风险与金融监管的基本知识以及中外金融创新的主要内容。

本书的编者均是深圳职业技术学院长期从事高职教育和高等教育的老师，具有深厚的理论功底与实践经验。具体分工如下：第一、二章由杜放修改编写，第三、四、五、六章由张显未修改编写，第七、八、九、十章由张壬癸修改编写。全书由杜放、朱疆担任主编并负责修改总纂。

本书力求具有鲜明的高职高专特色，在编写上做了一些尝试，但可能仍有不足。再加上编者水平有限，书中不当之处在所难免，敬请专家、学者和读者批评、指正。

编　者

2015年7月

目录
Contents

第一篇　货币、信用与利率

第二篇　金融机构与金融市场

第三篇　基础货币理论

第四篇　金融风险与金融创新

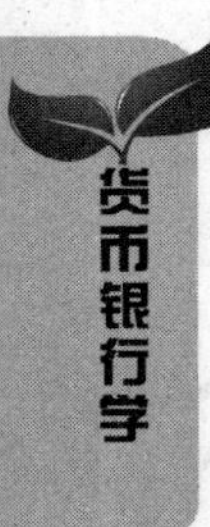

第一篇

货币、信用与利率

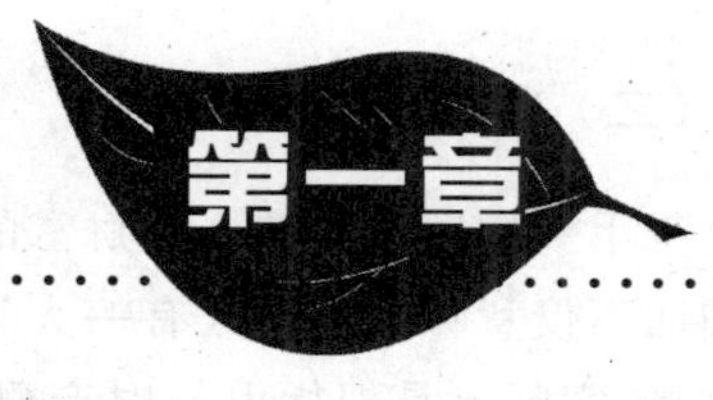

第一章 货币与货币制度

内容提要与学习要点

在现代社会中，货币扮演极其重要的角色。人们的日常生活离不开货币，经济的运转也必须依靠货币，货币是影响总产出、失业与通货膨胀的重要因素。现代经济的实质是货币经济。本章介绍货币的基本知识，包括货币的定义和度量、货币的职能、货币形态的演变、货币制度等内容。通过本章的学习，使学生掌握货币的定义、性质与职能，掌握现代货币的主要形态，理解货币制度构成要素的基本内容，在此基础上进一步掌握当前我国的货币制度。

第一节 货币的定义与职能

现代经济的实质是货币经济。但究竟什么是货币？它如何产生，如何演变，又有什么职能？本节将回答这些问题。

一、货币的定义

"货币"(Money)一词在日常生活中运用非常广泛，它的含义也很明确，然而经济学里货币具有特定的含义。为了清楚说明经济学中的货币，首先要澄清经济学中的货币与人们日常生活中的货币的区别。

日常生活中的货币概念

(一) 将货币视为通货或现金

通货(Currency)是指人们通常使用的纸币和硬币。比如我们上街购物时常说"你带钱了吗"，这里是将货币视为通货，即纸币和硬币。通货是货币的一种，但是在经济学中仅仅将货币视为通货未免过于狭窄，因为现金并不代表人们所进行的所有购买活动，信用卡或银行存款与现金一样，都可以用以支付所购买的商品和劳务。比如，一个人即使口袋里没有一张钞票，但他在银行里有大量的存款，有许多有价证券，人们仍会认为这人很有钱。又如，人们在购物时常常不使用现金而用信用卡或支票，因此信用卡与支票也可视为货币。所以，经济学上的货币显然比通货更广泛。

（二）将货币视为财富

货币一词还常常被当作财富的同义词使用。比如，"比尔·盖茨很有钱，是世界首富。"这句话不仅意味着当事人有一大笔存款，还有股票、珠宝、房子、车子、公司等。把货币定义为财富，实际上是把货币与财产概念相混淆。从经济学角度来说，货币的定义比财富要窄些，货币是社会财富的一般性代表，但它并不是财富本身，是社会财富的一部分。

（三）将货币视同为收入

货币概念还常常等同于收入。比如，人们常说："他收入很好，能挣很多钱。"在经济学中，收入是流量概念，表示一段时间内的收益总额；而货币是存量概念，表示某一时点上的金额。将货币定义为收入，则货币将无法计量。比如，某人收入为 2 万元，只有在得知他是每月收入 2 万元还是每年收入 2 万元（有具体的时间量度）后，才能判断他的收入是高还是低。

至此，我们看出，虽然货币一词经常使用，但其准确含义却难以界定。

（四）经济学中的货币含义

在经济学中，究竟什么是货币？

对货币的准确定义涉及对货币本质的认识，不同的经济学流派对此有不同的理论。本书介绍以下两种常见的定义。

1. 从一般等价物角度定义货币

马克思的货币本质理论认为，货币是从商品中分离出来的、固定地充当一般等价物的商品，并反映一定的社会经济关系。马克思的货币本质论包含这样两方面内容。

(1) 货币是商品。货币与其他商品一样，都是人类劳动的产物，具有商品的共性，是价值与使用价值的统一体。

(2) 货币是作为一般等价物的特殊商品。货币作为一般等价物的商品，不是普通商品，其特殊性体现在两个方面：①货币是价值的一般代表，能表现其他一切商品的价值。货币是价值的外在尺度。在商品经济中，一切商品的价值都要用货币来表现和衡量。只有交换到货币，生产劳动才能为社会所承认。而且有多少劳动得到承认，也取决于交换到多少货币。②货币是一般交换的媒介，具有和一切商品相交换的能力。普通商品只能满足人们某一特定的需要，不能与一切商品相交换。而货币是一般购买力的代表，货币在商品交换中起着中介作用，具有同一切商品相交换的能力。

2. 从货币的职能出发定义货币

现代经济学家通常从货币履行的职能角度来给货币下定义。货币的职能主要有四个：货币是交换的媒介、货币是计量的标准、货币是保存价值的手段、货币是延期支付的手段。很多著名的经济学家都从货币的支付手段职能角度定义货币。如英国经济学家马歇尔认为，货币是在一定时间或地点购买商品或劳务时，或支付开支时能毫不迟疑地为人们所普遍接受的东西。凯恩斯认为货币是具有一般购买力的、能被用来结清债务合同的价格的东西。弗里德曼认为货币是购买力的"暂栖所"，货币具有为一般人所能接受的交换媒介的职能。

综上所述，现代经济学对货币的一般性定义可表述为：货币是在商品或劳务的支付中或债务的偿还中被普遍接受的任何东西。[①]

二、货币的职能

任何经济社会中的货币，不论是黄金、白银，还是美元、英镑，都具有四种职能，即价值尺度、交换媒介、价值储藏与延期支付。

（一）价值尺度（Standard of Value）

货币的第一个职能是价值尺度，就是说可以用货币对各种各样的商品与劳务计算价值，这是货币最重要、最基本的职能。比如，1单位A商品等于5元，1单位B商品等于20元等。在现代经济社会中，每个国家货币名称不同，所代表的价值也有差异，如我国采用人民币作为货币的名称，货币单位是元，美国采用美元作为货币名称，日本是日元等。不同的货币在本国货币制度中，都担负同一责任，即衡量各种商品价值。

货币执行价值尺度职能时要通过价格标准这个中间环节完成，具体体现是价格。价格是商品价值量的货币表现，它主要受商品价值量、货币价值量和货币数量三个因素的影响。值得注意的是，货币在执行价值尺度职能时，只需要有观念上的货币就可以了，即在商品上贴上价格的标签，而不需要有现实的货币。

问题

设有一种畅销的洗发水，当出现以下现象时考虑其价格的变化。

(1) 生产该洗发水的企业劳动生产率提高，引起单位商品价值量下降。

(2) 该种货币贬值。

(3) 洗发水数量增多。

思考上述问题可得出结论：商品价格与货币价值量成反比，与商品价值量及货币数量成正比。故货币发行越多，物价越高，通货膨胀越厉害。

（二）交换媒介（Medium of Exchange）

货币的第二个职能是交换媒介，又称为流通手段，指货币在商品与劳务交换中充当交易媒介。在商品经济下，专业化分工越来越细，人们只生产一种商品而又需要多种商品，于是交换成为必然。由于以物易物的交换非常费事又难以成交，因此需要一种特殊商品专门充当交易媒介，这就是货币。可以说，作为价值尺度，货币证明了商品有没有价值，有多大价值；而作为交换媒介，货币实现了这种价值。

货币执行流通手段必须具有如下特点。①必须是现实的货币。流通手段体现的是“一手交钱，一手交货”的等价交换，所以货币必须是现实的和具体的。②可以是不足值货币，或货币符号。因为，货币作为交换的媒介，不断地从一个人手中转移到另一个人手中，人们只关心货币能否换回自己所需要的东西，而货币本身是什么或是否足值并不重要。

货币执行交换媒介的职能，它实际上已成为一般购买力，即能够同任何商品相交换的能

---

① [美]米什金．货币金融学[M]．北京：中国人民大学出版社，1998：47.

力。这样,商品交换就变成了两个独立的步骤:一个是买,一个是卖。买卖行为的分离,使商品经济大大向前发展。

举例　货币的交换媒介职能

王先生是教授经济学的老师。他同时还需要大米。如果没有引入货币,王先生必须找到一家生产大米的农户,用讲授经济学换取大米,而该农户也恰巧需要听他的经济学课程。如果引入货币,王先生可以向任何愿意付钱的人讲课以取得收入,然后用所得收入去购买大米。在这个例子中,货币执行了交换媒介的职能。

(三) 价值储藏(Store of Value)

货币的第三个职能是价值储藏,是指货币由于各种原因退出流通领域,被持有者当作独立的价值形态和社会财富保存起来的职能。

货币是财富的代表,储藏货币也就是储藏财富,人们为了防备不测之需或为了在未来生活得更好一些必须要进行财富的储藏。而货币储藏是财富储藏的首选目标。

人们对货币执行价值储藏职能的认识在不断发展。最初人们认为储藏的货币必须是足值货币,如金、银等。但是,在现代社会中,人们更多的是采用银行存款的方式储藏价值符号——纸币。纸币本身并无价值,人们为何要储藏它呢?这是因为纸币这一价值符号代表着一般购买力,储藏了纸币就意味着拥有了一定的购买能力和支付能力。

随着经济的发展,各种金融工具相继出现,货币已经不是唯一的价值储藏手段。人们可以通过持有短期票据、股票、债券、不动产、保险单等资产储藏价值,它们带来的价值收益可能还高于货币储藏带来的收益。

问题

(1) 用货币储藏价值是否一定是最好的方式?比如在通货膨胀状态下。

(2) 举例说明其他的价值储藏方式。

(四) 延期支付(Standard of Deferred Payments)

货币的第四个职能是延期支付,是指当货币作为价值的独立形式进行单方面转移(并非伴随着商品运动)时所执行的职能。如货币用于清偿债务,支付工资、税金时执行的职能。

支付手段是在货币的价值尺度与流通手段的职能上派生出来的。货币执行支付手段的职能是源于商品交易中的延期支付或偿还债务。由于商品经济的发展,商品的生产与交换在时间和空间上出现了不一致:某些商品生产者需要购买商品却没有资金,同时另一些商品生产者愿意先出售商品后收回货币,这就产生了商品的赊购与赊销。这种赊购与赊销是货币的支付职能出现的起源。

货币作为支付手段的特征是,商品和劳务交易行为的发生与货币支付在时间上可能有间隔,出现延期支付。若两者同时发生,货币便是作为交换媒介,这是货币充当交换媒介与支付手段之间的主要区别。

除此以外,货币的延期支付职能与交换媒介职能的不同点还有以下几个。

(1) 交换媒介是即期交易,而支付手段是跨期购买。

（2）交换媒介只服务于商品流通，而延期支付手段作用范围更广，除了服务于商品流通外，还在其他的经济领域发挥作用。

（3）交换媒介不在债权债务关系的条件下发挥作用，而延期支付是在债权债务关系下发挥作用。

（4）延期支付的出现与发展，使商品生产者之间形成一个很长的支付链条，一旦某个生产者不能按期还债，就会引起连锁反应，严重时导致大量企业破产，所以，延期支付职能的出现与发展为经济危机的发生埋下了伏笔。

第二节　货币的形态

在初步了解了货币的功能后，接下来从历史进程的角度了解货币的不同形态，以进一步加深对货币概念的理解。

货币形态，也为货币形式，是指用什么材料充当货币。在几千年的岁月中，货币的形态经历了从低级到高级的不断演变过程。从实物货币到金属货币，从金属货币到代用货币、再到现代社会的信用货币，并逐渐向电子货币迈进。

一、实物货币

实物货币是人类历史上最古老的货币，又称为商品货币。任何实物商品，如果能充当交易媒介与价值尺度功能，则都是实物货币。例如，在历史上不同时期和不同国家，牲畜、贝壳、布匹、粮食和金属等都充当过实物货币。我国最早的实物货币是贝壳，非洲和印度曾以象牙作为货币，而美洲最早的实物货币有烟草和可可豆等。

实物货币的主要缺点是：体积笨重，质量不一，不能分割，携带不便，不易储藏等，随着经济的发展逐渐被金属货币所替代。

举例　战俘营里的货币

“二战”期间，在纳粹的战俘集中营里流通一种特殊的实物货币——香烟。当时的红十字会设法向战俘营提供了各种人道主义食品，如食物、衣服和香烟等。由于数量有限，这些物品只能以平均主义的原则在战俘们之间分配，而无法顾及战俘们的特殊爱好。战俘们只有根据自己的爱好进行物品交换。

为了使交换能顺利进行，需要有一种商品充当交易媒介，即特殊的货币。在战俘营中，究竟哪种物品适合做交易媒介呢？许多战俘营不约而同地选择了香烟。战俘们用香烟来进行计价和交易，如一根香肠值10根香烟，一件衬衣值80根香烟等，替别人洗一件衣服得2根香烟。有了这样一种交换媒介后，战俘们之间的交换就方便多了。

香烟之所以会成为战俘营中流行的货币，是和它自身特点分不开的。香烟容易标准化，而且具有可分性，也不容易变质，为大家普遍接受。因此，在当时的特殊环境里，香烟充当了一种类似的“实物货币”，战俘们用它可以换到自己需要的东西。

资料来源：易钢，吴有昌.货币银行学[M].上海：上海人民出版社，1999：33-35.

二、金属货币

金属货币是指以金属为币材的货币。严格地说,金属货币也是一种实物货币,但是它与上述实物货币已经有了很大的区别。主要表现在:在实物货币阶段,在不同地区不同的实物均可充当货币,而在金属货币阶段,不同地区的货币均集中在一种商品上,这就是贵金属。

金属货币具有价值含量高、易于分割、不易变质等特点,是选为货币币材的最佳材料,所以,几乎世界上所有国家都采用过金属作为货币。金属货币一般从贱金属(铜、铁等)开始,逐渐过渡到金银等贵金属上。铜钱是最早的、普遍使用的金属货币,我国最古老的金属货币是铜铸币。银圆和金币是西方贵金属货币的典型。但是金属货币也有许多缺点,如流通费用较高,不便携带,无法适应大宗交易的需要等。于是随着商品流通的发展,出现了各种代用货币。

三、代用货币

代用货币是指在贵金属货币流通下,代替金属货币流通的货币符号。它是作为金属货币的替代物出现的,可以和所代表的金属货币自由兑换。代用货币通常是纸制的,由政府或银行发行,但要求有足量的金属保证,以便能随时兑现。代用货币由银行发行时称为银行券。与金属货币相比,代用货币有几个优点:①容易保管、携带和运送,节省了流通费用;②节省了黄金、白银等币材的使用;③降低了运送成本与风险。

由于代用货币的发行必须以足量的金属作为保证,因此其发行量受到金属准备的限制,不能满足经济发展的需要。代用货币是与金属货币共生共存的,随着金属货币制度的解体,代用货币在 20 世纪 30 年代基本上退出了历史舞台。现代信用货币终于取代代用货币而成为世界货币史上最主要的货币。

举例　代用货币

(1) 银行券。典型的代用货币是可兑换的银行券。银行券是随着资本主义银行的发展而首先在欧洲出现的一种用纸印制的货币。最初,一般的商业银行均可发行银行券,发行银行券的银行保证要按面额随时兑换金币、银币。到 19 世纪,各国开始逐渐禁止商业银行发行银行券,并把发行权集中于中央银行。在第一次世界大战中,各国银行券普遍停止兑换金银,到 20 世纪 20 年代末 30 年代初,银行券完全不可兑换。

(2) 黄金凭单。美国在 1878 年实行金本位制度后,为了减少公众持有黄金或金币带来的麻烦,发行了黄金凭单。凭单的价值等同于等价黄金,即用凭单可以与等价的黄金相交换,并可在市场上流通。1933 年,美国放弃金本位制度,黄金凭单由财政部收回,代用货币因而消失。

四、信用货币

信用货币是以信用作为保证,通过信用渠道发行和流通的货币。信用货币是代用货币进一步发展的产物,其形态同代用货币一样,都是纸质形态。信用本身的价值低于货币价值,且不代表任何金属货币,只是一种信用凭证,是一种货币符号,完全依靠银行信用与政府信用而流通。目前世界上绝大多数国家和地区都采用信用货币的形态。

信用货币具有如下几个特征。

(1) 信用货币完全脱离了与贵金属的联系,不代表任何贵金属,也不会兑换成贵金属。其发行的依据不再是黄金储备。信用货币发行是以商品物资保证为基本依据,根据社会经济发展的内在要求,结合国家对经济运行的宏观调控需要而发行。

(2) 信用货币的主要形态是纸质货币——纸币。纸币是国家发行的,并依靠国家权利强制流通的"货币符号"。作为一种价值符号,信用货币所代表的名义价值高于其实际价值。

(3) 信用货币的信用保证是国家信用与银行信用。

(4) 信用货币具有强制性。货币主管当局垄断货币发行权,强制发行,强制流通,无限法偿。强制性对于信用货币非常重要,因为信用货币本身无实际价值或价值很低,必须靠发行者强制地赋予它名义价值才能流通。没有强制性,人们不会接受它作为流通与储藏的手段。

现代信用货币的具体形式是多样化的,主要有以下一些形态:①现金或纸币,主要用于人们日常生活的交易,其发行权一般为政府所有;②辅助币,多为贱金属制造,如铜、镍、铝等,也有纸张制造的,主要用于小额和零星交易;③银行存款,包括支票存款、活期存款、定期存款等,在现代经济社会的交易支付中,用银行存款支付占绝大部分;④其他形式货币,如信用卡、有价证券等。

信用货币发行完全摆脱了黄金准备的限制,只受到商品经济发展规模和市场规模的限制,国家可以控制货币发行量的多少。但是,这绝不意味着政府可以滥发货币,货币的超额发行必然导致通货膨胀,使公众对货币及政府丧失信心。关于这一点,在以后章节中会专门讲到。

课堂讨论

根据信用货币的定义与特征,讨论我国人民币是否是信用货币。

五、电子货币

在电子技术迅速发展的今天,货币的形态又有了新的发展,出现了电子货币(Electronic Money)。它是在信用货币的基础上发展起来的更高级形态的货币。

关于电子货币的定义,简单地说就是指用电子计算机系统存储和处理的存款。电子货币通常利用计算机或储值卡进行金融交易和支付活动,如各种各样的信用卡、储值卡、电子钱包等。持有这种储值卡就像持有现金一样,每次消费支出可以从卡片的存储金额里予以扣除。在经济和科技比较发达的国家和地区,利用电子货币购物已是一种普遍现象。顾客在购物、享受服务时,计算机会自动将交易金额分别计人交易双方的账户中。电子货币具有转移迅速、使用安全和节省费用等优点,代表了现代信用货币发展的方向。

问题

货币,古代是以实物形态出现,后来是金属货币,现在是用纸印制的货币,而且又有了电子货币。这些不同形态的货币,为什么都能计价,都能用来买东西和支付各种费用?

阅读材料　2014年全国银行卡累计发行超45亿张

中国人民银行今日发布的《2014年第二季度支付体系运行总体情况》显示，截至2014年第二季度末，全国已累计发行银行卡45.4亿张，人均持有银行卡3.35张，其中信用卡0.31张。

资料来源：经济日报，2014-08-19 09：18：18 http://finance.hebnews.cn/2014-08/19/content 4113607.htm.

第三节　货币层次的划分与计量

一、货币层次的划分与衡量

（一）货币层次划分的意义

本章第一节说过，经济学上将货币定义为交换媒介和支付手段，反过来，凡是在商品经济中充当交换媒介与支付手段的物品就是货币。随着经济的发展，现代货币的形式越来越丰富，除了传统的现金、银行存款是货币以外，许多新出现的信用工具如信用卡、借记卡等都具有了一定的货币性，可以看作是某种货币形式。而不同形式的货币对经济的影响程度也不相同。比如，现金的流通速度最快，对社会购买力和物价水平的冲击最大。相对于现金，银行存款这种形式的货币流通速度要慢些，它影响的主要不是现时的商品物价，而是相对长期的经济发展情况。可见，为了准确反映各种货币对经济的影响，必须将货币划分为不同的层次，以使中央银行制定正确的货币政策，实施及时、有效、有重点的金融宏观调控。简言之，货币层次的划分，直接关系到中央银行宏观调控能力的发挥。货币层次的划分与衡量，是货币银行学上首先要解决的问题。

问题

现代货币的形式多种多样，除了传统的现金外，还有信用卡、活期存款、定期存款、有价证券等。

你认为上述"货币"在执行购买与流通手段时是否完全一样？

若不一样，你认为区别何在？

（二）货币层次划分的依据

如何划分货币的层次呢？长期以来，经济学家对货币层次的划分有许多不同的观点，但是在把金融资产的"流动性"作为划分依据这点上，看法却是一致的。货币层次划分的主要依据是资产的"流动性"。

"流动性"是指金融资产能及时转变为现实购买力并不蒙受损失的能力。流动性程度不同的货币，其流通速度也不一样，形成的购买力不同，从而对商品购买与其他经济活动的影响程度也不相同。流动性越强的金融资产，现实购买力越强，对现实经济的影响程度越大。

比如,前面讲到的现金,其数量的变化对现实的物价水平影响最大。而流动性稍低一些的货币,如银行的活期存款、定期存款,它们要转化为现实的购买力必须首先转化为现金。因此,若要准确测定货币的购买力水平,必须按流动性强弱对不同形式的货币划分不同的层次,这对于科学地分析货币流通状况,正确地制定、实施货币政策,及时有效地进行宏观调控,具有非常重要的意义。

(三) 货币层次量的划分

1. 我国货币层次量的划分

我国对货币层次的研究起步较晚,按照国际上通用的按金融资产流动性强弱的标准,中国人民银行将货币划分为如下三个层次。

M_0 = 流通中的现金

M_1 = M_0 + 企业活期存款 + 机关团体部队存款 + 农村存款 + 个人持有的信用卡类存款

M_2 = M_1 + 企业定期存款 + 城乡居民储蓄存款 + 外币存款 + 信托类存款

M_0、M_1、M_2 的内容如下。

M_0 是流通中的现金,是一国货币当局发行的货币。流通中的现金是指在非银行公众手中流通的现金(注意,这就将银行等存款机构的库存现金排除在外)。现金的概念比钞票略广一些,它不仅包括纸币,还包括由金属制成的硬币。在中国,目前个人支票还没有进入普通家庭,人们日常生活中的商品购买主要以现金为媒介完成。M_0 是最窄意义上的货币。

M_1 除包括流通中的现金外,还有企业、单位在银行里的存款以及人们在转账信用卡上的存款。企业活期存款、机关团体部队存款和农村存款可视为支票存款。我国有严格的现金管理制度,一般企业、单位只有在发工资等几项规定的经济活动中可以使用现金的方式支付,企业之间大多数的商品买卖和其他经济活动都是通过银行支票转账来完成的。因此,支票存款也是一种重要的货币,具有很强的购买力。除此之外,人们在银行的信用卡存款也是一种重要的货币。现在我们使用的信用卡,实际上是具有透支功能的转账卡(借记卡)。持卡人要在发卡单位开一个账户,并存入一定金额,持卡人在进行支付时,其金额将从账户上扣除,当持卡人的支付金额超过了其账户上的余额时,差额将自动转化为发卡单位对持卡人的贷款。因此,信用卡类存款也是一种购买力很强的货币。M_1 称为狭义货币供给量,它基本上反映了社会的直接购买支付能力,商品的供应量应和 M_1 保持合适的比例关系,不然经济会过热或萧条。

M_2 中除 M_1 外,还包括定期存款、储蓄存款等。M_2 不仅反映了现实的购买力,还反映了潜在的购买力,被称为是广义货币。研究货币 M_2,掌握其构成及变化,对整个国民经济状况的分析、预测都有特别重要的意义。

总之,货币的度量有以下几种:货币 M_0 指流通中的现金,是最窄意义上的货币;货币 M_1 一般包含现金与银行活期存款,反映着经济中的现实购买力;货币 M_2 包含现金、银行活期存款、定期存款等,不仅反映现实购买力,还反映潜在购买力。

2. 美国货币层次量的划分

美国对货币层次量的划分改动比较频繁。目前划分方法如下:

M_1 = 通货 + 旅行支票 + 活期存款 + 其他支票存款

$M_2 = M_1 +$ 小面额定期存款 $+$ 储蓄存款 $+$ 货币市场存款账户

$+$ 货币市场互助基金余额(非机构所有的) $+$ 隔日回购协议

$+$ 隔日欧洲美元 $+$ 合并调整

$M_3 = M_2 +$ 大额定期存款 $+$ 货币市场互助基金余额(机构所有的)

$+$ 长期回购协议 $+$ 定期欧洲美元 $+$ 合并调整

$L = M_3 +$ 短期财政部证券 $+$ 商业票据 $+$ 储蓄债券 $+$ 银行承兑票据

二、货币层次的管理与控制重点

各国中央银行在划分货币量层次的基础上,还需要确定货币层次的管理与控制重点。由于各国商品范围、支付制度和金融基础结构不同,各国重点控制和管理的层次也不同。即使在同一国家,随着经济发展与新金融工具的涌现,其重点也在变化。在西方国家,目前主要以广义货币 M_2 作为控制重点。我国中央银行根据中国的实际情况及金融市场的发展,近期以 M_0 和 M_1 为控制重点,中长期以 M_2 为控制重点。

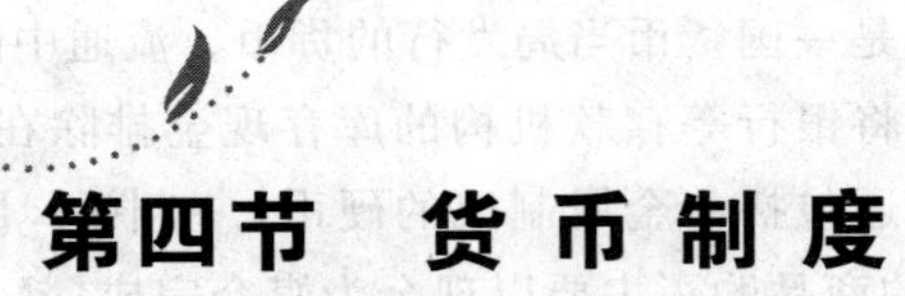

第四节　货币制度

一、货币制度及其构成要素

货币制度简称“币制”,是一个国家以法律形式确定的该国货币流通的结构、体系与组织形式。换句话说,是国家为保障货币流通的正常进行而制定的货币和货币运动的准则与规范。

从理论上讲,任何一个国家的货币制度必须包括如下四个要素,即规定币材,规定货币单位,规定本位币、辅币的铸造、发行与流通程序,黄金准备制度。值得注意的是,在现代信用货币流通阶段,货币制度中的内容已有了较大的改变,一些传统的构成要素不再是重点。

(一) 规定币材

规定币材就是确定用何种材料作货币。确定的货币材料不同,就有不同的货币制度。比如,若以白银作为币材就是银本位制;若以黄金作为币材就是金本位制;若以纸张作为币材就是纸币本位制,等等。按照币材这个标准,历史上曾实行过的主要货币制度可用图 1-1 反映。

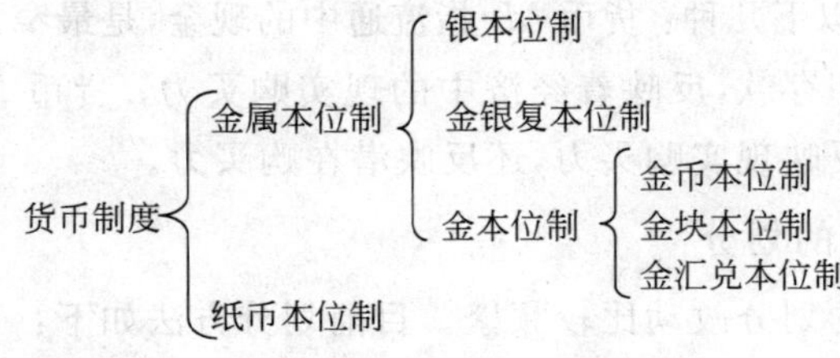

图 1-1　主要货币制度的类型

（二）规定货币单位

货币材料确定后，就要进一步确定货币单位，包括规定货币单位的名称和单位货币价值量。

货币单位名称与货币的名称是两个不同的概念。大多数国家的货币单位名称就是货币名称，如美国的货币名称与货币单位名称都是“美元”，英国的货币名称与货币单位名称都是“英镑”，欧盟国家的货币名称与货币单位名称都是“欧元”等。我国情况特别，货币单位名称是“元”，而货币名称是“人民币”，在国内习惯缩写为 *RMB*，而国际上习惯将人民币缩写为 *CNY*。

在金属货币制度下，除了规定货币单位的名称外，还要规定单位货币所包含的价值量。比如 1816 年英国的金币本位法案规定货币单位为“英镑”，每英镑含纯金 7.97 克。美国 1934 年的法案规定，1 美元含金量为 0.8886 克。我国北洋政府 1914 年颁布的《国币条例》规定：货币单位为“元”，1 元含纯银 23.977 克。值得注意的是，在现代信用货币制下，货币的发行不再以金银等贵金属作为准备，即货币的发行已完全与金属准备脱离，规定单位货币的价值量已无意义。

（三）规定本位币、辅币的铸造、发行与流通程序

本位币是国家法律规定的标准货币。在金属货币制度下，本位币是用一定的金属按照国家规定的货币单位铸造的铸币，比如北洋政府时期的“银圆”，英国的“金币”等。本位币一般由国家铸造，国家按照相关法律铸造一定形状、重量和成色的“铸币”，并打上印记。在金属本位制下，本位币具有两个重要特点。

(1) 多以贵金属为币材，是足值货币，可以国家铸造，也可以自由铸造。足值是指货币的面额与其内在价值相等，也就是法定含金量与实际含金量相等。自由铸造指每个公民可以把货币金属送到国家的铸币厂请求铸成本位币。

(2) 无限法偿。即国家规定本位币具有无限制的支付能力。不论每次支付的金额多大，如果是用本位币购买商品或偿还债务，商品的出售者与债权人都不能拒绝接受或要求改用其他货币。无限法偿是国家赋予本位币的绝对权力，确保了本位币的权威，有利于国家金融市场的统一与稳定。

辅币是主币单位以下的小面额货币，主要用于日常零星交易和找零。如英国实行金本位制度时期，本位币是“英镑”(金币)，辅币是“便士”，100 便士＝1 英镑。美国的主币是美元，辅币是美分，1 美元＝100 美分。因为辅币流通速度快、流通磨损大，为节约成本，辅币多用贱金属铸造。其流通特点与本位币恰好相反。

(1) 限制铸造。由于辅币通常用贱金属铸造，其面额高于其实际价值，故辅币仅限于国家铸造。

(2) 有限法偿。法律规定辅币在一次支付中的最高限额，超过限额，债权人有权拒收。美国曾规定，10 美分以上的辅币每次支付以 10 美元为限。

在信用货币制度下，贵金属铸币退出流通，本位币的自由铸造特征就不再存在，但本位币的无限法偿规定及其辅币的铸造流通制度被保留下来。本位币的国家铸造与自由铸造改为了由中央银行印制纸币并发行流通，并具有无限法偿能力。

我国人民币全部是无限法偿货币，并由中国人民银行发行。人民币主币单位是元，元以下设角和分两档辅币单位，以十进制进行兑换。

（四）黄金准备制度

金属货币制度中，黄金准备制度的主要目的是建立国家的黄金储备，保存在中央银行或国库，用于三个方面：作为兑付银行券的准备金，作为货币量调节准备金，以及作为国际支付准备金。现代的黄金准备制度已经没有前两方面的用途了，只是形成国家储备中的黄金储备，作为国际支付的最后手段，用于国际购买、国际支付和国际转移等。

二、货币制度的演变

货币制度以币材为代表。从前面币材的变化过程可以大致看出，货币制度主要经历了金属货币本位制和信用货币本位制两大阶段，其中金属货币制度包含的具体形式很多，主要有银本位制、金银复本位制、金本位制和不兑换的信用货币制度等。

（一）银本位制

银本位制是指以白银作为币材的一种货币制度，它是最早的货币制度之一。其主要内容包括以下四部分。

(1) 以白银为本位币币材，银币为无限法偿货币，并有强制流通能力。

(2) 本位币的名义价值（面额）与它所含的白银的价值相等。

(3) 银币可以自由铸造，自由熔化，白银可以自由兑换银币。

(4) 银币和白银可以自由输入输出。

银本位制于16～19世纪在世界许多国家盛行，如英国、法国、意大利、日本、印度和中国等。银本位制度的主要缺陷：一是白银的价值相对较小；二是白银价值不稳定。由于白银储藏量丰富，白银的开采技术提高较快，使白银的产量较多，导致白银价值不断下降。例如，在1870—1935年，白银价格四次大大下降，而黄金价格不断升高，如表1-1和图1-2所示。而作为一种金属货币，只有其价值保持稳定时，才适合于作货币材料。随着资本主义经济的发展，商品交易范围与规模越来越大，用白银这种价值较低的货币进行支付，就产生很多不便。商品经济的发展需要有价值量更高、更稳定的金属来充当货币。从19世纪开始，许多国家开始放弃银本位制，实行金本位制。到20世纪初，除中国、印度、墨西哥等少数经济落后的国家仍实行银本位制外，主要的资本主义国家都放弃了这种货币制度。

表1-1　伦敦金银市场上金银比价的变化情况

年份	1860	1870	1880	1890	1900	1910	1920	1930	1932
金银比价	1∶15	1∶15.5	1∶18	1∶19.7	1∶33	1∶39	1∶45	1∶53	1∶73.5

资料来源：刘立平．现代货币银行学[M]．合肥：中国科学技术大学出版社，2003:40.

（二）金银复本位制

随着商品经济的发展，在交易中对黄金的需求大大增加，客观上促进了建立金银复本位

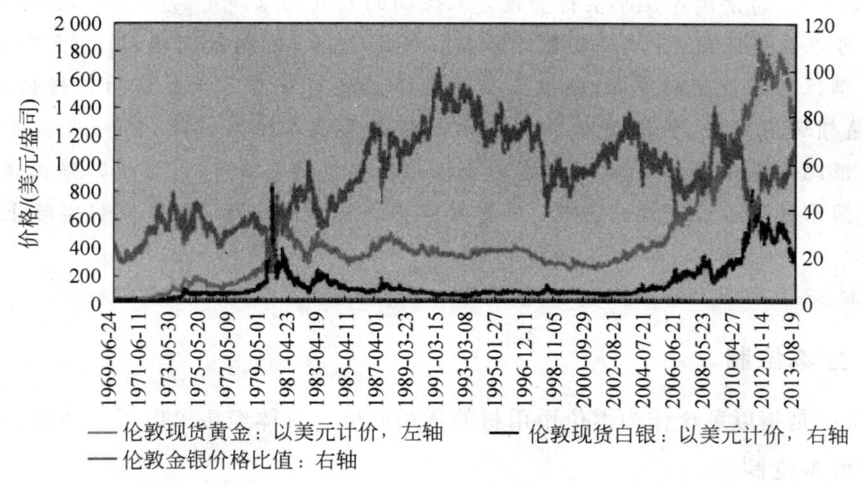

图 1-2　伦敦金银现货价格及金银比价图

资料来源：南方财富网期货频道《现阶段金银套利的技巧》，2013-09-13.

制的要求。16 世纪，哥伦布发现美洲大陆，墨西哥和秘鲁的银矿及巴西的金矿先后被开采，大量金银流入欧洲，促进了金银复本位制的实行。16～18 世纪，欧洲许多国家纷纷实行该种货币制度，白银主要用于小额交易，黄金用于大额买卖。

金银复本位制是指以金、银两种金属同时作为本位货币币材的货币制度，具有如下特征。

（1）金银两种金属都可以自由铸造。

（2）金银两种货币都具有无限法偿的能力。

（3）两种货币都可以自由输入输出。

金银复本位制在理论和实践上都有重大缺陷。因为货币是衡量价值的标准，货币具有排他性，即一个市场只能有一种货币。如果使用双重价值标准，必然会引起市场混乱，出现"劣币驱逐良币(Bad Money Drives Out Good Money)"现象。由于这一现象最初由英国财政大臣托马斯·格雷欣(Thomas Gresham)发现并提出，因此称为"格雷欣法则"。"格雷欣法则"的内容是：当一个国家同时流通两种实际价值不同而法定价值固定的通货时，实际价值较高的货币(良币)会被人们收藏，退出流通；而实际价值较低的货币(劣币)则会充斥市场，最终将良币完全逐出市场。例如，如果国家规定 1 个金币＝15 个银币，而市场上是 1 个金币＝16 个银币，人们就会先用市场比价将 1 个金币换成 16 个银币，再到官方用 15 个银币换得 1 个金币，其结果是多得 1 个银币。每次人们进行这样的兑换，都会多得 1 个银币。最后的结果是人们将金币收藏起来，市场上流通的是价值较低的银币，出现"劣币驱逐良币"的现象。

经济的发展要求有一个相对稳定的货币制度。英国率先从金银复本位制过渡到金本位制，1816 年，英国宣布实行金本位制。其后许多欧洲国家如德国、比利时、法国纷纷效仿。到 19 世纪末，世界主要资本主义国家都实行了金本位制。

举例　美国货币史上的劣币驱逐良币的现象

美国于 1791 年建立金银复本位制，规定以美元作为货币单位，并且金币与银币的官方比价为 1∶15。但当时法国等几个实行金银复本位制的欧洲国家规定的金银的比价是 1∶15.5。这样,人们可以在美国用 15 单位的银币取得 1 单位金币,运到欧洲换取 15.5 单位的银币,又将 15.5 单位的银币运回美国,换取 1 单位金币后还可赚 0.5 单位银币。慢慢地,金币在美国的流通领域消失了,金银复本位制实际上变成了银本位制。1834 年,美国重建复本位制,规定金银比价是 1∶16,而欧洲国家的金银比价仍维持在 1∶15.5,这时候出现了相反的情况,欧洲国家的金币逐渐退出流通,而美国市场上充斥着金币,复本位制实际上成了金本位制。

资料来源:刘立平.现代货币银行学[M].合肥:中国科学技术大学出版社,2003:42.

(三)金本位制

金本位制是指以黄金作为本位币币材的货币制度。具体经历了以下三个阶段。

1. 金币本位制

金币本位制是最早、最典型的金本位制。其主要特点如下:①金币可以自由铸造,金币作为唯一法偿货币流通使用;②其他价值符号如银行券、辅币可以自由兑换成金币;③黄金在各国之间可以自由地输出输入。

金币本位制是一种相对稳定的货币制度,这种稳定性主要体现在两个方面。①在实行金币本位制的国家内部,流通中的货币数量适当,所以国内不容易出现通货膨胀。由于金币可以自由铸造,因此货币数量与商品流通需要的货币数量一致。当两者不一致,比如货币数量超过流通中需要的货币量时,货币(金币)就会退出流通,被储藏或熔化成金块;而当货币数量不足时,被储藏的金币又可以重新返回流通或者金块又可被铸造成金币。由于货币的数量能自发地适应商品流通所需要的货币量,所以货币不会贬值,不容易出现通货膨胀。②在实行金币本位制国家的外部,汇率相对稳定,有利于国际贸易。在实行金币本位制的国家,各国金币都有含金量,因此,各国货币之间的汇率由铸币平价(两种货币的含金量)决定,因此各国汇率相对稳定,不容易出现汇率的大幅度波动。

金币本位制的实行,使资本主义国家国内与国际环境保持相对稳定,极大地推动了资本主义经济的发展,建立了历史功勋。英国从 1819 年开始实行金币本位制,其后许多资本主义国家都相继实行这一货币制度,到 1914 年第一次世界大战爆发时终止,金币本位制盛行达 100 年之久。这一时期被称为"货币的黄金时代"。第一次世界大战后,英、法等国黄金存量锐减,各国经济发展不平衡加剧,实行金币本位制已不可能。许多国家只能实行没有金币流通的金块本位制和金汇兑本位制。

2. 金块本位制

金块本位制又称为生金本位制,是指在国内并不铸造、不流通金币,由中央银行发行以金块为准备的纸币流通的货币制度。

金块本位制的主要特点是:任何人不得铸造金币,不准金币流通,黄金由政府集中储存。国家规定纸币的含金量,也允许纸币按官方定价在一定数额以上兑换黄金。例如,英国在 1925 年规定,银行券只有在 1 700 英镑以上(合 400 盎司黄金)才能兑换黄金。

3. 金汇兑本位制

金汇兑本位制又称为虚金本位制,是指国内不再铸造和使用金币,只流通银行券,银行券同另一实行金币本位制或金块本位制的国家货币保持固定比价，该国货币只能兑换成此种外汇而不能兑换成黄金的货币制度。

第一次世界大战以前，菲律宾、印度等国实行过金汇兑本位制。实行该种货币制度的国家，实际上是使本国货币依附于经济实力雄厚的外国货币，从而在经济上受这些国家的控制。

1945年"二战"结束前夕，在美国的新罕布什州布雷顿森林召开的国际货币会议上确立了"布雷顿森林体系"的资本主义国家的货币制度，实际上是一种金汇兑本位制。这一体系规定"各国货币与美元挂钩，美元与黄金挂钩"的以美元为中心的货币制度，把各国货币都变成了美元的附属货币。直到1973年，美国宣布美元与黄金脱钩，金汇兑本位制才结束。

（四）不兑换的信用货币制度

不兑换的信用货币制度也叫纸币本位制，指以纸币为本位货币，且纸币不规定含金量，也不能兑换为黄金的货币制度。信用货币制度是当前各国普遍实行的货币制度。它的主要特征是：①不兑换的纸币一般由一国中央银行通过信用渠道发行，并由国家赋予其无限法偿能力；②纸币中不规定含金量，也不能兑换成黄金，黄金已退出流通领域，信用货币的发行不以金银作准备，也不受金银数量的限制；③货币通过银行信用渠道进入流通领域，货币量的大小通过银行信用来调节，当银行信用扩张时，货币供应量增加，当银行信用缩小时，货币供应量减少；④是一种管理货币制度，即国家可以通过各种金融政策调节社会中的货币供应量，保持货币的稳定。

信用货币制取代金本位制是货币制度上一次大的飞跃，它突破了货币币材的限制，适应商品生产与交换的发展，并大大节约了社会流通费用，显示出较大的优越性。但是，这种制度也有一定的缺陷，由于其发行没有黄金等贵金属作为保证，货币的创造过程很容易，极易出现货币超额发行，物价上涨，引起通货膨胀，给经济带来损害。这要求货币管理当局能随时针对市场的变化，根据客观需要对货币供给量做出适当调整，以保证币值稳定，促进经济发展。

三、我国的货币制度

我国实行的货币制度是人民币制度。人民币制度是一种不兑现的信用货币制度，基本内容如下。

(1) 人民币是我国的法定货币，由中国人民银行发行，具有无限法偿能力。

(2) 人民币是代表一定价值的符号，是不兑现的信用货币。它不与任何金属挂钩，不规定含金量，也不能自由兑换成黄金。

(3) 人民币的单位是"元"，本位币是元，辅币的名称是"角"与"分"，1元＝10角，1角＝10分。人民币的符号是"￥"。

(4) 人民币是我国唯一的法定通货。任何金银和外国货币不得在国内的市场计价、结算与流通；严禁伪造、变造人民币，破坏我国货币的声誉。

(5) 人民币是信用货币。首先，人民币的发行是依据商品生产的发展和流通领域对货币的需求量发行的；其次，人民币的发行有大量的信用保证，如黄金、外汇储备、政府债券、银行票据等，对人民币的发行起着保证作用。

(6) 人民币是一种管理通货,实施严格的管理制度。在现阶段,为适应社会主义市场经济的需要,对货币流通的调控由直接调控逐步转向间接调控。

目前,中国的人民币制度已有相当稳定的经济基础和社会基础。在亚洲,尤其是在我国一些周边国家,人民币已被普遍接受,还被当作"硬通货"。1996 年,我国宣布人民币在国际收支经常项目下可兑换,表明中国经济的开放度和人民币制度具有雄厚的经济力量做后盾。

课堂讨论

将全班分成若干组,每组 3～4 名同学。查资料,讨论"电子货币的发展趋势及其对金融、经济的影响",并写出发言稿。

案例分析　布雷顿森林体系

第二次世界大战改变了世界政治和经济格局。德国、日本、意大利战败,经济陷于崩溃;英国、法国的经济遭到严重破坏;美国一跃成为世界上经济实力最强的国家。1945 年美国国民生产总值占全部资本主义国家国民生产总值的 60%,其黄金储备相当于整个资本主义黄金储备的 3/4。① 在这种情形下,第二次世界大战后形成了以美元为中心的国际货币体系。

1944 年 7 月,美国在新罕布什尔州的布雷顿森林主持召开了由 44 个国家参加的一次国际货币会议,通过了《国际货币基金组织协定》和《国际复兴开发银行协定》,总称《布雷顿森林协定》。这个协定建立了以美元为中心的资本主义货币体系,即布雷顿森林体系。

布雷顿森林体系的主要内容如下。

(1) 以黄金为基础,以美元作为最主要的国际储备货币,实行"双挂钩"的国际货币体系,即美元与黄金直接挂钩,其他国家货币与美元挂钩。美元与黄金挂钩是美国政府保证以 35 美元兑换 1 盎司黄金的官价兑付其他国家所持有的美元;其他国家货币与美元挂钩是指根据 35 美元兑换 1 盎司黄金的官价,其他国家的货币也各自规定其货币的含金量,通过含金量的比例,确定其他国家与美元的兑换比例。

(2) 实行固定汇率制。各国货币对美元的汇率一般只能在平价上下 1% 内浮动,各国政府有义务在外汇市场上进行干预,以维持外汇汇率的稳定。

(3) 国际货币基金组织通过预先安排的资金融通措施,保证向成员国提供贷款以解决成员国的国际收支困难。

(4) 成员国不得限制经常性项目的支付,不得采取歧视性的货币措施。

以美元为中心的布雷顿森林体系实际上是美元—黄金本位制,也是一个变相的国际金汇兑本位制,对"二战"后资本主义国家的经济发展起过积极作用。

但是,布雷顿森林体系发挥作用必须具备两个基本前提:一是美国国际收支能保持平衡;二是美国拥有绝对的黄金储备优势。但是,进入 20 世纪 60 年代后,各国的经济实力对

① 黄达. 货币银行学[M]. 北京:中国人民大学出版社,2000:424.

比发生了变化：英国、日本、意大利、德国等经济迅速崛起，美国的经济实力相对减弱，特别是国际收支逆差大量出现，使黄金储备大量外流，导致美元危机频频发生。1950年以后，美国的国际收支除个别年份以外，其余都是逆差。随着国际收支逆差的逐步增加，美国的黄金储备日益减少。1949年，美国的黄金储备为246亿美元，占当时整个资本主义国家黄金储备总额的73.4%，到1971年，只剩下102亿美元。黄金储备的减少，动摇了美元的国际货币地位，各国在国际金融市场上大量抛售美元，抢购黄金，或用美元向美国挤兑黄金。进入20世纪70年代后，美元危机更加严重，尽管美国政府和国际金融组织为挽救美元采取了许多应急措施，但都未能奏效。为此，美国于1971年宣布实行“新经济政策”，停止各国政府用美元向美国挤兑黄金。同年12月，又宣布美元对黄金贬值7.89%，黄金官价从每盎司35美元提高到38美元。1973年，美国政府再次将美元贬值10%，每盎司黄金价格提高到42.22美元。在这种情况下，各资本主义国家从自身利益出发，纷纷宣布放弃固定汇率，实行浮动汇率，不再承担维持美元汇率的义务。以美元为中心的布雷顿森林体系彻底瓦解，金本位制最终彻底崩溃。

问题：

(1) 为什么布雷顿森林体系是变相的金汇兑制？

(2) 为什么货币与黄金的联系最终会被切断？

练　习　题

1. 判断题

(1) 现代经济中的信用货币是纸制的货币符号，不具有价值储藏职能。　(　　)

(2) 目前，世界各国普遍以金融资产的安全性作为划分货币层次的依据。　(　　)

(3) 通货是现实流通中的货币，包括钞票、辅币和银行存款。　(　　)

(4) 实际价值高于法定价值的货币是劣币，实际价值低于法定价值的货币是良币。　(　　)

(5) 在金属货币制度下，本位币可以自由铸造与熔化。　(　　)

(6) 货币制度最基本的内容是确定货币名称与单位。货币名称和单位确定了，一国的货币制度也就确定了。　(　　)

2. 各举一例说明货币是如何发挥其职能的。

3. 从现代经济生活实际出发，你认为如何定义货币才能最好地反映其实质。

4. 什么是货币制度？货币制度由哪些要素构成？

5. 比较说明银本位制、金本位制、金银复本位制的特点。

6. 什么是纸币本位制？有何特点？

7. 试分析下面各个因素的变化对现实购买力的影响。

(1) 活期存款增加

(2) 现金增加

(3) 支票存款增加

(4) 定期存款增加

第二章 信用、利息与利率

内容提要与学习要点

本章较为全面地阐述了有关信用、利息和利率的基本知识。通过本章学习，学生应理解信用及其本质，了解各种信用形式及其在社会经济生活中的地位与作用，掌握各种利率形式及计算，理解利率的决定以及利率杠杆的作用，并能用相关理论简单分析经济现象。

第一节 信用的本质与特征

信用与信用工具是一国金融体系的重要组成部分，是现代金融的基石。在商品经济高度发达的国家，信用关系已成为经济中的一个基本要素。现代经济又称为信用经济。

一、信用的概念与特征

（一）信用的概念

在日常生活中，"信用"一词运用非常广泛。日常生活中的信用主要指"诚实守信、遵守诺言"的意思。经济学中所定义的信用与此有很大的不同：经济学中的信用是指经济活动中的借贷行为，是以偿还为条件的价值运动的特殊方式。简单地说是货币的所有者（借出方）把货币让渡给使用者（借入方），并约定一定时间由借入方还本付息的行为。信用有两种类型：实物信用与货币信用。实物信用的借贷对象是一定数额的商品，货币信用的借贷对象是一定数额的货币。本书所指的信用一般为货币信用。

与信用紧密联系的是债权债务的概念。任何的信用活动均有借贷两方当事人，信用与债权债务同时发生，是同一借贷过程中的两个不同方面。信用与债权债务的关系是：信用是未来取得商品或货币的权利，而债务是债务人承担的在将来偿还商品或货币的义务，债务总额总是等于信用总额。在信用活动中有借方与贷方两个关系人：一方为供信者，即提供信用的一方，他将货币贷出，在债权债务关系中通常为债权人；另一方为受信者，即接受信用的一方，他接受货币并在将来还本付息，通常为债务人。

信用活动与债权债务的关系如图 2-1 所示。

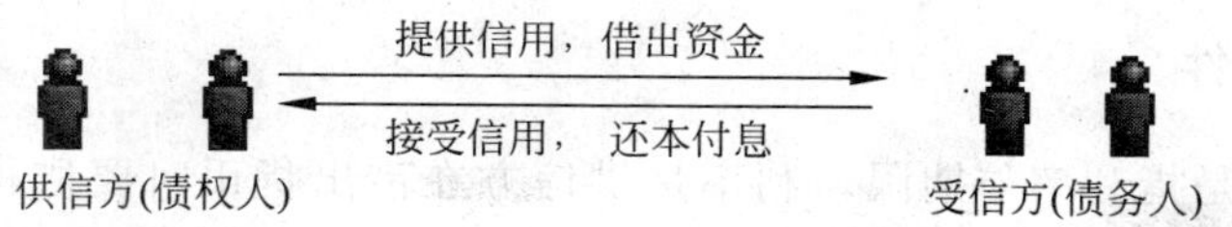

图 2-1 信用关系与债权债务关系

问题

(1) 在客户向银行存款的过程中,谁是供信人,谁是受信人?

(2) 在银行向客户提供贷款的过程中,谁是供信人,谁是受信人?

(二) 信用的特征

1. 信用是以偿还和付息为条件的借贷行为

信用作为一种借贷行为,贷方把一定数量的货币(或商品)贷放给借方,借方可以在一定时期内使用这些货币(或商品),到期必须偿还,并按规定支付一定的利息。所以偿还和付息是信用的最基本特征。

2. 信用是价值运动的一种特殊形式

在传统的商品交换关系中,一手交钱,一手交货,双方是对等的交换。当交易结束后,买卖双方便没有任何的经济关系。而在信用活动中,只有商品或货币的使用权让渡,没有改变所有权。只有当债务方还本付息以后,信用关系才结束。所以,信用是价值单方面的转移,是价值运动的特殊形式。

3. 信用关系是债权债务关系

从本质上说,信用关系是债权债务关系,信用行为就是放债和承债行为。在信用行为中,商品或货币的所有者因让渡商品或货币的使用权而成为债权人,商品或货币的需要者成为债务人。信用关系或债权债务关系是一种最普遍的经济关系,存在于经济活动中的每个部门。

二、信用的构成要素

信用关系的构成一般涉及五大要素。

(一) 信用的主体

信用活动的主体主要是指参与信用活动的对象,它们是经济活动中的资金短缺部门与资金盈余部门,包括政府、企业、团体、个人和金融中介机构。

(二) 信用关系

信用关系即信用主体通过供信与受信进行资金融通所形成的债权债务关系。借出资金的行为称为授信(或供信),其当事人称为供信方或者债权方,接受资金的行为称为受信,其当事人是受信方或者债务方。

（三）信用条件

信用条件主要是指利率与期限。利率是供信方在借出货币时要取得的报酬，是受信方获得资金使用权必须付出的代价。其大小取决于时间的长短、本金的多少、风险的大小以及资金的供求情况。期限是信用关系从开始到结束的时间，即计息时间。

（四）信用标的

信用标的即信用关系指向的对象，包括货币形式与商品形式。

（五）信用载体

信用载体即信用工具，它是载明债权债务关系的合法凭证。

三、现代信用与各经济主体的关系

（一）现代经济是"信用经济"

现代经济可被称为是"信用经济"，任何经济活动都以信用为前提。无论是发达国家还是发展中国家，无论是政府、企业还是个人，债权债务关系都普遍存在，在国内经济活动中如此，在国际经济活动中也如此。各国政府几乎都向本国居民发行国债；在国际上，各国政府之间又互相借债与放债。对于企业来说，借债与放债是日常经营活动的重要部分。个人同样如此。在个人消费信贷发达的国家，如美国，分期付款购买耐用消费品如汽车、房屋乃至上大学、出国旅游都是很平常的事。以我国来说，过去负债是件不光彩的事情，现在则相反，个人能取得消费信用贷款，说明自己有较高的信誉。因此，在商品经济高度发达的国家，信用关系已是经济的基本组成要素。

（二）信用关系中的个人

几乎在任何国家，个人在信用关系中是资金的盈余方，即供信方，是金融市场上资金的主要供给者。不同职业的个人通过不同的渠道获得货币收入：固定职业的个人通过工资、奖金、津贴和其他劳务收入取得货币收入；个体劳动者以出售商品、劳务获得收入；享受社会保障者通过离退休金、救济金获得收入。一般情况下，个人的支出是以收入为度，而且，为了防范风险，以防未来不时之需，通常保有一定节余。人们将其节余款存入银行或进行投资等，成为信用活动中的资金供给者。以我国目前情况来说，居民是资金的主要供给者，银行存款的增加很大程度上依赖于居民储蓄存款的增加。

由于个人的收入情况不同，对衣、食、住、行等生活需求不同，再加上国家政策、消费习惯、消费观念的差异，人们在日常生活中也会出现"入不敷出"的现象，或者即使没有"入不敷出"也会借贷消费。个人以负债的形式向银行或其他金融机构借钱，这样，个人在信用关系中又处于资金的需求者—受信人的地位。但总的来说，个人在信用关系中主要充当的是供信人。

（三）信用关系中的企业

企业在整个生产与流通的运转中，无时无刻地伴随着资金的收支。企业既是巨大的资金需求者，同时又是资金的供给者。

从资金的需求看，企业的经营目标是在为社会提供产品与服务的前提下尽可能地追求盈利，为了实现这一目标，企业需要不断扩大经营。只要能够支付利息，企业就可以借入资金扩大再生产。建立企业要进行基本建设投资需要资金；工厂投产需要原材料、劳动力、技术设备需要资金；企业要支付工人工资需要资金；在日常的经营中，企业由于资金周转等原因，也必须要依靠借入资金才能维持正常生产。因此，企业不论是在创业阶段，还是扩大再生产阶段，都需要大量资金来实现。当企业自身没有足够的资金来源时，就必须向外借贷，成为债务人。因此，在信用关系中，企业一般是受信方。

从资金供给看，由于生产周期等原因，企业也经常存在盈余，形成闲置资金。例如，在取得销售收入之后不马上支付工资、购买原材料时会有一部分货币资金存在企业手中，所以，企业既可能借入资金又可能贷出资金。但总体来看，企业通常是对资金需求数量大于其提供的资金量，即企业借入的资金量大于其提供的资金量。图 2-2 展示了国内银行“国内外贷款/外汇存款”(剔除政策性银行的状况)。

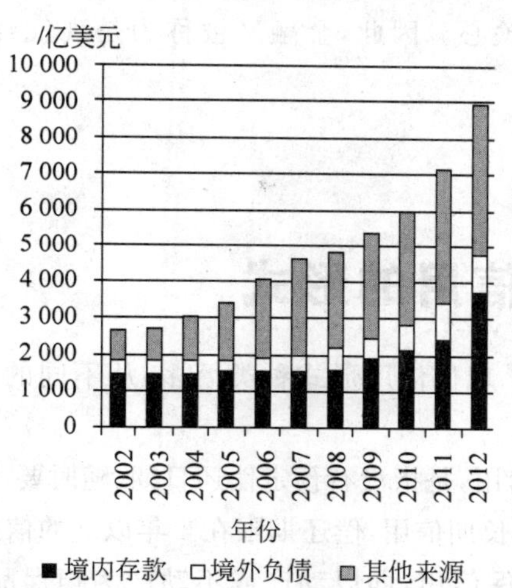

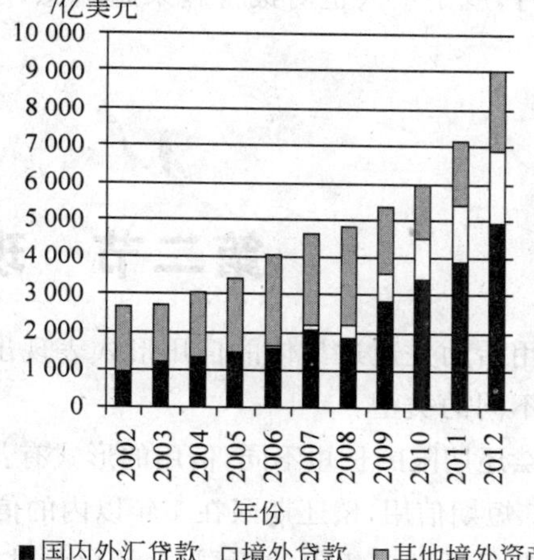

图 2-2 国内银行“国内外贷款/外汇存款”(剔除政策性银行)

资料来源：百度文库，《中国银行财务报告分析》，2014 年整理.

（四）信用关系中的政府

政府在信用活动中扮演着不同的角色：要么是债权人，向企业和国外政府贷款；要么是债务人，向公众发行债券以筹集资金。从国内角度来看，政府主要以债务人的身份参与经济活动。

政府的财政收入主要来源于税收，财政支出包括政府购买、转移支付等。如果收入大于支出则形成财政盈余，支出大于收入则形成财政赤字。纵观世界各国，财政赤字的国家占大多数。形成赤字的原因很多，如经济建设需要大量资金、战争因素、政策失误等。在发展中国家，如中国，经济建设需要大量资金而财政收入有限，赤字往往难以避免。就是西方发达国家，财政赤字也是非常普遍的现象。弥补赤字的方式很多，常用的方法是政府向社会公众发行国债，通过借债来弥补。这时，政府就成为信用关系中的债务人，即受信人。因此，在信用关系中政府一般情况下是资金的需求者。

（五）信用关系中的金融机构

无论是个人、企业还是政府，它们之间建立起来的信用关系（债权债务关系）大都是通过各种金融机构作为媒介完成的，比如个人将剩余资金存入银行，再通过银行将资金贷放出去。也有不以金融机构为媒介的信用活动，如政府直接在市场上发行国债。但是，以金融机构为媒介的信用活动是当今信用活动的核心。特别是当银行的功能大大增加，演变为“金融百货公司”或“金融超级市场”后，以银行为主体的金融机构更是在信用活动中扮演着重要的角色。

我国中小金融机构在改革中稳步发展，已经成为我国金融体系的重要组成部分。其中，12家股份制商业银行和88家城市商业银行，总资产达到1.68万亿元，占我国银行业总资产12.84万亿元的13%，支持了大量的中小企业和股份制企业的发展。

在信用关系中，银行一方面以债务人身份从企业、个人、政府那里吸收闲置资金；另一方面又以债权人的身份向资金的需求者如企业、个人等发放贷款。现代经济中，不仅企业离不开银行，就是个人也对银行越来越熟悉，越来越关心。因此，金融又被称为是现代经济的核心。

第二节　现代信用的形式

信用活动是通过具体的信用形式表现出来的。现代信用形式种类繁多，从不同的角度，可分为不同的类型。

按偿还期限的长短不同，信用的形式有：即期信用，是指没有预定偿还日期，随时要求即付的信用；短期信用，偿还期限在1年以内的信用；中长期信用，偿还期限在1年以上的信用。

按有无抵押或担保的不同，信用的形式有：担保信用，即以动产或不动产为担保品而取得的信用；无担保信用，即无须任何担保品，完全以信用为基础的授信行为。

按信用主体的不同，可分为商业信用、银行信用、国家信用与消费信用等。其中，商业信用与银行信用是现代信用的最主要形式。

本节主要介绍商业信用、银行信用、国家信用与消费信用。

一、商业信用

（一）商业信用的概念

商业信用（Mercantile Credit）是指企业之间相互提供的、与商品交易直接相联系的信用。其具体形式包括企业间的商品赊销、分期付款、预付货款、委托代销等。由于这种信用与商品流通紧密联系在一起，故称为商业信用。

商业信用构成了现代信用制度的基础。企业在生产过程中往往出现生产时间与流通时间不一致的现象,例如有的企业商品积压待销售,而有的企业需要该种商品却暂时缺乏资金购买。如果每次都必须用现款交易,那么就可能需要商品的买方不能及时买进原材料而被迫中断生产;销售商品的卖方因无法卖出商品而无法取得资金。为了让生产能顺利进行下去,就出现了买方分期付款,卖方把商品赊销给买方等商业信用行为。可见,通过厂商之间相互提供商业信用,可使整个社会再生产能正常进行,这是商业信用产生的根本原因。

举例 商业信用

甲企业是生产钢材的企业,乙企业以钢材为原材料生产汽车。如果乙企业由于资金暂时周转困难以至于没有现款去购买原材料,在商业信用的前提下,甲企业可把钢材赊销给乙企业,换取乙企业的延期付款凭证即商业票据,乙企业的生产可继续进行。而当甲企业在票据未到期即需要资金时,它可以到商业银行贴现,以缓解资金短缺的矛盾。

问题

在上述例子中,谁是供信人,谁是受信人?

(二)商业信用的特点

1. 商业信用是一种直接信用,债权人和债务人都是生产或经营商品的企业

在商业信用中,供信的债权人和受信的债务人都是直接参加生产和流通的企业,以商品赊销为例,信用的贷出者(债权人)即是商品的卖方;信用的借入者(债务人)是商品的买方。它方式灵活,手续简便,无须中介机构的介入,是一种直接信用。

2. 商业信用交易的是商品资本

商业信用提供的不是货币资本,而是处于再生产过程中的商品资本。当一个企业把一批商品赊销给另一个企业时,商品的所有权发生转移,从卖者手中转到买者手中,但相应的货款并未支付,这时商品买入方成为债务人,卖出方成为债权人,买卖双方形成了债权债务关系,由此产生商业信用。

3. 商业信用的大小与经济周期相吻合

在经济繁荣时期,生产规模扩大,商品增加,对商业信用的需求增加;相反,在萧条时期,企业生产缩减,商品滞销,需求不足,对商业信用的需求就减少。

4. 商业信用创造的信用工具是信用货币的基础

为维护债权人的利益,商业信用创造本票和汇票等票据为信用工具。票据经背书后可以流通转让,也可以在背书后向银行贴现取得货币资金。商业票据是信用货币的基础。

(三)商业信用的局限性

由于商业信用直接以商品生产和流通为基础,并为商品生产与流通服务,所以商业信用是企业融通资金、促进销售、加速资金周转的有效形式,其主要优点是方便与及时。但由于商业信用受其本身的影响,因而又具有一定的局限性。

1. 规模和数量上的局限性

商业信用是企业间买卖商品时发生的信用,是以商品交易为基础的。因此,信用的规模受商品交易量的限制,生产企业不可能超出自己所拥有的商品量向对方提供商业信用,所以商业信用无法满足由于经济高速发展所产生的巨额资金需求。

2. 范围上的限制

由于商业信用的客体是商品资本,所以,它只适用于有商品交易关系的企业,并且,一般都是在信用能力强和经常来往的企业之间进行。双方在产品买卖上没有关系或是相互不甚了解的企业之间没有信用关系。

3. 期限上的局限性

企业在向对方提供信用时,一般受企业生产周转时间的限制,期限较短,所以商业信用只能解决短期资金融通的需要。

鉴于上述缺陷,商业信用无法广泛满足经济资源的市场配置和合理布局的要求。因此它虽然是商品经济社会的信用基础,却不能成为现代信用的中心和向导。

二、银行信用

银行信用是银行以及其他金融机构,以货币形式提供给其他单位或个人的信用。银行信用的表现形式主要有吸收存款、发放贷款和证券投资等。它是在商业信用基础上产生的信用形式,在现代信用中居于核心地位。

(一)银行信用的特征

与商业信用相比,银行信用具有如下特征。

1. 银行信用是间接信用

银行信用的借贷双方,有一方必然是银行或其他金融机构,另一方是企业、个人或政府,它体现的是银行与企业、个人之间的信用关系。银行在吸收存款筹集资金时是债务人,在贷放资金时是债权人。银行信用是银行通过吸收全社会各方面的暂时闲置的货币资本,集中起来以贷款的方式贷放给企业,投入社会再生产过程中去。这使得银行信用能有效地积聚社会上各种游资,包括企业的闲置资金与居民的储蓄存款,形成巨额的借贷资本,从而克服了商业信用数量小的局限性。

2. 银行信用交易的是货币资本

银行信用筹集的是从产业资本中游离出来的,暂时不用的资本,包括企业的闲置资金与各阶层的储蓄存款。它可以聚集各种小额资金形成巨额资金,也可以将短期资本变为长期资本满足不同的需要,从而在数量、范围、期限上都大大优于商业信用。

3. 银行信用具有创造信用的功能

商业银行具有创造派生存款的能力,可以通过资金贷出多倍地扩大货币供应量和信贷供应量,使信用规模大大增加。

（二）银行信用的地位

与商业信用相比，银行信用具有巨大的优势。①规模巨大。银行信用能从社会上广泛筹集资本，不仅有企业的闲置资本，还有居民的储蓄存款，并且商业银行具有创造派生存款的能力，使信用规模大大增加。②投放方向不受限制。它可以投向任何一个部门和企业，以满足任何方面的需要，不受方向上的限制。③期限长短均可。银行可以发放短期贷款以满足临时性资金周转的需要，也可发放中长期贷款。总之，银行信用无论是在规模上、范围上、方向上都大大优于商业信用，成为现代经济中最基本的占主导地位的信用形式。

尽管银行信用具有巨大的优势，但它仍不能代替商业信用。因为商业信用是直接服务于商品的生产与销售的，凡是能在商业信用中解决的问题，厂商总是首先利用商业信用，而不必求助于银行信用。此外，银行信用的许多业务，如票据贴现、票据抵押贷款等都是在商业信用的基础上发展起来的。目前，两种信用进一步发展，出现相互交织的趋势。

三、国家信用

国家信用又称政府信用，是指以国家作为债务人的信用，即国家以债务人身份发行国债、筹集资金的一种借贷行为。发行国债又分为对内发行国债和向外发行国债。若是前者，其债务人是国家，债权人是国内的居民、企业、团体等；若是后者，其债权人是国外的居民、企业与政府等。

（一）国家信用的作用

为何会出现国家向居民借债的情况呢？国家借债的目的一般是用于弥补财政赤字或获得国家重点建设所需资金，因此，国家信用又是一种由信用分配转化为财政分配的特殊信用形式。

国家信用的作用如下。

1. 弥补财政赤字

由于种种原因，当今世界绝大多数国家在经济运行中都会出现财政收入小于财政支出的情况，即财政赤字。

美国财政部发布的年度财政报告中称，美国政府 2010 财年赤字为 13.5 万亿美元，超过 2009 财年的 11.5 万亿美元以及 2008 财年的 10.2 万亿美元。报告显示，截至 2010 财年末美国政府资产为 2.9 万亿美元，负债为 16.4 万亿美元。债务占国内生产总值(GDP)的比例为 62%，略高于欧元区对成员国的要求；该比例是衡量经济健康状况的指标之一。预计到 2020 财年美国债务占 GDP 的比例甚至可能达到 70%，2040 财年或将进一步升至 130%。

美国财政部宣布，2011 财年美国政府财政赤字为 1.299 万亿美元，比 2010 财年增加 500 亿美元，仅次于 2009 财年的 1.41 万亿美元，是历史第二高位。这是美国政府财政赤字连续第三年超过 1 万亿美元，显示美国债务风险仍在扩大。2011 财年美国政府每开销 1 美元有 36 美分是借来的，为此全年净付 2 270 亿美元的利息，比上年增加 15.7%。尽管就业状况有所好转，带来了额外税收，但减少社安税率和延长失业福利抵消了部分收入。美国全年财政收入 2.3 万亿美元，增长 6.5%；财政支出 3.6 万亿美元，增加 4.2%。美国 2011 年

10 月 1 日累计债务高达 14.8 万亿美元[①]。

而解决财政赤字的途径有三条：增税、发行钞票、向居民借债。第一种方式增税，容易带来经济的衰退，也不易为广大的纳税人所接受；第二种方式发行钞票，容易带来通货膨胀；而以发行国债的方式解决财政赤字问题副作用比较小。因此，为了弥补财政赤字，解决经济发展中资金的不足，向社会公众发行债券和向外国借债成为当今各国政府的必然选择。当前，几乎各个国家都采取发行国债的方式来筹集资金，弥补财政赤字。

2. 调剂政府收支的不平衡

一个国家财政收支在财政年度内一般是先支后收，容易出现暂时的不平衡。此时，国家可以通过发行短期国库券来解决这个矛盾。

3. 筹集资金用于特殊用途

在一些特定时期，如战争时期，靠正常的财政收入难以维持巨大的开支，必须运用国家信用迅速地筹集到巨额资金。又如国家根据战略发展需要决定进行大规模的建设，比如开发落后地区需要大量建设资金，通过发行公债来筹措无疑是最快捷、有效的方法。

（二）国家信用的形式

国家信用的主要工具是国家债券。其主要形式有以下三种。

1. 发行公债

公债包括期限为 15 年的中期国库券和 5 年以上的长期公债，目的是为了弥补财政赤字和支持国家重点建设。

2. 发行国库券

国库券是一种短期债券，主要是为了应付短期内预算支出。

3. 发行国际债券和政府向外借款

前两种是国家向内借款，第三种是国家向外借款。发行国际债券包括委托国外金融机构发行和直接发行两种。政府借款包括向国外政府借款、向国际金融机构借款、向国外商业银行借款等形式。

问题

国债是否是国库券？

四、消费信用

消费信用是工商企业、银行及其他金融机构以消费品为对象，向消费者提供的信用。消费信用主要有两种类型，一种类似商业信用，工商企业以赊销、分期付款等方式向消费者提供信用；另一种是银行和其他金融机构向消费者提供贷款，用于购买汽车和住房等耐用消费品，也就是消费信贷。消费信贷时间有长有短，一般采取抵押贷款方式。

消费信用所采取的方式主要有以下几种。

---

① 百度文库，南京航空航天大学金城学院（美国财政赤字问题论文），2014 年整理。

（一）分期付款

分期付款是最常见的消费信用，多用于购买耐用消费品如汽车、住房等。分期付款的买方（消费者）要与卖方签订书面合同，该合同载明期限、利息、每期付款的金额等。消费者第一次先付一部分现款后即可取走消费品使用，剩余金额分期连本带息付清。本息付清后，消费品所有权即归消费者所有。

（二）信用卡

信用卡是由发卡机构和零售商联合起来，对消费者提供的一种延期付款的消费信用。消费者可凭卡在约定单位购买商品和支付劳务，定期与银行结账。信用卡还可在一定额度内透支。信用卡这种消费信用方式具有先消费后付款、避免携带大量现金、方便灵活的特点。

（三）银行消费信贷

银行消费信贷是指银行和其他金融机构以信用贷款和抵押贷款的方式，对消费者发放贷款用以购买耐用消费品、上学和旅游等信用方式。消费信贷是消费信用的主要方式。在发达国家消费信贷非常普遍，它已成为西方国家居民消费的重要方式。在美国，借钱消费非常普遍，小到摄像机、DVD，大到汽车、住房，消费者都可以通过分期付款或贷款来购买。

消费信用对消费者个人来讲，可以动用一部分未来收入去消费当前尚无力购买的商品，提前享受当时购买力达不到的商品和劳务，从而提高人们的消费水平。从整个社会来讲，这可以扩大消费商品的生产与销售，促进消费产品的升级换代，一定程度上刺激了生产的增长。这是消费信用的积极作用。但是，在一定情况下，消费信用也会对经济产生消极作用，它的过度发展会增加经济的不稳定性。在经济繁荣时期，人们普遍对前景乐观，消费信用扩大。如果消费需求过高而生产扩张能力有限，会加剧市场供求矛盾，促使物价上涨，进一步加剧经济的膨胀；而在萧条时期，消费信用大大减少，使商品销售更加困难，经济更加恶化。

在20世纪80年代初期，我国开始出现小规模的消费信用，如针对某类产品销售困难，采用分期付款和赊销等方式促销。随着我国经济的不断发展和经济体制改革的深入，为了满足人们不断增加的消费需要，为了扩大生产刺激内需，国家在政策上鼓励消费信用的发展，消费信用尤其是银行消费信贷在我国得到极大发展。各种类型的消费信贷如居民住房贷款、汽车消费贷款、学生助学贷款、旅游消费贷款等开始发展起来并日趋完善，取得良好效果。

举例　国内某银行主要的消费信贷业务

（1）个人住房贷款。消费者在购买普通商品住房时，可以以所购住房作抵押，或以自己或者第三人所有的其他财产作为抵押物（质物），向银行申请个人住房贷款。其中，一手楼住房贷款的期限最长不超过30年，二手楼住房贷款的最长期限不超过20年。贷款期限5年以下（含5年）的按年利率4.77%执行，5年以上的按年利率5.04%执行。

（2）个人汽车消费贷款。消费者在购买用于个人用途的小汽车时可向银行申请汽车消费贷款。借款人可以在购车前，先申请贷款，后买车；也可在购车时通过经销商或保险公司向银行申请贷款。借款人需具有稳定的职业和偿还贷款本息的能力，信用良好。汽车消费贷款期限一般为1～3年，最长不超过5年，利率按中国人民银行规定的同期贷款利率执行。

(3) 个人消费贷款。消费者可向银行申请用于个人消费用途的个人消费贷款。消费贷款须以借款人或第三人具有所有权或依法有权处分的财产、权利作为抵押物或质物，或由第三人提供保证并承担连带责任。消费贷款可以分为短期、中长期和循环授信贷款。

(4) 教育学资贷款。消费者若有求学需要，可向银行申请此类贷款。根据用途分为学生学杂费贷款、教育储备金贷款、进修贷款和出国留学贷款。学生学杂费贷款指面向学生本人发放用于支付学生就读国内的大、中专院校所需的学杂费用或面向学生父母、其他直系亲属、监护人发放的用于支付学生就读国内学校的学杂费用的贷款。教育储备金贷款指面向学生父母、其他直系亲属、监护人发放的用于支付学生就读民办学校的教育储备金贷款。进修贷款指面向已有稳定工作收入的人士或其直系亲属、配偶发放的用于国内进修或再教育学习所需的学杂费用的贷款。出国留学贷款是指面向出国留学人员在国内的直系亲属、监护人或配偶发放的，用于出国留学人员在国外学习所需的学杂费用的贷款。

五、信用工具

各种形式的信用都需借助于一定的信用工具进行。信用工具(Credit Instruments)是指在信用基础上产生的证明债权债务关系的书面凭证。信用工具又称为金融工具(Financial Instruments)，金融工具的称谓是从金融市场交易的角度来讲的。

信用工具的种类随着信用关系和信用形式的发展而不断增加。首先，在商业信用的基础上，产生了商业票据；之后，在银行信用的基础上，产生了银行票据；随后，随着股份公司的发展又出现股票与债券；由于消费信用和国际信用的发展，又出现了信用证、信用卡等新型信用工具。随着金融创新的推进，还将有更多的金融工具出现。

信用工具可按不同标准分类，最常见的是按借贷期限长短分类，分为短期信用工具、长期信用工具。短期信用工具是指借贷期限在1年以下的信用凭证，包括各种票据、信用证、信用卡、国库券、大额可转让存单、回购协议等。它是货币市场交易的主要品种，又称为货币市场工具。长期信用工具是指借贷期限在1年以上的信用凭证，如中长期国债、公司债券、股票等。信用工具的内容将在本书第六章讲述。

第三节　利息及利率

一、利息与利率的定义

利息(Interest)与利率(Interest Rate)是伴随信用与信用工具出现的重要概念，也是现代经济中最重要的经济参数，在市场经济中具有重要的基础性地位。

(一) 什么是利息

利息是在资金借贷关系中借款人支付给贷款人的报酬，即债务人支付给债权人超过本金的那部分金额，也是债务人运用借入资金所付出的代价。例如，某厂商从银行贷款 100 万元用于购买新设备，贷款期限为 1 年。期满后，厂商偿还给银行 104 万元。这其中的 4 万元就是利息。

利息是财富的分配形式。利息是利润的一部分，是社会一定时期财富的增加。资金的借入者凭借资金的使用权增加了财富，资金的贷出方凭借资金的所有权要求对财富加以分配，从而使利息成为社会财富的分配方式。

（二）什么是利率

利率又称利息率(Interest Rate)，是指在借贷期内所获得的利息额与借贷本金的比率。它体现着借贷资本的增值程度，是衡量利息大小的尺度。用公式表示如下：

$$\text{利率} = \frac{\text{利息}}{\text{本金}} \tag{2-1}$$

仍以上例，该厂商借入本金为 100 万元，期满后连本代息归还银行 104 万元，则利率为 4/100＝4%。

利率是最重要的金融概念之一。利率是资金的价格，它同商品的价格、劳动力工资一样，是反映资源相对稀缺性的信号，是引导资金在各种用途之间进行合理配置的重要方式。

二、利率的形式

一个国家的利率种类繁多，是一个完整的体系。据《中国金融年鉴(2014)》所载，中国现行的利率就达百种以上。在利率体系中，可按照不同的标准划分多种多样的利率类别。与我们的生活和经济紧密相连的有下面几种主要形式。

（一）单利与复利

按照计算利息方法的不同，利率可分为单利与复利。

1. 利率

(1) 单利。单利(Simple Rate)是指在计算利息时，不论借贷期限的长短，仅按本金计算利息，所产生的利息不再计息。

单利的利息计算公式如下：

$$I = P \cdot r \cdot n \tag{2-2}$$

单利的本利和公式计算如下：

$$S = P \cdot (1 + n \cdot r) \tag{2-3}$$

式中：I 为利息额；P 为本金；r 为利率；n 为借贷期限；S 为本利和。

例如，一笔借贷期限为 1 年，年利率为 5%的 10 万元贷款，1 年后利息总额为 100 000×5%＝5 000(元)，本利和为 100 000×(1＋5%)＝105 000(元)。如果借贷期限为 3 年，3 年后利息总额为 100 000×3×5%＝15 000(元)，本利和为 100 000×(1＋3×5%)＝115 000(元)。

(2) 复利。复利(Coupon Rate)是指计算利息时，按一定期限将上一期所产生的利息计入本金一并计算利息的方法。按此种方法计息时，第一年按本金计算，第二年需将第一年的利息计入本金，然后再按这一本金计息，即第二年按第一年的本利和计息，第三年、第四年以此类推。

复利的本利和计算公式如下：

$$S = P \cdot (1 + r)^n \tag{2-4}$$

复利利息的计算公式如下：

$$I = S - P \tag{2-5}$$

若将上述实例按复利计算，则：

1 年后本利和为 $S = 100\,000 \times (1 + 5\%)^1 = 105\,000$(元)。

1 年后利息为 $I = 105\,000 - 100\,000 = 5\,000$(元)。

3 年后本利和为 $S = 100\,000 \times (1 + 5\%)^3 = 115\,762.5$(元)。

3 年后产生的利息为 $I = 115\,762.5 - 100\,000 = 15\,762.5$(元)。

单利计算法简单、方便，通常适用于短期借贷。复利计算法更科学，资本在运动过程中不断增值，而且已经增值的部分作为资本使用，也要增值。因此用复利计算利息，可以正确反映资金的时间价值，长期借贷应以复利法计算利息。

(3) 连续复利。所谓连续复利，指在按单利方法计算的年利率不变的条件下，不断缩短复利的时间间隔，所得到的按复利方法计算的利息。上例若变为"10 万元的贷款，年利率为 5%，每半年计息一次，问一年后本利和是多少"，应如何计算。

以 5% 的年利率每半年支付一次利息，即 6 个月的收益是 2.5%，那么 6 个月后的本利和为 $S_1 = 100\,000 \times (1 + 5\%/2) = 102\,500$(元)，1 年后的本利和为 $S = 100\,000 \times (1 + 5\%/2)^2 = 105\,062.5$(元)，相比较 1 年计一次息的复利本利和 105 000 元多出了 62.5 元，这是因为对第一个 6 个月的利息 2 500 元计算利息的缘故。可以推论，如果一年中计息的次数增加，到了年底本利和会越来越大。

仍然是上例：10 万元的贷款，年利率为 5%，每季度计息一次，问一年后本利和为多少。1 年后的本利和应为 $S = 100\,000 \times (1 + 5\%/4)^4 = 11.509$(万元)。

由此可得出连续复利下本利和计算公式为：

$$S = P \cdot (1 + r/m)^{nm} \tag{2-6}$$

利息的计算公式为：

$$I = S - P \tag{2-7}$$

式中：S, P, I, r 与 n 的含义同前面一样，分别是本利和、本金、利息、利率与时期数。需注意的是 m 指一年的计息次数。

课堂练习

(1) 本金 10 万元，分别采用单利与复利计息，年利率为 3%，求 2 年后本利和。

(2) 有存款 10 万元，以年利率 3% 每半年支付一次利息，求 2 年后的本利和。

2. 现值与终值

与单利和复利相联系的概念是现值与终值。

任何一笔资金，知道了期初的本金与利率，就可以计算出未来某一时点上的本利和是多少。这个本利和称为终值(Future Value)。例如，现在存入 1 000 元钱，在年利率 2% 的前提下，一年后本利和就是终值。相反，如果知道在未来某一时点有一定金额的货币即终值，在已知利率的前提下就可计算出为了获得这样的本利和应在期初投入的本金，这个本金称为现值(Present Value)。比如，要在 1 年之后消费 1 000 元，在存款利率 2% 的前提下，现在应存入多少钱这就是现值。

现值与终值的计算也分为单利与复利两种。式(2-3)与式(2-4)分别是单利终值与复利终值的计算公式。现值计算是终值计算的逆运算,因此单利现值与复利现值的计算公式如下。

单利现值计算公式:

$$P=\frac{S}{1+nr} \tag{2-8}$$

复利现值计算公式:

$$P=\frac{S}{(1+r)^n} \tag{2-9}$$

连续复利下现值计算公式:

$$P=\frac{S}{(1+r/m)^{nm}} \tag{2-10}$$

例如,某一家庭预计10年后孩子上大学的费用需要80 000元,若现在存款利率为5%,父母现在需要为孩子存多少钱?

若采用单利计息,现在应存入$P=80\ 000/(1+10\times5\%)=53\ 333.3$(元)。

若采用复利计息,现在应存入$P=80\ 000/(1+5\%)^{10}=49\ 018$(元)。

现值计算在银行贴现业务、测算投资效益和选择投资项目时有广泛应用。

课堂练习

(1) 为了在5年后本利和达到10万元,分别计算在单利6%和复利6%的条件下,现在应存入多少?

(2) 为了在5年后本利和达到10万元,在复利6%的条件下,若每半年计息一次,现在应存入多少?

(二) 年利、月利与日利

按计算利息的时间长短,可以将利率分为年利、月利与日利。年利是以年为时间单位计算利息,通常用百分数表示,如年利3%表示本金100元,一年后获得的利息是3元。月利是以月为时间单位计算利息,通常用千分数表示,如月利4‰表示本金1 000元,一个月后获得的利息是4元。日利是以日为时间单位计算利息,通常用万分数表示,如日利0.5‰表示本金10 000元,一天的利息是5元。按照中国的习惯,不论是年息、月息还是日息都用“厘”作单位,上述例子可表述为年息3厘、月息4厘、日息5厘等。

年利、月利与日利可以互相换算,换算公式如下:

$$月利=\frac{年利}{12} \tag{2-11}$$

$$日利=\frac{月利}{30}=\frac{年利}{360} \tag{2-12}$$

课堂练习

(1) 将3~5年住房担保利率6.3975‰换算成年利。

(2) 设有一笔存款 15 万元，存期 3 个月，年利 2.88%，问 3 个月后本利和是多少？

（三）名义利率与实际利率

名义利率(Nominal Rate)也称货币利率，是以货币为标准计算出来的利率，通常是借贷合同和有价证券上载明的利率。实际利率(Real Rate)是指名义利率剔除物价变动因素后的利率。它表明投资者实际所获得的利率或债务人实际所支付的利率。

实际利率、名义利率与物价的关系如下：

$$实际利率 = 名义利率 - 物价上涨率 \tag{2-13}$$

由式(2-13)可见，当社会基本没有通货膨胀，物价上涨率基本为零时，实际利率大致等于名义利率；当通货膨胀高于名义利率时，实际利率为负数；当出现通货紧缩，物价上涨率为负数时，实际利率高于名义利率。

实际利率有两种：一种是事后实际利率(已发生的)，它等于名义利率减去实际发生的物价变化率；另一种是事前实际利率(未发生的)，它等于名义利率减去预期的物价变化率。事前实际利率对经济预测与决策有用，而事后实际利率对经济分析有用。

区别名义利率和实际利率有重要的意义。在现实生活中，各种利率都是名义利率，但实际利率反映了资金真实的价值与报酬，对经济生活和经营决策更为重要。实际利率的变化势必对资金的供求关系产生影响，并影响着人们的投资消费行为。

思考

(1) 1988 年我国银行一年期存款利率为 16.89%，同期通货膨胀率为 18.5%。问同期的实际利率为多少？在这种情况下，你是愿意存款还是持有货币？为何？

(2) 1998 年我国银行一年期存款利率为 5.22%，而同期通货膨胀率为 -1.2%。问同期的实际利率为多少？在这种情况下，你是愿意存款还是持有货币？为何？

(3) 2014 年我国银行一年期存款利率为 3.30%，而同期通货膨胀率为 3.5%，问同期的实际利率为多少？在这种情况下，你是愿意存款还是持有货币？为何？

（四）固定利率与浮动利率

固定利率(Fixed Rate)是指在整个借贷期限内，利率不随借贷供求状况而变动的利率。它具有简便易行、易于计算借贷成本等优点。在借贷期限较短或市场利率变化不大时，可采用固定利率。但是，当借贷期限较长或市场利率波动较大时，由于其变化趋势难以预测，借款人或贷款人可能要承担利率变化风险。例如，一企业同某银行签订一笔贷款协议，期限为 5 年，采用固定贷款利率 6%。在未来 5 年内，若市场利率水平上升，高于 6%，银行就承担了利率变化风险；若市场利率水平下降，小于 6%，企业就承担了利率变化风险。因此，对于中长期借贷，借款双方一般选择浮动利率。但我国的存贷款利率大都是固定利率。

浮动利率(Fluctuate Rate)是指在整个借贷期限内利率随市场利率的变化而定期调整的利率。实行浮动利率，在计算利息上要复杂些，但是当借贷期限较长，利率变化较大时，采用浮动利率可以让双方都分担利率风险。因此，对于中长期借款，借贷双方都愿意选择浮动利率。

值得注意的是，浮动利率并不是指利率每时每刻都在变化，而是指在整个借贷期内利率间隔一定时期可调整一次，调整后按新利率计息，直到下一次利率再调整。调整间隔时间究竟多长,按什么利率标准调整依合同而定。一般来说,在国际金融市场上进行借贷时,浮动利率每隔 3～6 个月调整一次,调整时大多以伦敦银行同业拆借利率(London Inter-Bank Offered Rate,LIBOR)为主要参照对象。

举例　浮动利率债券

某债券按年支付利息,确定年利率为在一年期存款利率的基础上加 0.5%。发行债券当年的一年期存款利率为 3%,则该债券本期利率为 3.5%。如果下一年一年期存款利率调高到 3.3%,则该债券下一期的年利率为 3.8%。

(五) 存款利率与贷款利率

存款利率(Deposit Rate)是指客户在银行和其他金融机构存款所得的利息与其存款本金的比率。存款利率的高低直接影响着存款者的收益和金融机构的成本,对金融机构所能集中的资金数量有重要影响。存款利率越高,存款者利息收入越大,银行越能聚集到资金,银行融资成本也越高。

贷款利率(Loan Rate)是指银行和其他金融机构发放贷款所收的利息与贷款本金的比率。贷款利率的高低决定着利润在企业与银行间的分配,从而决定着金融机构的利息收入和借款人的筹集成本,影响着借贷双方的经济利益。贷款利率越高,银行收入越大,贷款企业负担越重,企业越不愿意贷款。一般情况下,经济越发达的国家,资本积累已经达到相当程度,资金供给比较充足,存贷款利率水平较低;而经济落后的国家,资金缺乏,存贷款利率相对较高。

存贷款利率与银行成本、收益的关系如图 2-3 所示。

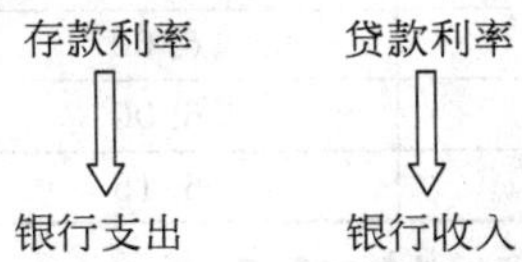

图 2-3　银行存贷款利率与成本、收益的关系

相同期限的贷款利率高于存款利率,贷款利率与存款利率的差额即为存贷利差。存贷利差是银行利润的主要来源,它直接决定着银行的经济收益,否则,银行就失去生存与发展的基础。差额的大小随着银行垄断程度的不同而不同。如果银行众多而且竞争激烈,存贷利差趋小;反之,存贷利差较大。存贷利差的合理确定对银行、企业都有较大的影响。

(六) 官定利率与市场利率

官定利率亦称法定利率,是指由政府金融管理部门或中央银行确定的利率,它是国家为了实现宏观调控目标的一种政策手段。市场利率是指在金融市场上资金供求双方自由竞争所形成的利率,反映了资金的供求状况:当资金供给大于需求时,利率下降;相反,资金供给小于需求时,利率上升。

官定利率与市场利率有密切联系。官定利率代表了一国政府的意向,对市场利率有重要的影响。一个国家往往由最重要的官定利率形成基准利率,以影响市场利率。同时,国家在确定官定利率时,一般以市场利率为重要的依据。

在我国，重要的官定利率有银行存款利率与中央银行的再贷款、再贴现率，如表 2-1 和表 2-2 所示，其中一年期存款利率是我国的基准利率。在西方国家，如美国，中央银行的再贴现率往往是其基准利率，重要的市场利率有银行同业拆借利率等。

表 2-1　金融机构人民币存贷款利率

金融机构人民币存款基准利率/%		金融机构人民币贷款基准利率/%	
活期存款	0.35	6 个月以内(含 6 个月)	5.60
3 个月	2.10		
半年	2.30		
1 年	2.50	6 个月至 1 年(含 1 年)	5.60
2 年	3.10	1～3 年(含 3 年)	6.00
3 年	3.75	3～5 年(含 5 年)	6.00
5 年	3.00	5 年以上	6.15

注：时间为 2015 年 3 月 2 日。

表 2-2　人民银行对金融机构存贷款利率

项　　目	利率水平/%	调整日期
人民银行对金融机构存款利率		2014.11.22
大型金融机构存款准备金率	20.00	
中小型金融机构存款准备金率	16.50	
超额准备金利率	0.72	
人民银行对金融机构贷款利率	(再贷款)	2014.11.22
1 年	5.60	
6 个月至 1 年(含 1 年)	5.60	
1～3 年(含 3 年)	6.00	
3～5 年	6.00	
5 年以上	6.15	

资料来源：根据《中国金融年鉴》、人民银行网站数据整理.

三、利率体系

利率体系是指在一个经济运行机体中存在的各种利率及其之间的相互关系的总和。

由于世界各国的政治、经济制度不同，金融体系不同，利率体系也各有差别。一般而言，一个国家的利率体系中主要应包括中央银行利率、商业银行利率和市场利率三类利率。中央银行利率对商业银行利率和市场利率起着指导与调节作用。目前，我国已形成了以中央银行利率为基础、商业银行利率为主体和市场利率并存的利率体系。

中央银行利率主要是指中央银行对商业银行的各种存贷款利率。其中，存款利率包含商业银行和其他金融机构在中央银行的法定存款准备金率和一般存款利率；贷款利率包括央行对商业银行的再贴现率和再贷款率。中央银行利率构成我国利率体系的中心环节。

商业银行利率主要是指商业银行对单位和个人的各种存款利率、贷款利率以及发行金融债券的利率。这些利率可按存贷款对象的行业、特征、资信程度等进一步划分，具有灵活性、浮动性，是我国利率体系的主体部分。

市场利率是金融市场上直接融资的利率，包括各种民间借贷利率、政府和企业发行各种债券的利率，以及商业银行之间相互拆借资金的同业拆借利率。它直接反映市场上资金的供求、物价变化、融资风险等情况，是我国利率体系中不可缺少的组成部分。

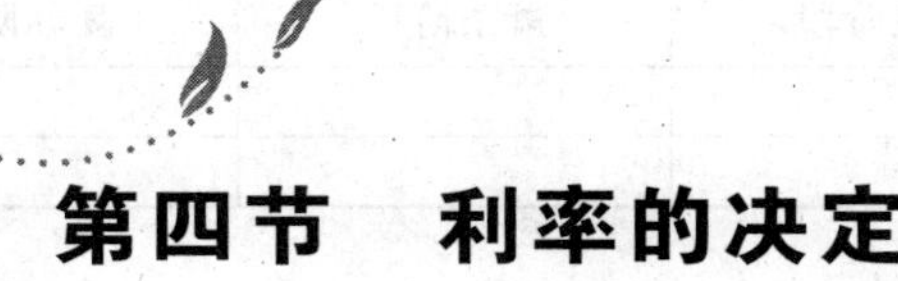

第四节 利率的决定

利率是最核心的金融概念。利率决定理论是金融理论中的重要课题。确定合理的利率水平是运用利率杠杆调节经济的关键环节。然而，确定利率水平并不是人们的主观行为，必须遵循客观经济规律的要求，综合考虑影响利率变动的各种因素。决定利率水平的因素有以下几个。

一、平均利润率

马克思认为，利息表现为借入方因使用贷款而付给贷出人的一部分利润，利息是利润的一部分，利润构成了利息的最高限。利润分为两部分：一部分是企业的经营报酬；另一部分是企业支付给资金所有者的利息收入。

平均利润率反映了整个社会的平均利润水平。如果借款人的借款利率高于平均利润率，借款人会因为无利可图而不愿借入资金，所以利率必须低于社会的平均利润率。另一方面，资金的所有者也不会无偿让渡资金的使用权，他们借出资金的目的是获取投资收益，因此，利率也不会等于零。可见，利率只能在零到平均利润率之间摆动。平均利润率是决定利率的基本因素。

二、资金的供求关系

资金的供求关系及竞争状况决定着利率的具体水平。

本章第三节讲过，利率是借贷资金的价格。因此，利率的高低必然受资金供给关系的影响。当市场资金供不应求时，利率会上升；当市场资金供过于求时，利率会下降。借贷资金的供求状况是影响利率变动的最直接、最重要的因素。

课堂练习　经济运行周期对利率的影响

经济的运行存在明显的周期，其典型状况是危机、萧条、复苏与繁荣阶段。

危机阶段：商品滞销，物价下跌，生产下降，失业增加。企业资金严重缺乏，对资金需求量急剧增加，而社会资金供给量减少。

萧条阶段：物价下降到最低点。企业信心不足，不愿增加生产与投资，交易量减少，对借贷资金的需求量急剧减少，借贷资本供大于求，资本大量闲置。

复苏阶段：投资逐渐增大，交易逐渐增加，就业率上升，对借贷资本的需求开始增加。这时信用周转灵活，支付环节畅通，借贷资本充足。

繁荣阶段：生产迅速发展，物价上涨，利润增加，对借贷资本需求增加，随着生产规模继续扩大，特别是投机出现，借贷资本需求大增。

根据上述经济周期的特征，讨论在不同的周期下利率如何变动。并填写表2-3。

表 2-3　不同周期下资金供求与利率变化

变化情况	危机阶段	萧条阶段	复苏阶段	繁荣阶段
资金供求情况				
利率变化情况				

三、物价水平

物价水平（或通货膨胀率）对利率水平影响很大。总的来说，两者呈同方向变化，即物价水平上升，利率水平将上升；反之，物价水平下降，利率水平将下降。以银行存贷款利率变动为例说明物价水平与利率水平的关系：如果物价上涨，货币相应贬值，银行存贷款实际利率下降，甚至为负值。这种情况对存款人来说，在银行存款的实际收益下降，甚至可能连本金都会受到损失；对贷款人来说，贷出资金的收益下降。因此，通货膨胀越严重，存贷款人遭受的损失越大，只有提高名义利率，使名义利率高于物价上涨率，才能减少通货膨胀带来的损失。可见，利率水平随着物价水平变动呈同方向变动。

值得注意的是，上述物价水平对利率的影响是指已经发生的价格水平对利率的影响。在经济学里，还有一个与已经发生的价格水平类似的概念：预期的通货膨胀率或者称为预期的物价上涨率。它对利率的变动同样会产生影响：预期通货膨胀率上升会提高利率水平；预期通货膨胀率下降会降低利率水平，即预期通货膨胀率与利率呈同向变化。主要原因是，当人们预期通货膨胀率将上升时，预期的实际利率将进一步下降，使借贷资金的本金与利息、存款本息遭受更大的损失，为了使实际利率不至于下降，所以在预期通货膨胀率上升时，利率（名义利率）将进一步上升。利率随预期通货膨胀率的上升而上升的现象，被称为"费雪效应"，因为最早对这一现象进行详细分析的是美国经济学家欧文·费雪。

四、国际利率水平

国际利率水平对国内利率也有重要影响。一国经济开放程度越高，国际利率水平就对国内利率的影响越大。

国际利率水平对国内利率水平的影响是通过资金在国际间流动实现的：当国际利率高于国内利率时，促使外国资本流入国内，增加国内资金的供给，使国内利率水平降低直到与国际利率水平相当；当国际利率低于国内利率时，不仅外国资本会流出，国内资本也会流出，资金的减少会使利率上升直到与国际利率水平相当。不论国内利率水平是高于国际水平还是低于国际水平，在资金自由流动的前提下，都会引起货币资金的供求变化，必然对国内利率产生影响。因此，一国政府在调整国内利率时必须考虑国际利率水平。

资金在国际间流动的渠道有两个：①国际信贷渠道，比如，在国际利率较低的情况下，国内银行及其他金融机构从国际市场上筹资成本更低，吸引国内银行更多从国外筹资在国内发放贷款，增大国内资金供给量促使国内利率回落；②国际投资渠道，比如，在国际利率较高的前提下，国内外资及国内资金会更多地投向国外以寻求更高的回报，国内资金量减少促使国内利率水平上升，直到与国际利率接轨。

问题

根据我国目前的经济情况，分析国际利率水平变化对国内利率的影响。思考两个问题。

(1)国内利率受国际利率的影响有哪些主要前提？

(2) 国际利率除影响国内利率水平之外，还对国内经济有哪些影响？

五、国家政策、法规和历史传统

国民经济是一个宏观运行的整体，为协调全社会的整体利益，国家都要管理或干预经济，通过各种经济政策体现国家的意志。利率水平、利率结构的确定和设计，是政府以利率杠杆调节经济的具体运用。政府要支持什么地区、支持什么产业，可以用低利率体现，反之，则用高利率限制。政府要实行扩张的经济政策可适当调低利率，反之则调高利率。此外，利率的运动也具有历史延续性。大部分国家都有经过历史变动而形成的一般利率标准，具有浓厚的传统色彩。

值得一提的是，利率管制也是直接影响利率水平的一个重要因素。利率管制的基本特征是由政府直接制定利率或规定利率变动的界限，它直接影响一国的利率水平。利率管制排斥许多经济因素对利率的影响，具有高度的行政干预。发达的市场经济国家都纷纷放弃了利率管制，实行利率市场化，而多数发展中国家仍然实行利率管制。

第五节 利率的作用与利率市场化

一、利率的作用

在现代经济中，作为资金的价格的利率发挥着极其重要的调节作用。总的来说，利率既有对宏观经济的调节作用，又有对微观经济的调节作用；既有直接的作用，又有间接的作用。利率是国家调节经济的重要经济杠杆，是各国中央银行调节货币供应量、实现宏观经济目标的重要工具。

（一）利率对微观经济的调节作用

1. 利率能够促进企业加强经济核算，努力提高资金的使用效益

对企业而言，利率始终是利润的扣减。利率的提高意味着企业成本的加大，迫使企业不能大规模地借债。企业为了自身利益，只有通过加速资金周转，提高资金使用收益，提高劳动生产率等方式来增加效益，这使企业不得不靠提高经营效益而不是单纯扩大生产规模增加效益。因此，利率在客观上对企业起到约束和激励作用，促使其努力提高经济效益和劳动生产率。

2. 利率能影响人们的消费、储蓄与投资行为

在不同利率水平下人们对消费、储蓄与投资的侧重面不相同。利率的变动,在某种程度上可调节个人的消费与储蓄倾向。比如,若银行利率将下调,人们就会减少存款,增加消费与投资比例。此外,利率还可以引导人们选择金融资产。人们在选择金融资产时,必须考虑收益性,人们通过对不同金融商品的利率比较来确定自己的选择。

3. 利率能影响企业的投资行为

企业的投资行为与利率水平有密切关系:低利率能刺激企业的投资需求,高利率不利于投资规模的扩大。低利率意味着企业融资成本减少,企业盈利增加,刺激企业扩大投资,扩大生产。而高利率增加了企业生产成本中利息支出,使企业盈利减少,不利于企业扩大再生产。

(二)利率对宏观经济的调节作用

1. 聚集社会闲散资金

积累资金是利率最主要的功能。在发展中国家,资金的短缺制约着经济的发展,积累资金尤为重要。在整个经济运行中,无论是个人还是企业总有一部分资金暂时闲置。利率的高低对这些资金聚集有决定性作用。利率越高,利息收入越多,人们就越愿意将闲置资金进行储蓄和投资,社会聚集资金的规模就越大;相反,利率越低,人们就越愿意消费,全社会聚集资金的规模就无法扩大。

2. 调节信贷规模,从而影响全社会的货币供应量

利率对银行信贷规模有重要的调节作用。贷款利率越高,企业借款成本就越高。如果提高贷款利率必然使企业利润减少,使企业不愿意多借款扩大投资,因此提高利率会压缩全社会的信贷规模,减少企业投资需求,降低经济发展速度。相反,降低贷款利率使企业借款成本减少,企业愿意多借款和扩大投资,所以降低贷款利率会促使企业多贷款同时扩大投资,增大社会的投资需求,刺激经济发展。

3. 优化产业结构

利率作为资金的价格,会自发地引导资金流向利润率高的地区和部门,使社会资源得到优化配置。比如,某一时期某个行业收益率大于社会的平均收益率,社会资金就会更多地流向该行业。同时,国家还可以主动运用利率杠杆,对不同地区、不同行业实行差别利率,对于国家急需发展的地区、部门适当降低贷款利率,使其能以较低成本筹集到资金,促使其加快发展。反之,对于国家限制的产业和项目,应实行较高利率,抑制资金流入这些部门,限制其发展,从而优化产业结构。比如,我国目前对农业、高新科技产业和西部基本建设等产业和项目实行了优惠利率以支持其发展。

4. 调节货币流通和稳定物价

如上所述,利率从两个方面影响货币流通和物价。一方面存款利率直接决定着银行的存款规模;另一方面贷款利率高低决定着银行的信贷规模,决定着社会货币供应量的大小。适当的利率有利于社会购买力和社会货币供应量维持在一定水平,不至于出现大幅度波动,因此有利于调节货币流通和稳定物价。

二、利率发挥作用的重要前提——利率市场化

从上面分析可知，利率发挥作用的领域十分广泛。从微观角度来说，利率直接影响个人在消费、储蓄、投资之间的分配，直接影响企业的经营管理和投资积极性。从宏观角度来说，利率影响着货币的需求与供给、物价水平的升降和全社会的总供给与总需求，进而影响经济增长和就业等。

利率是重要的经济杠杆，但并不是只要利率存在，其作用就能发挥出来。利率的作用能否发挥出来、发挥到什么程度，与利率管理体制密切相关。利率管理体制，是国家对利率进行管理的一种组织制度，它规定了金融管理当局或中央银行的利率管理权限、范围与程度。从世界各国看，利率管理体制大致可以分为三种常见类型。

(1) 国家集中管理，实行利率管制。在实行利率管制的国家，政府对直接融资与间接融资活动中的利率实行统一的管理，制定各种利率，各经济主体都必须遵照执行。执行严格利率管制的国家目前已不多，我国在改革开放之前就实行严格的利率管制。

(2) 市场自由决定，即利率市场化。在实行利率市场化的国家，政府只控制基准利率，其他利率基本放开，由市场的资金供求关系确定。从 20 世纪 70 年代开始，许多国家逐步放松了利率管制，出现了利率自由化的趋势。

(3) 国家管理与市场决定相结合。这是大多数国家在很长一段时间内所采用的一种利率管制体制。

比较这三种利率管理体制，利率杠杆要能有效地发挥作用，利率市场化是基本前提。所谓利率市场化，是指国家放松对商业银行利率的直接控制，把利率的决定权交给市场，由市场主体(如商业银行等)自主确定利率，中央银行通过制定再贴现率、再贷款率，通过公开市场业务等来确定基础利率，实现对利率的间接调控。简单地说，就是由资金市场的供求关系来确定利率水平，政府放弃对利率的直接干预。因为在市场经济条件下，只有由市场因素决定的利率才能真正反映社会资金的供求状况，才能真正促进资金的合理流动，达到资源的最优配置。利率市场化成为市场经济必不可少的环节。随着我国经济市场化改革的深入进行，利率市场化问题越来越重要，它已成为我国现阶段金融体制改革的中心环节。

我国利率市场化的进程

我国的利率市场化一直贯穿于我国金融市场培育和发展的全过程。主要的进程如下。

(一) 同业拆借利率市场化

(1) 1996 年 1 月 1 日，央行建立全国统一的银行间同业拆借市场，形成银行间同业拆借市场利率(Chibor)。

(2) 1996 年 6 月 1 日，在 Chibor 成功运行半年的基础上，央行放开对其上限管制，实现利率水平完全由拆借双方自主决定。

(二) 债券市场利率市场化

(1) 1996 年，证券交易所市场通过利率招标等多种方式率先实现国债发行利率市场化。

(2) 1997 年 6 月，央行建立全国银行间债券市场，存款类金融机构所持国债统一转入银行间债券市场流通，实现国债交易利率市场化。

(3) 1998 年 9 月，国家开发银行在银行间债券市场以利率招标方式成功发行政策性银

行金融债券。

（三）贷款利率市场化

（1）2004年10月，经过多次调整，央行取消贷款上浮封顶（信用社最高上浮基准利率的2.3倍），贷款最多下浮到基准利率的0.9倍。

（2）2006年8月和2008年10月，央行将商业性个人住房贷款利率下限分别下调到基准利率的0.85倍和0.7倍。

（3）2012年6月和7月，贷款利率下浮区间分别扩大至基准利率的0.8倍和0.7倍。

（4）2013年7月20日，央行取消金融机构贷款利率0.7倍的下限（个人住房贷款暂不调整），由金融机构根据商业原则自主确定贷款利率水平，贷款利率实现市场化。

资料来源：钱江晚报. 2004-03-20. http://finance.people.com.cn/BIG5/n/2014/0320/c70846-24689844.html.

操 作 题

近些年来，消费信贷在我国普及很快。将全班分为若干组，分别调查你所在的地区某家银行消费信贷开展情况以及消费信贷的客户需求情况，并写出调研报告。

案例分析　通货紧缩与央行降息

从1996年开始，我国经济出现了通货紧缩现象。主要表现为经济增长乏力、失业率上升、物价水平持续走低、产品过剩与社会需求不足。以物价水平走势为例，从1997年10月开始，全国商品零售价格出现负增长，1997年全年仅上升0.8%，居民消费价格仅上升2.8%。进入1998年后，价格下降速度明显加快，1998年商品零售价格和居民消费价格分别比1997年下降2.6%和0.8%。1999年通货紧缩局势进一步恶化，居民消费价格上涨率为－1.4%，商品零售价格上涨率为－3.0%。2000年物价总水平有所回升，居民消费价格上涨率达到0.4%，但商品零售价格仍为1.5%的负增长。2001年下半年物价水平重又走低，截止到2002年5月份，居民消费价格自2001年11月份以来又已连续7个月负增长，中国人民银行编制的企业商品价格指数已连续12个月下降。综合近年来物价走势情况来看，中国自1997年10月开始出现通货紧缩，1998年、1999年通货紧缩状况明显加剧，2000年有所缓解，2001年以来又趋严峻。与物价水平持续走低相对应的是社会需求严重不足，产品过剩。根据当时内贸部对所监测的680多种商品供求情况的统计，市场上基本没有供不应求的商品，90%以上的商品属于供大于求，少数部分供需平衡。居民的消费需求与企业的投资需求明显不足。据统计，1981年我国居民边际消费倾向为0.84，而1998年降为0.4。与“七五”、“八五”期间企业投资增长率保持在20%～30%相比，从1996年开始中国企业投资增长率一直低于15%，1997—1999年分别比上年减少了8.5%、13.9%和5.2%。

从1996年开始到2002年，针对通货紧缩、有效需求不足的现象，中央银行充分利用利率杠杆对经济的调节作用，先后8次降低利息，还开征了利息税，体现了国家扩大国内需求、支持经济发展的决心。前7次的降息，存款利率下降幅度大于贷款利率下调幅度，以降低国有企业的利息负担，刺激企业增加投资扩大再生产（1996年5月至1999年9月的7次降息累计减少了企业净利息支出2 600亿元）。2002年的第8次降息，短期存款利率下降幅度明显高于中长期存款利率的下调幅度，意在鼓励居民消费，以拉动经济增长，使经济尽快摆脱通货紧缩的阴影。利率经过连续数次下调，已降至历史的最低点。

2007 年以来，中国经济增速逐渐下滑，2014 年下半年以来更是呈现出经济增长动力不足、通缩风险升温的局面。在 2014 年年末，央行采取了降息举措，贷款基准利率下行 40 个基点，存款利率下行 25 个基点并扩大上浮区间至 120%。这种不对称降息使得银行的名义息差急剧收缩了 40 个基点以上。不少分析认为 2015 年央行至少还将采取 3～4 次降息，以根本解决融资难、融资贵的问题。

问题：

(1) 在通货紧缩时期，我国是如何运用利率杠杆调节经济的？由此总结，经济处于什么情况下需要提高利率水平？经济处于什么情况下要降低利率水平？

(2) 为什么我国调整利率对宏观经济(如投资)作用有限？你认为应如何改进？

练 习 题

1. 判断题

(1) 企业之间在买卖商品时，以货币形态提供的信用是商业信用。 ( )

(2) 由于银行信用克服了商业信用的局限性，它将最终取代商业信用。 ( )

(3) 消费信用只能采取货币形态。 ( )

(4) 利率是一定时期本金与利息之比。 ( )

(5) 利率水平可以高于或低于平均利润率水平。 ( )

(6) 因为剔除了通货膨胀因素，实际利率一定小于名义利率。 ( )

(7) 利率水平对一国经济有重要影响，但利率只是影响宏观经济的一个非常重要的变量，而不是全部变量。 ( )

(8) 浮动利率指在整个借贷期间，利率随时随地都在变化。 ( )

(9) 利率市场化指国家完全放弃对利率的控制，只由市场资金供求来决定利率水平。 ( )

2. 试述信用的本质和特征。

3. 为什么说商业信用是现代信用的基础，银行信用是现代信用的主要形式？

4. 什么是利息？利息的本质是什么？

5. 什么是利率？利率有哪些种类？

6. 举例说明影响利率的因素。

7. 填写表 2-4。

表 2-4 不同信用形式比较

项 目	商业信用	银行信用	国家信用	消费信用
定义				
特征				
形式				
供信人				
受信人				

8. 计算题

(1) 储户王先生将一笔 3 万元的现金存入银行，预计存 2 年。他可以采用两种方式：①存期 1 年，1 年到期后银行连本带息自动转存 1 年；②存期 2 年。已知 1 年期存款利率为 1.98%，2 年期存款利率为 2.25%，问王先生应采用哪种方式合算？

(2) 一张 10 年期债券，面值为 1 000 元，采用复利计息，票面利率为 10%，若 1 年计息一次，求 10 年后的本利和。若半年计息一次，求 10 年后的本利和。

第二篇

金融机构与金融市场

金融中介机构

内容提要与学习要点

本章在介绍金融机构产生和发展的基础上，主要阐述了西方国家的金融机构体系和我国的金融机构体系。通过本章的学习，使学生了解银行产生和发展的过程，理解银行的特殊地位和性质，系统掌握金融机构体系的各个构成部分及其性质与职能，并在此基础上，理解我国金融机构体系的现状。

第一节　金融中介机构的产生和发展

通过前面几章，我们了解了货币、信用的问题。在与货币和信用有关的活动中，有一个重要的参与者，或者称为参与主体——金融中介机构(Financial Intermediaries)。金融中介机构是资金盈余者与资金需求者之间融通资金的信用中介，它主要以存款的方式来吸收资金以形成资金来源，再把这些资金投向贷款、证券等投资项目中产生收益。金融中介机构有多种形态，但以银行最为典型。下面主要分析银行(Bank)的产生与发展，以此作为分析金融中介机构的产生与发展的代表。

一、商业银行的形成

在这里所指的银行产生和发展的历史主要是指各类商业银行，因为商业银行在现代银行体系中历史最悠久、服务活动范围最广泛、对社会经济生活影响最大。其他各类银行和金融机构都是在商业银行的基础上产生和发展起来的。可以说，最早的银行就是以营利为目的，以货币和信用为经营对象的商业银行。

商业银行是在社会商品经济发展的过程中，适应商品交换的需要而产生的。商业银行经历了从早期的货币兑换业，发展到高利贷性质的银行，最后形成现代商业银行的发展历程。

(一) 早期的货币兑换业

在商品经济发展的早期，人们使用的货币形态多种多样，像贝壳、盐块、象牙等被不同地区的人们用作货币。随着商品交换的发展，金属货币的使用十分普遍，而不同地区的人们使用的金属货币也有不同的形态和成色。比如，中世纪的欧洲有意大利佛罗伦萨的索尔多金币、佛罗林金币、热那亚金币；英国的格鲁特银币；现在法国北部、比利时西部地区佛兰德的格罗索银币等。各种货币形状、成色都有很大差异，其包含的价值大小也不同。如果持有不同形态货币的人要进行商品交换，就必须对不同货币之间的价值大小进行比较，形成一定的比价关系。由于货币形态众多，比价关系也十分复杂。当人们在一个地区和另一个地区，一个国家和另一个国家之间进行商品的交换时，商品交换者需要对不同地区的货币进行兑换，以方便进行支付。而这样复杂的货币兑换，往往让商品交易者十分头疼。这时，就出现了一些专门为货币兑换提供方便的货币兑换商。他们为其他商人兑换货币，同时收取一定的手续费。在古希腊、古罗马和古代中国的历史中，都有关于这些货币兑换商的记载。这些货币兑换商从货币兑换活动中获得收益，他们的行为是一种经营货币的活动，但这些早期的货币兑换活动，并不能说就是现代从事货币和信用活动的银行业的开端，这只能看作是商业银行发展历史上的萌芽阶段。

人们公认的现代银行的起源是在中世纪的意大利。当时的意大利重镇威尼斯，由于地处地中海中心，优越的地理位置使其成为最著名、影响最大的经济贸易中心。来自世界各地的商人云集于此，当然，也带来了不同形状、不同成色和重量的世界各地的铸币。有很多为兑换铸币收取手续费的商人存在。后来，各地的商人为了避免长途携带铸币的麻烦和不安全因素，将自己的货币交给货币兑换商保存，委托货币兑换商办理支付和汇兑。这样，货币兑换商手中往往保存了大量的货币，这些货币在满足兑换和支付之后，还有一个稳定的余额，货币兑换商就利用这些资金从事放款业务。货币兑换商由单纯的货币兑换和保管者，演变成了以从事信用活动为主要特征的银行业者。商业银行开始出现。

我国在隋唐时期就有货币兑换业，典当等信用活动也很普遍；在唐代，又出现了经营银钱保管、汇兑和贷款的“柜坊”；到了明代，更有钱庄，票号等从事信用活动的机构。这些机构可以说是我国商业银行的前身。

（二）早期带有高利贷性质的银行

在11世纪以后，欧洲的商品经济有了很大的发展，商品交换的地域范围进一步扩大，商品的交易数量也进一步增加。在繁荣的商品交换活动中，早期的商业银行也逐步发展为以存款、放款、汇款为主的专门经营机构，出现了有很大影响的威尼斯银行、米兰银行等。

这时的商业银行为早期的资本家提供的贷款，往往都有很高的利息率，年平均利率达到20%～30%，带有明显的高利贷性质。过高的利息率吞噬了产业资本家的大量利润，使早期的产业资本家无法负担，很多产业资本家在需要资金时不敢向当时封建的高利贷银行借款，这也让银行的贷款业务不能广泛开展。那时的商业银行贷款还将主要的业务对象针对国家、政府或少数有特权的企业，贷款给国家或者是帮助政府发行国债等。如1157年，威尼斯银行发行了第一笔政府债券，为与君士坦丁堡之间的战争筹集资金。

早期的商业银行大量贷款给国家和政府，而政府常常不能按期归还，有时甚至凭借政治权力不归还，这使商业银行的发展受到了极大的阻碍。

（三）现代商业银行的产生

随着资本主义经济的发展，迫切需要能灵活融通资金的机构。高利贷性质的商业银行显然不能满足资本家们获得适度利率水平贷款的要求。于是在1694年,英国资产阶级建立了自己的商业银行——英格兰银行(Bank of England)。这是一家与资本主义生产方式相适应的股份制银行。英格兰银行的贴现率一开始就定为年利率4.5%~6%,大大低于带有高利贷性质的银行。英格兰银行的成立是新兴的资产阶级在金融领域革命的要求,它打破了高利贷信用在金融领域的垄断,标志着现代商业银行的产生,促使原有的封建的高利贷银行在新式银行的竞争压力下,也逐步进行了改变,降低过高的贷款利率,开始将业务活动的重点转向资本主义的企业,逐步转化为现代商业银行。

在英格兰银行成立以后,欧洲的许多其他国家也纷纷建立了股份制银行。

通过旧高利贷银行的转化和新的股份制银行的建立,现代的商业银行产生了。现代的商业银行为资本主义生产的发展提供了低廉的资金融通渠道,促进了资本主义经济的快速增长。在这个过程中,商业银行及整个银行体系也有了极大的发展,资本主义现代银行制度开始形成。

二、现代金融机构体系的出现

随着资本主义生产关系的建立和发展,商业银行的种类逐渐增多,一些银行从事各种银行方面的业务,成为综合性的银行。而有一些银行专门从事某一项或某几项银行业务,这些银行成为专业银行。如以期限较长的信贷业务为主的长期信贷银行,以抵押业务为主的抵押银行,还有专门的储蓄银行、投资银行、开发银行等。这些专业银行从一般综合性银行中分离出来,提供专门的银行业务服务。它们的服务业务范围较窄,因此可以提供更细致、更有针对性的服务。随着有些业务越来越复杂,对相关的专业知识要求也越来越高,银行业的专业化程度也逐步增强。

随后中央银行也出现了。中央银行最初是一种专门从事银行券发行的专业银行。最初的银行券发行是由各商业银行分散发行的,这造成了金融活动中的困难。于是银行券就由分散发行逐步统一到一家垄断发行。这个独家发行银行券的银行后来又由政府控制,使其成为政府的银行。政府又将金融管理的任务赋予中央银行,使中央银行成为一国金融体系的核心。中央银行的建立就标志现代金融体系的形成。

在现代金融活动迅速发展的条件下,除各类银行以外,一些非银行的金融机构也纷纷出现。以中央银行为核心,商业银行为骨干,各类专业银行及非银行金融机构共同形成了各有分工又相互协作的金融机构体系(Financial System)。

三、金融中介机构存在和发展的原因

金融中介机构之所以能够存在与发展,是因为其在经济生活中具有许多独特的、金融市场所无法替代的作用。

1. 金融中介机构能提供多种金融服务

在现代经济中,除了资金借贷以外,资金需求者与供给者还需要其他多方面的金融服务,如债权债务的清算、资金的收付、信用担保、信托业务等,金融中介都能提供这些服务。因此,资金供给者和需求者除了通过金融中介融资外,还可以获得多种金融服务。

2. 金融中介机构能有效地降低风险

金融中介汇集无数小债权人的资金组成庞大的资金，通过专业的投资人员将资金贷放或者投资在不同风险性质、不同地区、不同行业的项目上以产生收益，可以有效地分散风险、降低风险，保护投资者利益。

3. 金融中介机构能降低交易成本

金融中介机构由于能在社会积聚大量的剩余资金，因此在贷款和投资上能获得规模效益，往往能以低成本完成投资活动。

4. 金融中介机构能降低交易双方信息不对称的现象

信息不对称是指由于资金需求方拥有的信息远远大于资金供给方获得的信息而产生的逆向选择和道德风险现象。金融中介机构能充分地了解资金需求者的财务状况，并有效监督其对资金的使用情况，因此金融中介机构能将存款人的资金提供给经营状况良好的资金需求方，从而有效解决了交易双方信息不对称的现象。

第二节　西方国家的金融中介机构

一、金融机构体系的基本模式

金融活动有众多的参与主体，其中金融机构起着举足轻重的作用。这些金融机构相互紧密联系，形成特定的金融机构体系。

根据各金融机构体系的构成内容及各构成内容之间的相互关系，金融机构体系有三种基本模式。

（一）以中央银行为核心的金融体系

以中央银行为核心的金融体系是目前世界各国普遍采用的金融机构体系模式。这种金融机构体系模式的特点是以中央银行为核心，由银行性金融机构和非银行性金融机构组成。银行性金融机构在金融体系中居于支配地位，由商业银行、投资银行、专业银行等组成。非银行性金融机构是指经营各种金融业务但又不称为银行的金融机构，包括保险公司、信托公司、证券公司、财务公司和各类基金组织。银行性金融机构和非银行性金融机构共同构成完整的金融体系。美国、英国、德国、日本等发达国家，印度、巴西以及我国等许多发展中国家都实行这种金融机构模式。

（二）高度集中的金融体系

高度集中的金融体系主要是在实行单一计划经济的国家实行的一种金融体系模式。由于这些国家在经济管理体制上是实行高度集中的计划管理体制，因此在金融体系上也是实行高度集中的金融管理模式。苏联及经济体制改革以前的中国都实行这种金融体系模式。

（三）没有中央银行的金融体系

在世界的少数国家和地区，实行没有中央银行的金融体系，如新加坡、中国香港等。它们的金融体系由众多的商业银行、投资银行及其他金融机构组成，不设立中央银行。在货币发行上，由单纯的行政机构货币局发行，或由政府指定几家商业银行为有权发行货币的银行，如新加坡的新加坡通货发行委员会，中国香港由政府指定的货币发行行汇丰银行、渣打银行等。在金融管理上，政府设立单独的金融管理机构，对金融业进行广泛的监督和管理，如新加坡的货币管理局、中国香港的银行金融管理局。

没有中央银行的金融体系是一种不完善的金融体系模式。一些国家和地区基于自己特殊的历史和地区原因，实行了这种模式。

举例　中国香港金融管理局简介

中国香港金融管理局（Hong Kong Monetary Authority）于 1993 年 4 月 1 日成立，由外汇基金管理局与银行业监理处合并而成，是香港地区政府架构中负责维持货币及银行体系稳定的机构，其主要职能为：在联系汇率制度的架构内维持货币稳定；促进金融体系，包括银行体系的稳定与健全；协助巩固香港的国际金融中心地位，包括维持与发展香港地区的金融基建以及管理外汇基金。

资料来源：中国香港金融管理局网站（http://www.hkma.gov.hk）.

二、银行性金融机构（Banking Financial Institute）

现代市场经济国家一般都拥有一个规模庞大、分工精细、种类繁多的金融机构体系，包括银行性金融机构与非银行性金融机构两大类，其中以银行性金融机构更加重要。

银行性金融机构按照其各自在经济中的功能可划分为中央银行、商业银行、各类专业银行三种类型。它们所构成的银行体系通常被称为现代银行制度。在现代银行制度中，中央银行处于核心地位，商业银行居主导地位，其他专业银行仍然有存在和发展的余地。

（一）中央银行（Central Bank）

中央银行是在商业银行的基础上发展形成的，是一国的金融管理机构。在西方银行业发展过程中，中央银行晚于商业银行产生。从 1656 年最早成立的中央银行——瑞典国家银行算起，到 1913 年美国建立联邦储备体系为止，是中央银行的初创时期，这一时期全世界设立的中央银行有 29 家，其中欧洲 19 家、美洲 5 家、亚洲 4 家、非洲 1 家；从 20 世纪初至第二次世界大战结束，是中央银行制度的普遍推行时期，这一时期世界各国改组或设立的中央银行有 43 家；20 世纪中叶至今，是中央银行制度的强化时期。[①] 凡是实行以中央银行为核心的金融体系的国家，每个国家都有唯一的一家中央银行，如英国的英格兰银行、法国的法兰西银行、德国的德意志联邦银行、美国的联邦储备体系，我国的中国人民银行等。

中央银行虽然叫银行，但它并不从事真正的货币信贷活动，它是管理全国金融事业的国家机构，负责一国的货币发行与流通，制定货币政策并监督其实施。它不以营利为目的，也

---

① 曹龙骐. 金融学[M]. 3 版. 北京：高等教育出版社，2010：224-226.

不与企业厂商发生直接的经济往来，其基本职能体现在三个方面：①为商业银行和各专业银行服务的“银行的银行”；②货币发行的银行；③政府进行金融调控的政府的银行。

关于中央银行的性质、职能与主要业务见第五章“中央银行与货币政策”。

（二）商业银行（Commercial Bank）

商业银行也称为存款货币银行，是随着商品货币经济发展而产生的专门从事货币信用经营业务的机构，是办理各种存款、放款和汇兑业务的银行，且是唯一能接受活期存款的银行。

商业银行是特殊的企业，它和其他企业一样，属于社会再生产过程中的经济实体，以追求利润最大化为经营目的。但它的经营对象和活动领域又与一般企业不同，商业银行有单一的经营对象——货币，活动的领域也是货币信用及其密切联系的范围。

商业银行在金融活动中充当着信用中介，商业银行一方面动员和集中社会中各种闲置的货币资金；另一方面将集中的货币资金再贷放出去，投向需要货币资金的企业和部门。银行的这种职能克服了商品经济中货币资金供求双方的信用障碍，对促进货币资金的有效融通有重要意义。另外，商业银行还办理与货币运动有关的技术性业务，如货币的清点、保管、货币的收付和清算等，发挥支付中介的功能。商业银行还是创造派生存款、提供信用工具的银行。商业银行在吸收原始存款的基础上，通过资金运用，贷款给工商企业，贷款又形成新的存款，形成原始存款的派生存款。商业银行在创造派生存款的基础上，又提供支票、本票、汇票等信用工具，这些信用工具满足了流通中对流通手段和支付手段的需要，同时又节约了与现金流通相关的流通费用。

20 世纪 80 年代以后，西方各国对金融管制的放松，使得商业银行的业务范围有了明显扩大，除传统的存贷款业务以外，商业银行还可以开办投资银行业务、保险业务、信托业务等，提供比较全面的、综合性的金融服务。在很多国家，商业银行成为万能式银行，又被称为“百货公司”式的银行。

关于商业银行的性质、职能、业务和发展趋势见第四章“商业银行业务”。

（三）专业银行（Specialized Bank）

专业银行是集中经营指定范围业务并提供专门性金融服务的银行，它不像商业银行那样提供全面和综合性的业务，它以一定的专业知识为基础，在特定的领域，为某些特定的资金融通对象服务。以服务对象和借贷资金的运动特点，专业银行可划分为：储蓄银行、不动产抵押银行、开发银行、进出口银行等。

1. 储蓄银行

储蓄银行（Saving Bank）是专门吸收居民储蓄存款，并为居民提供必要的消费信贷业务的银行。其主要服务对象是居民，资金来源主要是居民小规模的储蓄存款与定期存款。资金运用主要是对居民提供消费信贷和其他贷款，中长期不动产抵押贷款，购买政府债券等风险较低的投资。在西方国家，储蓄银行一般是专门设立的，英国称之为信托储蓄银行，美国称之为储蓄放款协会和互助储蓄银行，在法国、德国则称之为储蓄银行。为了保护中小储户的利益，国家对储蓄银行一般有专门的立法，限制其资产和负债业务。

2. 不动产抵押银行

不动产抵押银行也称为抵押银行，是专门从事土地、房屋及其他不动产等抵押贷款的专业银行，如美国的联邦全国抵押协会、德国的私人抵押银行、法国的房地产信贷银行等。不动产抵押银行一般不从事商业银行的存贷款业务，其资金来源主要是发行不动产抵押证券及短期票据，资金运用主要是发放以房屋为抵押的长期贷款，贷款对象主要为房屋所有者、购买者和建筑商。近年来，金融机构竞争日趋激烈，商业银行也大量经营不动产抵押业务，不动产抵押银行也开始经营一般商业银行的业务。

3. 开发银行

开发银行是专门为长期建设投资需要而设立的银行。由于一些基本建设投资对资金需求量大、投资时间长、见效慢、风险也较大，一般的商业银行不愿意承担，有时即使愿意承担，也由于承担能力有限而无力承担。专门为这类建设投资提供资金融通便利的开发银行就有存在的必要了。专门的开发银行多为政府或国家创办，一般不以营利为目的。

4. 进出口银行

进出口银行(Import & Export Bank)是专门从事对外贸易及非贸易外汇结算，与对外贸易活动紧密相关的信贷活动的银行，是一种专门从事国际金融业务的专业银行。这类银行通常是官方和半官方的机构。其主要目的是推动本国国际贸易活动的进行，主要业务是为本国企业提供优惠出口信贷以增强本国产品的出口竞争力，业务的主要形式是国内企业的出口信贷、对外直接贷款和提供国内外投资贷款的担保等。

三、非银行性金融机构(Non-banking Financial Institute)

银行性金融机构在一国金融体系中往往是最基本的构成部分，但随着金融活动的日益深化，非银行性金融机构也成为现代各国整个金融体系重要的组成部分，其发展状况已成为衡量一国金融体系是否成熟的重要标志之一。非银行性金融机构并不以吸收存款作为其主要资金来源，而是以某种特殊方式吸收资金，并以某种特殊方式运用其资金，且从中获取利润。这类金融机构包括：保险公司、养老基金、投资基金、投资银行、信用合作组织等。

(一) 保险公司

保险公司(Insurance Company)是专门经营保险业务的非银行性金融机构，分为财产保险公司(Property and Casualty Insurance Company)和人身保险公司(Life Insurance Company)两种。前者是提供财产意外损失保险的保险公司，包括火灾险、运输险、汽车保险、责任保险等；后者是为人们因意外事故或死亡而造成的损失提供保险的保险公司，包括死亡保险、生存保险、养老保险等品种。保险公司主要靠向投保人收取保费或出售保险单的方式聚集资金，对发生了保险合同中约定赔偿事项的投保人进行经济赔偿，是一种信用补偿方式。保险公司所筹集的保险资金，除一部分用于保险的赔付之外，其余部分进行投资，主要投向风险较低的政府债券、企业债券和购买股票，以及发放保单抵押贷款等，以实现保险资金的保值和增值。

保险公司的基本职能是分散风险，弥补损失。在西方国家，保险业十分发达，几乎是人人保险，物物保险，保险公司掌握的社会资金数量十分巨大，这部分资金的运用，对金融市场产生极大影响。而且，随着保险险种的不断创新，保险公司利用保险方式融资的能力也日益增强，保险公司在一国的非银行性金融机构体系中占有非常重要的地位。

举例　世界最大的保险交易市场——劳埃德保险社

劳埃德保险社(Lloyd's)被称为世界保险航母。迄今已有300余年的历史，是国际保险业历史悠久和最有影响的保险组织。它不是一家保险公司，而是一个遍及全球50多个国家，拥有2.6万多个成员的企业联合体，由430个辛迪加组织组成的、世界最大的保险交易市场。劳合社原由爱德华·劳埃德(Edward Lloyd)在伦敦泰晤士河畔开设的咖啡馆起家，以其地处伦敦市中心，吸引海陆贸易商人、船主、航运经纪人、保险商等光顾，逐渐成为交换海运信息，接洽航运和保险业务的活动场所，进而成为伦敦海上保险业集中活动的总会。1688年，爱德华·劳埃德以自己的姓氏命名，创立了一个保险行。因此劳合社便以这天为创始纪念日。1871年劳合社向政府注册，取得法人资格，并选举产生管理委员会。

劳合社的主要业务是财产保险与再保险，在财产保险中它首创了汽车保险、航空保险等。目前它是国际航空和海上保险业务的龙头。劳合社位于英国伦敦金融城，每年承保的保费约78亿英镑(合105亿美元)，占整个伦敦保险市场总保费的50%以上，占世界再保险市场的3%，占世界商业直接保险市场的1%。目前劳埃德拥有6 000多个有业务关系的保险商，分属430个结合体(或称辛迪加)。劳埃德掌握了雄厚的财力，世界上任何保险公司都不能与之相抗衡。

（二）养老基金

退休养老基金(Pension Funds)是一种向参加养老计划的人以年金形式提供退休收入的金融机构。在西方国家，一般以立法形式规定在职人员必须参加该组织。参加该公司的员工按期缴付工资的固定比例，在退休后，可以得到一次付清或按月支付的退休养老金。退休养老基金的资金来源是员工和雇主按照工资比例交纳的储蓄金，资金运用主要是购买政府公债、企业债券和公司股票等以产生收益。

举例　美国的养老基金

美国的养老保险基金始建于20世纪30年代。1935年，美国总统罗斯福签署、国会通过了《社会保障法》，为美国养老保险基金的建设奠定了法律基础。经过上百年的发展和不断调整，美国逐步形成了包括国家法定养老保险、私营退休养老保险和个人储蓄养老保险在内的多支柱养老保险体系，被形象地称为“三条腿的板凳”。

资料来源：[美]劳艾德·B.托马斯.货币银行与金融市场[M].北京：机械工业出版社，1999:65.

（三）投资基金

投资基金是一种通过发行股份或受益凭证，把各投资者的资金集中起来，成立专门的基金管理机构来运营，投资于各种金融资产的金融机构。在美国称为共同基金或互助基金，在英国称为单位信托基金，在日本和韩国则称为证券投资信托。一般投向各种有价证券的投资和房地产等高获利的行业。投资基金按组织形式可分为开放式和封闭式两种。开放式基金发行不限定额度，投资者可以随时购买基金入股，也可以赎回基金退股，而封闭式基金一次发行一定数量的股份，以后不再追加发行，除在二级市场上出售外，不允许退股。

投资基金在金融发达国家非常普遍，发展速度极快。美国1974年投资基金的资产总规模仅20亿美元，1978年增至450亿美元，1985年达到2 075亿美元，2000年年底达到6万亿美元，2013年，美国投资基金达到14.7万亿美元。[①]

（四）投资银行

投资银行(Investment Bank)是专门从事为工商企业发行和承销有价证券(股票和债券等)，并为企业提供长期信贷业务的金融机构。投资银行是美国和欧洲大陆对这类金融机构的称呼，在英国称为商人银行，在日本和我国则称为证券公司。投资银行产生于19世纪40年代，到20世纪80年代后，随着各国金融管制的放松，投资银行有了巨大发展。投资银行的业务包括一级市场业务和二级市场业务：①为公司承销股票、债券；②向公司提供融资，包括直接投资公司的股票、债券和提供信贷；③参与公司的兼并、收购等业务；④从事证券的自营买卖。

（五）信用合作组织

信用合作组织是一种以融通资金为目的，成员按照自愿、平等、互利的原则组织起来的一种经济组织形式。其特点是合作组织的资本金通过成员投资入股筹集，而不是合作组织的外部投资者，合作组织不以赚钱为目标，运营的目的是给成员提供资金融通的便利，追求有限的经济利益。大多数合作组织实行的都是“一人一票”制，而不同于大多数公司制下由投资的多少决定权益的大小。信用合作制与股份制的区别如表3-1所示。

表3-1　信用合作制与股份制的比较

项　目	合　作　制	股　份　制
入股方式	自下而上参股	自上而下控股
经营目标	为社员服务	利润最大化
管理方式	“一人一票”	“一股一票”
分配方式	盈利主要用于积累，归社员集体所有	股东分红，积累要量化到每一股份

在非银行性金融机构之中还有金融租赁公司、消费信贷机构等。

四、银行性金融机构与非银行性金融机构的关系

通过上面的学习我们了解到，一国的金融机构体系由银行性金融机构与非银行性金融机构构成，其中银行性金融机构占支配地位。在一国的金融体系中，二者的关系如何呢？

银行性金融机构与非银行性金融机构并没有本质的区别，二者都是以某种信用的方式吸收资金，又以某种信用方式运用资金的金融企业，都具备金融企业的基本特点。无论是银行性金融机构还是非银行性金融机构，大都以营利为最终的经营目的，从事的是与货币资金运动有关的各项业务活动，其各种业务活动在经济运行中都发挥着融通资金的作用。

① 2013 Investment Company Fact Book.美国投资公司协会(ICI)网站(http://www.ici.org).

银行性金融机构和非银行性金融机构有明显区别，主要表现在以下几个方面。

(1) 吸收资金的方式不同。银行性金融机构主要以吸收存款的方式吸收资金；而非银行性金融机构则以其他方式吸收资金，如保险公司收取保险金、信托投资公司接受信托资金、融资租赁公司收取租赁费等。

问题

银行性和非银行性金融机构具体都用哪些方式吸收资金？

(2) 业务方式不同。银行性金融机构的主要业务方式是存款和贷款；而非银行性金融机构的业务方式则呈现出多样化的特点，如保险公司主要从事保险业务，信托公司从事信托业务，租赁公司主要从事租赁业务，证券公司则主要从事有价证券投资活动等。

(3) 在业务中所处的地位不同。银行性金融机构在其业务中，一方面是作为债务人的集中；另一方面是作为债权人的集中；而非银行性金融机构则比较复杂，如保险公司主要是作为保险人，信托公司则主要充当受托人，证券公司则多作为代理人和经纪人。

(4) 在金融领域中发挥的具体职能不同。银行性金融机构主要发挥信用中介职能；而非银行性金融机构则根据其业务不同而发挥不同的职能，如保险公司发挥着社会保障职能，信托公司则主要发挥财产事务管理职能等。

银行性金融机构和非银行性金融机构都是一国金融机构体系的重要组成部分，它们共同为社会提供全面完善的金融服务。银行性金融机构在整个金融机构体系中居主导地位，而非银行性金融机构的存在则丰富了金融业务，充分满足现代经济对金融的多样化需要。

五、金融机构体系的发展趋势

金融体系的分工与组成并不是一成不变的，20 世纪 80 年代以来，各国金融体系的结构有了较大变化。长期以来在大多数国家的金融机构体系中，商业银行与非银行性金融机构有较明确的业务分工，各国纷纷立法，将商业银行的业务与投资银行的业务分开，将一般银行业与信托业务分离和证券业务分离，各银行性和非银行性金融机构在经营业务范围上有严格的区别，不允许不同类型的金融机构跨业务范围经营。其中最为著名的当数美国 1933 年颁布的《格拉斯—斯蒂格尔法》。该法规定美国商业银行只能经营银行业务和买卖联邦政府与地方政府的债券，投资银行则只能从事证券业务。其他国家，如英国、加拿大、日本等国，20 世纪 30 年代后均采用分业经营模式。

但 20 世纪 70 年代以来，经济领域中，经济自由主义在与国家干预主义的交战中占了上风。以美国、英国为代表的各国政府为减少政府对经济的干预，更好地发挥市场对经济的作用，开始放松金融管制。这使得金融机构之间的竞争日益加剧。金融行业的竞争促使各银行和非银行金融机构不断推出各种新的业务品种，在国家金融法规的约束下打“擦边球”。银行不断进行金融创新，并提供全方位服务吸引客户；银行业通过兼并带来优势互补，拓展业务领域，争取更广泛的客户。金融创新活动在各市场经济国家的广泛兴起，使金融机构的分业经营模式逐渐被打破。一些新的金融业务虽然在形式上没有违背分业经营的法规，但实际已融合了银行业务和非银行性金融机构的业务。分业经营向多元化、综合性经营过渡。

比如，在实行严格分业经营的美国，1984 年美林集团通过兼并拥有了自己的商业银行开始经营银行业务，而美洲银行、花旗银行等巨型商业银行也通过兼并等涉足证券业和保险业。这样，金融机构的业务不断交叉，使原来实行严格分业经营的国家进一步放宽限制，出台了一些新的金融业法规。最具历史意义的是，1999 年 11 月美国参众两议院分别以压倒多数票通过了《金融现代化服务法案》，标志着金融业分业经营时代的结束。自此，各种金融机构原有的差异日趋缩小，银行业、证券业、保险业之间的界限已变得不清晰，综合性、全能化成为金融机构的发展趋势。

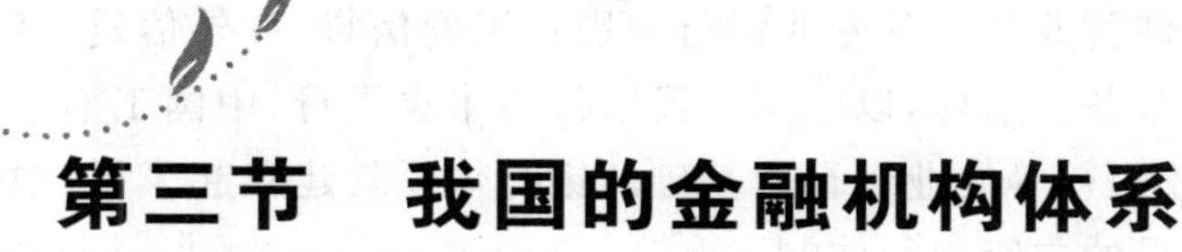

第三节 我国的金融机构体系

一、我国社会主义金融机构体系的建立和发展

我国社会主义金融体系的建立起始于革命战争时期的革命根据地。中国共产党在领导全国人民夺取政权的革命斗争中，在各个革命根据地建立了银行机构，其中影响较大的有第二次国内革命战争时期，中央苏区在瑞金成立的中华苏维埃共和国国家银行；抗战时期，各抗日根据地设立的陕甘宁边区银行、晋察冀边区银行、华北银行、华中银行、南方银行等。这些根据地和解放区的银行由人民政府创办，财产公有，是社会主义性质的银行。

1948 年 12 月 1 日在原华北银行、北海银行和西北农民银行的基础上成立了中国人民银行，并在当天开始发行人民币，这标志全国集中统一的新中国金融体系的开始。其后，又将各地的解放区银行改为中国人民银行在各地的分支机构。

在随后全国大中城市逐步解放的过程中，国家对官僚资本银行的财产进行没收，并将其归并到中国人民银行，增大了人民银行的物资基础。同时，对私人银行和钱庄进行社会主义改造，提倡和鼓励它们组织联营集团，然后，在此基础上成立全国统一的公私合营银行，在中国人民银行的领导下，经营指定的业务，从而转变成社会主义性质的银行，形成了社会主义银行体系的基础。

从新中国成立后到现在，我国的社会主义银行体系经历了三大发展阶段。

（一）第一阶段（1953—1978 年）高度集中的金融体制

新中国成立后，对中国旧有的官僚和私人金融资本的改造完成后，到经济体制改革之前，我国一直实行高度集中的金融体制，又称为“大一统”的人民银行体制。这种体制下，全国只保留中国人民银行一家银行。没有其他金融机构。这时的中国人民银行既是国家的中央银行，又具体办理各项信贷、结算、现金出纳等业务。

在此期间，也有中国人民建设银行、中国银行和农村信用合作社，但都不办理信贷业务，不能算是真正意义上的金融企业和金融组织。

这种大一统的格局一直延续到 1978 年经济体制改革之前。

（二）第二阶段（1978—1993 年）专业化时期

经济体制改革要求原有的大一统银行体制进行改革。1979 年中国农业银行成立；20 世纪 80 年代后中国银行和中国建设银行也开始可以从事贷款业务。但中国人民银行仍兼营专业银行的业务，客观上不利于中国人民银行发挥中央银行的职能，同时也造成了银行机构之间信贷资金的多头管理。

1983 年 9 月 17 日，国务院颁布了《关于中国人民银行专门行使中央银行职能的决定》，通知规定中国人民银行单独行使中央银行职能，同时成立中国工商银行，办理原来人民银行承担的工商信贷和储蓄业务。各专业银行分别在工商信贷、涉外信贷、基本建设信贷和农业信贷方面提供金融服务。这样，以中国人民银行为中央银行，中国工商银行、中国银行、中国建设银行、中国农业银行等专业银行为基础的银行体系就建立起来了，中国初步形成了中央银行与商业银行分设的二级银行体制。

随着经济体制改革的深入，一些带有商业银行性质的全国性和地区性银行也相继成立了。全国性的银行有交通银行、中信实业银行、光大银行等，区域性的银行有深圳发展银行、上海浦东发展银行、深圳招商银行、福建兴业银行等。这些银行的建立不再局限于行业的限制，不再遵循专业化银行的道路，另外，原来的四大国有专业性银行在业务活动中也逐步突破了“专业”业务的限制，开设了一些其他金融业务，各专业银行的业务内容也出现了互相交错的局面。为适应市场经济发展的需求，各专业银行开始逐步向综合性的商业银行转化。在此期间，其他商业银行和非银行金融机构也获得了较快发展。

（三）第三阶段（1993 年至今）商业化改革时期

1993 年 11 月 14 日，中共中央通过了《关于建立社会主义市场经济体制若干问题的决定》，对我国在市场经济发展阶段所需的新的银行体制进行了新的规划。该决定要求专业银行向商业银行转化，进行商业性业务；同时建立政策性银行，分离原专业银行承担的政策性业务，由政策性银行承担。中国人民银行行使中央银行的金融宏观调控和金融监管职能，其调控手段进行适应市场经济的改革。

在这一决定的指导下，我国金融机构体系框架基本形成。在此之后，我国金融体系的主要改革方向有：专业银行向商业化发展，大力发展股份制银行，对原有的城市和农村信用社进行改革和调整，发展城市和农村合作银行，整顿中小金融机构，规范信托投资公司业务，严格控制证券经营机构的自营业务，发展企业财务集团公司，完善对保险企业的监管等。最终形成我国目前结构健全，分工明确的金融机构体系。

二、我国现阶段的金融机构体系

我国现阶段建立了以中国人民银行为领导，国有独资商业银行为主体，包括政策性银行、其他商业银行、城乡信用社、非银行性金融机构和外资金融机构在内的种类齐全、功能互补的现代金融机构体系。这种金融机构体系适应了市场经济体制对金融机构的要求，为社会主义市场经济的发展提供了稳定，活跃的金融环境。

我国现阶段的金融机构体系分为如下几个层次。我国金融机构体系结构如图 3-1 所示。

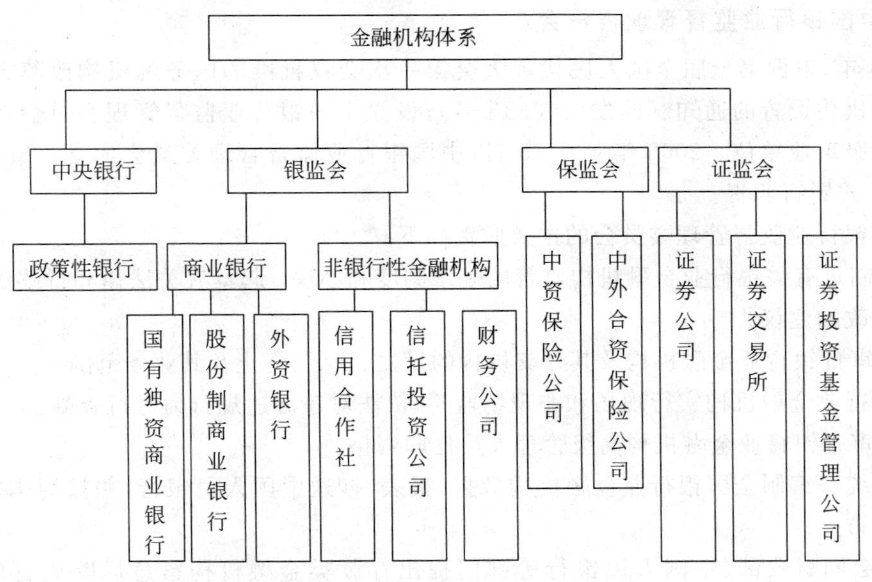

图 3-1 我国金融机构体系结构

（一）货币当局与金融监管机构

1. 中国人民银行

中国人民银行是我国的中央银行，是国务院领导和管理全国金融事务的国家机关。不对企业和个人办理信贷业务，集中力量研究和做好国家金融的宏观决策，加强信贷资金管理，保持货币稳定。

在 2003 年 12 月 27 日第十届全国人民代表大会常务委员会第六次会议通过的修改《中华人民共和国中国人民银行法》的决定中明确指出，中国人民银行的基本职能是在国务院领导下，制定和执行货币政策，防范和化解金融风险，维护金融稳定。经过修订的人民银行法将中国人民银行的职责归纳为 13 项，分列如下。

（1）发布履行与其职责有关的命令和规章。

（2）依法制定和执行货币政策。

（3）发行人民币，管理人民币流通。

（4）监督管理银行间同业拆借市场和银行间债券市场。

（5）实施外汇管理，监督管理银行间外汇市场。

（6）监督管理黄金市场。

（7）持有、管理、经营国家外汇储备、黄金储备。

（8）经理国库。

（9）维护支付、清算系统的正常运行。

（10）指导、部署金融业反洗钱工作，负责反洗钱的资金监测。

（11）负责金融业的统计、调查、分析和预测。

（12）作为国家的中央银行，从事有关的国际金融活动。

（13）国务院规定的其他职责。

2. 中国银行业监督管理委员会

2003 年，根据第十届全国人民代表大会第一次会议批准的国务院机构改革方案和《国务院关于机构设置的通知》(国发〔2003〕8 号)，设立中国银行业监督管理委员会，为国务院直属正部级事业单位。2003 年 4 月 25 日，中国银行业监督管理委员会成立；2003 年 4 月 28 日起正式履行职责。

中国银行业监督管理委员会的主要职责如下。

(1) 制定有关银行业金融机构监管的规章制度和办法；起草有关法律和行政法规，提出制定和修改的建议。

(2) 审批银行业金融机构及其分支机构的设立、变更、终止及其业务范围。

对银行业金融机构实行现场和非现场监管，依法对违法违规行为进行查处。

(3) 审查银行业金融机构高级管理人员任职资格。

负责统一编制全国银行业金融机构数据、报表，抄送中国人民银行，并按照国家有关规定予以公布。

(4) 会同财政部、中国人民银行等部门提出存款类金融机构紧急风险处置的意见和建议。

(5) 负责国有重点银行业金融机构监事会的日常管理工作。

(6) 承办国务院交办的其他事项。

举例 世界各地金融监管组织模式及中央银行的作用种类、机构特征、监管对象及国家和地区

(1) 在中央银行以外设立监管机构，中央银行仍对金融稳定负责。监管对象是银行、保险、证券。实行的国家有英国、日本、韩国、丹麦、挪威、瑞典。

(2) 中央银行负责综合监管。监管对象是银行、保险、证券。实行的国家和地区有新加坡、中国(1998 年以前)。

(3) 完全分业监管。中央银行单独或共同负责商业银行监管。实行的国家和地区有美国、波兰、中国(1998 年以后)、柬埔寨、中国香港、中国台湾地区。

(4) 在中央银行以外设立不完全综合的监管机构，金融监管机构仍挂靠中央银行。监管对象是银行加证券或银行加保险。实行的国家和地区有比利时、芬兰、墨西哥、瑞士、澳大利亚。

(5) 中央银行监管银行业与证券业，但不监管保险业。监管对象是银行、证券。实行的国家和地区有百慕大、塞浦路斯、多米尼加共和国、爱尔兰、卢森堡、乌拉圭。

(6) 中央银行监管银行与保险但不监管证券业。监管对象是银行、保险业，实行的国家和地区有马来西亚、巴拉圭。

资料来源：《经济社会体制比较》，2001 年 1 月.

3. 中国证券监督管理委员会

1992 年 10 月，国务院证券委员会和中国证券监督管理委员会宣告成立，标志着中国证券市场统一监管体制开始形成。国务院证券委员会是国家对证券市场进行统一宏观管理的主管机构，中国证券监督管理委员会是国务院证券委的监管执行机构，依照法律法规对证券市场进行监管。

1998 年 4 月，根据国务院机构改革方案，决定将国务院证券委员会与中国证券监督管理委员会合并组成国务院直属正部级事业单位，中国证券监督管理委员会职能明显加强，集中统一的全国证券监管体制基本形成。1998 年 9 月，国务院批准了《中国证券监督管理委员会职能配置、内设机构和人员编制规定》，进一步明确中国证券监督管理委员会为国务院直属事业单位，是全国证券期货市场的主管部门，进一步强化和明确了中国证监会的职能。

中国证券监督管理委员会的职能如下。

(1) 建立统一的证券期货监管体系，按规定对证券期货监管机构实行垂直管理。

(2) 加强对证券期货业的监管，强化对证券期货交易所、上市公司、证券期货经营机构、证券投资基金管理公司、证券期货投资咨询机构和从事证券期货中介业务的其他机构的监管，提高信息披露质量。

(3) 加强对证券期货市场金融风险的防范和化解工作。

(4) 负责组织拟定有关证券市场的法律、法规草案，研究制定有关证券市场的方针、政策和规章；制订证券市场发展规划和年度计划；指导、协调、监督和检查各地区、各有关部门与证券市场有关的事项；对期货市场试点工作进行指导、规划和协调。

(5) 统一监管证券业。

4. 中国保险监督管理委员会

中国保险监督管理委员会成立于 1998 年 11 月 18 日，是国务院直属事业单位。根据国务院授权履行行政管理职能，依照法律、法规统一监督管理全国保险市场，维护保险业的合法、稳健运行。2003 年，国务院决定，将中国保险监督管理委员会由国务院直属副部级事业单位改为国务院直属正部级事业单位，并相应增加职能部门、派出机构和人员编制。中国保险监督管理委员会内设 16 个职能机构和 3 个事业单位，并在全国各省、自治区、直辖市、计划单列市设有 36 个保监局，在苏州、烟台、汕头、温州、唐山市设有 5 个保监分局。

中国保险监督管理委员会的主要职责如下。

(1) 拟定保险业发展的方针政策，制定行业发展战略和规划；起草保险业监管的法律、法规；制定业内规章。

(2) 审批保险公司及其分支机构、保险集团公司、保险控股公司的设立；会同有关部门审批保险资产管理公司的设立；审批境外保险机构代表处的设立；审批保险代理公司、保险经纪公司、保险公估公司等保险中介机构及其分支机构的设立；审批境内保险机构和非保险机构在境外设立保险机构；审批保险机构的合并、分立、变更、解散，决定接管和指定接受；参与、组织保险公司的破产、清算。

(3) 审查、认定各类保险机构高级管理人员的任职资格；制定保险从业人员的基本资格标准。

(4) 审批关系社会公众利益的保险险种、依法实行强制保险的险种和新开发的人寿保险险种等的保险条款和保险费率，对其他保险险种的保险条款和保险费率实施备案管理。

(5) 依法监管保险公司的偿付能力和市场行为；负责保险保障基金的管理，监管保险保证金；根据法律和国家对保险资金的运用政策，制定有关规章制度，依法对保险公司的资金运用进行监管。

(6) 对政策性保险和强制保险进行业务监管；对专属自保、相互保险等组织形式和业务活动进行监管。归口管理保险行业协会、保险学会等行业社团组织。

(7) 依法对保险机构和保险从业人员的不正当竞争等违法、违规行为以及对非保险机构经营或变相经营保险业务进行调查、处罚。

(8) 依法对境内保险及非保险机构在境外设立的保险机构进行监管。

(9) 制定保险行业信息化标准；建立保险风险评价、预警和监控体系，跟踪分析、监测、预测保险市场运行状况，负责统一编制全国保险业的数据、报表，并按照国家有关规定予以发布。

(10) 承办国务院交办的其他事项。

（二）商业银行

商业银行是我国金融中介机构体系的主体，主要由国有独资商业银行、股份制商业银行和城市商业银行构成。在2004年2月1日开始实施，经过最新修订的《中华人民共和国商业银行法》中指出，我国的商业银行是指依照《中华人民共和国商业银行法》和《中华人民共和国公司法》设立的吸收公众存款、发放贷款、办理结算等业务的企业法人。

商业银行可以经营的业务有：吸收公众存款；发放短期、中期和长期贷款；办理国内外结算；办理票据承兑与贴现；发行金融债券；代理发行、代理兑付、承销政府债券；买卖、代理买卖外汇；从事银行卡业务；提供信用证服务及担保；代理收付款项及代理保险业务等。

我国的商业银行可分为如下类型。

1. 国有独资商业银行

国有独资商业银行是指在境内外均设有分支机构的从事综合性商业银行业务的国有独资银行。中国工商银行、中国建设银行、中国农业银行、中国银行是我国的国有独资商业银行。

国有独资商业银行在我国金融体系中占有举足轻重的地位，截至2013年年末，四大国有独资商业银行总资产达656 005亿元，占银行业金融机构比例为43.34%，其存款份额占整个存款市场的44.35%，贷款份额占整个贷款市场的39.94%。[①] 国有独资商业银行有着遍布城乡的经营网点，分支机构达14万余家，成为最贴近人民生活的银行。银行业务方面，四大国有商业银行积极开展信用证、银行承兑汇票、融资担保等新业务，满足经济发展的多方面需要。

2. 股份制商业银行

目前我国已建立了一批股份制商业银行，如交通银行、中信实业银行、光大银行、华夏银行等。它们用股份制经营这种国际通行的模式进行运营，经营方式灵活，在市场经济中具有很强的竞争实力，显示了股份制经营在商业银行经营中的巨大潜力。这些股份制银行正成为四大国有商业银行股份制改造的借鉴模式，相信它们将在社会主义市场经济体制中发挥更大的作用。在这些股份制银行中，有3家已经成为上市公司，其他银行也在积极准备上市。至2013年年末，我国股份制商业银行的资产总额达到269 361亿元，占银行业金融机构比例为19.8%。

我国的股份制商业银行积极推出社会需要的业务品种，消费贷款、股票质押贷款、单位

① 根据中国人民银行统计调查司公布的最新数据计算，详见中国人民银行网站（http://www.pbc.gov.cn）。

通知存款、单位协定存款等新品种都是由股份制银行首先推出的，它们还积极开展网上银行业务，大力发展银行卡、信用证、承兑汇票、担保等中间业务，为我国金融市场的活跃和金融产品的多样化做出了很大的贡献。

3. 城市商业银行

我国的城市商业银行是在城市合作银行的基础上成立起来的。20 世纪 80 年代中后期，我国城市私营、个体和集体经济迅速发展，为解决它们在金融服务方面的需求，各地都成立了城市信用合作社。到 1994 年年底，全国城市信用合作社达到了 5 200 家，资产总额 3 171.88 亿元，各项存款 2 553.67 亿元，各项贷款 1 323.62 亿元，成为地方经济发展中的重要力量，也成为我国金融体系中的重要一员。

但当时各地的城市信用合作社在建立时大多没有按照信用合作原则来设立，而是按照商业银行的方式来设立和运营的。因此，在 1995 年，根据国务院对城市商业银行组建工作的部署，凡不符合中国人民银行新发布的《城市信用合作社管理办法》规定的城市信用合作社，原则上都加入城市商业银行。

至 2013 年年末，全国共成立城市商业银行 143 家，合计资产总额 151 778 亿元，占银行业金融机构比例为 10.03%，实现税后利润 1 641 亿元。[①] 目前，城市商业银行已成为我国银行体系中的重要组成部分和支持地方经济发展的重要力量。

4. 外资银行

截至 2013 年年底，共有 51 个国家和地区的银行在中国设立了 42 家外资法人机构、92 家外国银行分行和 187 家代表处，外资银行的资产规模达到 2.5 万亿元，在整个中国银行业资产中所占比例达到 1.7%，同时，外资银行的利润达到 140 亿元，利润增长接近 20%。

2007 年以来，大部分外国银行在中国的分行和代表处开始转化为外资法人银行，包括汇丰中国、花旗中国在内的外资银行的网点数量不断增长。2014 年 9 月，中国银行业监督管理委员会修订了《外资银行行政许可事项实施办法》，取消外资行“一城一行”限制，还取消了开办电子银行等十多项行政审批事项，进一步打破对外资银行的政策壁垒。2015 年 1 月 1 日，《中华人民共和国外资银行管理条例》开始施行，该条例适当放宽了外资行准入和经营人民币业务的条件，同时放松了设立分行营运资金以及人民币业务准入中对开业年限及盈利能力等要求。新的外资银行管理条例有利于节省外资银行的资本金，外资银行进入中国营业的速度或将加快。

（三）政策性银行

在我国的原有银行体制中，中国工商银行、中国农业银行等分别是按专业领域划分业务的，又称为专业银行。专业银行不是真正的商业银行，在实际工作中身兼二职，既要按国家要求办理政策性贷款，又要按利润最大化的原则开展商业性业务，这就使专业银行在承担行政责任的同时，又面临着巨大的商业风险。结果是银行既不能很好地贯彻国家政策，也不能完全承担自负盈亏的责任。

为改变这种状况，1994 年，国家决定组建政策性银行，把政策性业务从专业银行业务中

① 数据来源于《2013 年城市商业银行竞争力评价报告》《银行家研究中心》。

剥离出来交给政策性银行经营，让专业银行向商业银行转型。在1994年我国金融体系的改革中，将政策性金融和商业性金融分离，成立三大政策性银行。

组建国家开发银行。该银行成立于1994年3月17日，注册资本金500亿元。主要任务是根据政府的发展战略和重点，筹集和引导境内外资金，承担国家重点建设项目，包括基本建设和技术改造项目的政策性贷款及贴息业务。

组建中国农业发展银行。该银行成立于1994年4月19日，注册资本金为200亿元。其主要任务是：按照国家的法律、法规和方针、政策，以国家信用为基础，筹集农业政策性信贷资金，承担国家规定的农业政策性金融业务，负责国家粮棉油储备和农副产品合同收购，代理财政性支农资金的拨付及监督使用，为农业和农村经济发展服务。

组建中国进出口银行。该银行成立于1994年4月26日的，注册资本金于2000年年末达到50亿元。主要任务是为大型机电成套设备进出口提供买方信贷和卖方信贷，为中国银行的成套机电设备产品出口信贷办理贴息及出口信用担保。

政策性银行的组建是专业银行商业化改革的必然，也是国家政策性金融有效运用的需要。政策性银行也属于银行范畴，遵循金融信贷规律，但政策性银行与商业银行相比，在性质和职能等方面却有很大的区别，如表3-2所示。

表3-2 政策性银行和商业银行的区别

项 目	商业银行	政策性银行
性质	按市场原则组建的自主经营、自负盈亏的法人实体	政府发起、组织，在特定领域从事资金融通活动的特殊金融机构
经营目标	银行利润最大化	增进社会公共利益
贷款方向	一般以风险小、有赢利能力的短期贷款为主	规模大、期限长的基础设施、基础产业和支柱产业，具有集中大额长期的特点，一般还有利率等方面的优惠
作用	信用中介，支付中介，信用创造，金融服务	从事资金融通，支持、保护相关生产与经营，促进国民经济协调发展

政策性银行的建立既保证了国家必需的政策性金融业务的顺利开展，又有利于专业银行的商业化改革，同时还割断了政策性贷款与基础货币的直接联系，有利于中央银行货币政策的实施。

举例 政策性银行在国民经济发展中的作用

在我国基础设施建设领域，绝大多数重点建设项目投资大、周期长且自身经济效益较低，作为这一领域的主力银行，国家开发银行将全部贷款中90%以上投向了这一领域；中西部地区由于经济落后而成为制约我国整体经济发展的"瓶颈"，但国家开发银行在这一地区的贷款则达到贷款总量的60%；同时，为国债项目配套贷款占国债项目总投资的41%。

资料来源：和讯理财网(http://futures.money.hexun.com/80153.shtml).

（四）非银行性金融机构

1. 城乡信用社

我国的农村信用社产生于解放初期，是解放初期三大合作化组织之一。作为合作性质的金融组织，其对我国农村金融的发展做出过重大贡献。但农村信用社在发展过程中，逐步偏离了合作制原则，国家按照银行的办法管理农村信用社。在1996年8月，国务院颁布了《国务院关于农村金融体制改革的决定》，决定将农村信用社办成农民入股，社员民主管理，主要为入股社员服务的真正的金融合作组织。

我国的城市信用社在一部分组建为城市商业银行以后，仍有大量城市信用社在参照《城市信用合作社管理办法》进行规范后，明确了城市信用合作组织的性质，成为符合信用合作原则的城市合作金融组织。

自2000年农村信用社改革逐步深入以来，改革成效非常显著。截至2010年年末，全国农村信用社各项存款余额为8.8万亿元，各项贷款余额为5.9万亿元，各项贷款余额占全国金融机构各项贷款余额的比例为12%。同时，农信社支农服务力度明显加大，到2010年年末，涉农贷款余额为3.4万亿元，农户贷款余额为1.8万亿元。不仅如此，农村信用社的不良贷款比例也在大幅度下降，初步实现了健康发展。

2. 保险公司

新中国的保险事业在新中国成立后就开始了。1949年成立全国性的中国人民保险公司，但在1959年中国人民保险公司并入中国人民银行国外事业局，停办了国内业务。我国保险事业的迅速发展还是在改革开放以后，1980年开始，一些全国性和地方性的保险公司成立，国内的保险业务逐渐恢复。一些股份制的保险公司也建立起来了，保险公司实行企业化管理，构成金融体的重要组成环节。保险业的对外开放也逐步加强，一些中外合资的保险公司组建，一些外国保险公司在我国设立了分公司。据中国保监会网站的统计资料，截止到2013年年底，我国产险公司总资产10 941.45亿元，寿险公司总资产68 250.07亿元，再保险公司总资产2 103.93亿元，资产管理公司总资产190.77亿元。①

3. 信托投资公司

信托投资公司是指接受他人委托，代为管理、经营和处理经济事务的金融机构，是以受托人身份经营现代信托业务的金融企业。信托投资公司的业务内容主要分为以下几类。①信托业务类。信托业务投资按其资金来源的不同，分为信托投资和委托投资。信托投资是指信托投资公司运用自有资金和组织的信托存款以及发行公司股票、债券筹集的资金，直接或间接向企业或项目进行的投资。委托投资是指信托投资公司接受某些部门及企事业单位的资金，按其要求投向指定的单位或项目，并按照委托单位的要求对投资项目资金使用进行监督管理，以及办理投资项目的收益处理等事项。②代理业务类。信托投资公司代理保管、收付、代理有价证券的发行和买卖，进行信用担保。③租赁业务类。信托投资公司可开展直接租赁、转租赁、代理租赁、售后租回等业务。④咨询业务类。包括资信状况咨询、项目可行性咨询、商情调查、投资咨询、金融咨询等。

改革开放以来，我国成立了许多信托投资公司。其中有全国性的，也有各省、市、自治区成立的地方性的信托投资公司。1979年成立的中国国际信托投资公司是我国组建较早、规模较大、影响也较大的全国性信托投资公司。信托投资公司的业务一般收益较高，但同时其经营风险也较大，管理也比较复杂，因此国家和地方对信托投资公司的设立和业务都有严格

① 中国保险监督管理委员会网站(http://www.circ.gov.cn).

的规定。

4. 证券公司

证券公司是指专业从事有价证券买卖的金融企业。证券公司主要受托办理股票债券的发行业务，受托代理单位和个人进行有价证券的买卖，有的还有资格用自己的资金进行自营买卖。

我国的证券公司是在20世纪80年代后期迅速发展起来的。从1985年1月2日，新中国第一家证券公司——深圳经济特区证券公司开始试办以来，在短短的十几年内，证券公司从无到有，从小到大，发展速度极其惊人，成为推动我国证券市场快速健康发展的一支重要力量。随着我国股票、债券市场的发展，国有企业股份制改造及更多公司上市的需要，证券公司将会得到迅速的发展。据中国证监会最新公布的机构名录显示，截至2012年4月底，我国共有证券公司111家，证券投资咨询机构88家，主要的证券公司有银河证券，申银万国，国泰君安，海通证券，北方证券公司，华夏证券公司，北京证券公司等。截至2014年1月底，证券公司境外子公司有18家。[①]

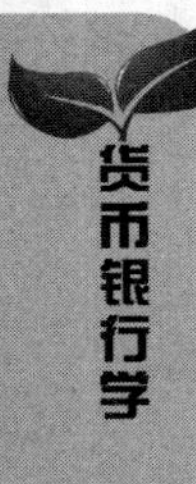

5. 金融租赁公司

金融租赁公司是指专门办理融资性租赁业务的专业金融企业。我国的金融租赁公司的主要业务有：①融资租赁业务，包括大型机械设备，运输工具，动产及附带的先进技术的租赁、转租及出租资产的残值处理，与租赁业务有关的进出口业务，资信调查，咨询业务；②吸收人民币资金，财政部门的委托投资，企业主管部门委托或贷款的信托资金，劳动保险机构的劳动保险基金；③经人民银行批准的人民币债券发行业务；④办理外汇业务，境内外外币信托存款，境外外币贷款，国内外发行或代理发行有价证券外汇，担保业务；⑤其他经人民银行、国家外汇管理局、对外经济贸易部批准的业务。

我国的金融租赁公司大多在20世纪80年代后期成立。1987年4月成立的中国租赁公司是规模和影响都很大的金融租赁公司。

6. 财务公司

财务公司主要专业从事抵押放款业务，依靠吸收大额定期存款作为贷款或投资的资金来源。我国的财务公司大都是在企业集团内部为集团内的集资或融通资金而成立的，资金来源于集团内部的集资，一般不在集团外部进行融资活动。财务公司的主要业务有：①存款、贷款和投资；②信托、融资租赁、房屋贷款；③发行和代理发行有价证券。

1987年，我国第一家财务公司——东风汽车工业财务公司成立；1996年9月，中国人民银行颁布了《企业集团财务公司管理暂行办法》；2006年12月，中国银行业监督管理委员会通过《中国银行业监督管理委员会关于修改〈企业集团财务公司管理办法〉的决定》。目前，我国财务公司已成为资本、货币市场上的一支重要力量，多数财务公司都不同程度地涉足资本市场，在国债、企业债券和一级市场申购等业务方面成为资本市场的活跃参与者。截至2014年年底，我国财务公司总资产合计达到31 703.36亿元，负债合计为27 173.68亿元，所有者权益合计达到4 529.68亿元，实现利润总额为696.46亿元，净利润达到536.15亿元，资本充足率为21.22%，不良资产率为0.11%。

---

① 中国保险监督管理委员会网站(http://www.circ.gov.cn)。

7. 邮政储蓄

新中国成立之初，于1950年6月撤销了邮政储金汇业局。1986年1月，在当时国务院的主持下，邮电部与中国人民银行分别以投资所有者和业务监管者的身份，联合发布了关于开办邮政储蓄的协议——简称“银邮协议”。决定在北京、天津等12个城市试办邮政储蓄业务，4月1日正式开业并在全国铺开。邮政储蓄的主要业务被确定为活期储蓄、异地存取、通知存款、整存整取、零存整取、整存零取、定额定期、存本取息、定活两便、代办业务等。邮政储蓄从事着吸收存款的金融业务；它吸收存款，但不能贷款，资金只能够转存中央银行。

多年来邮政储蓄一直表现出自始至终的且越来越强的工作热情，邮政储蓄机构有强大的全国联网网络基础，为开立邮政储蓄活期账户的客户提供异地存取业务。截至2014年年末，邮储银行拥有营业网点近4万个，打造了包括网上银行、手机银行、电话银行、电视银行、微博银行、微信银行和易信银行在内的电子金融服务网络，服务触角遍及广袤城乡，服务客户超过4.7亿人；累计发放小微企业贷款超过2.3万亿元，帮助约1 200万户小微企业解决了融资难题；资产总额超过6万亿元，资本回报率、利润增长率、不良贷款率、拨备覆盖率和经济利润率等关键指标达到银行同业优秀或良好水平；评级机构对邮储银行的主体信用评级和债券信用评级均为“AAA”。在英国《银行家》杂志“2014年全球银行1 000强排名”评选中，邮储银行按总资产位居第28位。

操　作　题

调查一下你所在的地区有哪些金融机构，它们分别从事哪方面的金融业务，并将他们分为银行性金融机构和非银行性金融机构。

案例分析　美国金融混业经营的发展

美国的金融控股公司最早又称银行持股公司，是美国银行业的一种金融组织创新。金融控股公司是一种经营性控股公司，即母公司经营某类金融业务，通过控股兼营其他金融业务及工业、服务业等活动的控股公司。

按照美国法律，银行持股公司是由银行所衍生，以银行为主体的控股公司，它既是银行又非银行，可从事如下12类金融业务：提供存贷款业务、信托业务、金融和投资咨询、租赁、证券投资、信用卡业务、外汇业务、金银买卖、代理保险、认购政府债券、消费信贷、发行银行支票。

到了20世纪80年代初，在储贷业出现危机的情况下，美国联邦储备委员会又准许银行持股公司在一定条件下收购储蓄机构，大大扩展了银行持股公司的业务范围，使之成为美国商业银行开展多样化金融业务的主要组织形式。而花旗银行的银行持股公司发展最为成功。

为了避开种种法规的限制，花旗银行于1968年在美国特拉华州成立了单一银行持股公司，以其作为花旗银行的母公司。花旗银行把自己的股票换成其控股公司即花旗公司的股票，而花旗公司资产的99%是花旗银行的资产。花旗公司当时拥有13个子公司，能提供多样化的金融业务。花旗公司与花旗银行的董事会成员是同一套人马，公司和银行是一个班子，两块牌子。也正是这种多样化的金融混业经营使得花旗公司在1984年就成为美国最大的银行持股公司。

1998年4月花旗公司与旅行者集团宣布合并，使花旗公司的金融混业经营更是锦上添花，两者合并后其总资产达7 000亿美元，净收入为500亿美元，营业收入为750亿美元，股东权益为440多亿美元，股票市值超过1 400亿美元，业务遍及世界100多个国家。可以说，由于花旗公司集多样化的金融业务于一身，客户到任何一个花旗集团的营业点都可能得到储蓄、信贷、证券、保险、信托、基金、财务咨询、资产管理等全能式的金融服务。

正因为面对花旗公司的这种现实选择，使得美国争论了几十年的金融业是分业经营还是混业经营的问题画了句号，使得统治了美国金融业近70年的《格拉斯斯蒂格尔法》寿终正寝。1999年11月，美国国会正式通过《金融现代化法案》，并在涉及银行持股公司组织结构的条款中，创立了"金融控股公司"这一新的法律范畴。同时，允许银行持股公司升格为金融控股公司，允许升格的或新成立的金融控股公司从事具有金融性质的任何业务，即银行、证券和保险业务，但其混业经营是通过分别来自不同业务的子公司来实现的，各子公司在法律和经营上是相对独立的公司。其意义就是以"内在防火墙"的方式达到分业监管和混业经营的目的，其竞争的综合优势格外明显。

问题：

(1) 在市场经济国家中，金融机构的发展趋势是什么？为什么？

(2) 发达国家金融机构的发展趋势对我国金融机构体系的建设有何启示？

练 习 题

1. 分别举两个例子，一个例子说明银行是如何融通资金的，另一个说明非银行金融机构是如何融通资金的。

2. 在银行吸收存款的活动中，银行是作为债权人还是债务人？在银行贷款活动中，银行是债权人还是债务人？而购买保险时，购买者和保险公司之间是什么关系？

3. 保险公司的哪些活动直接影响了金融市场？

4. 商业银行在金融机构体系中的地位如何？

5. 我国金融机构体系的状况是怎样的？

6. 金融机构体系的基本模式有哪些？

7. 各举一例说明主要的金融机构类型。

8. 根据所学知识填写图3-2。

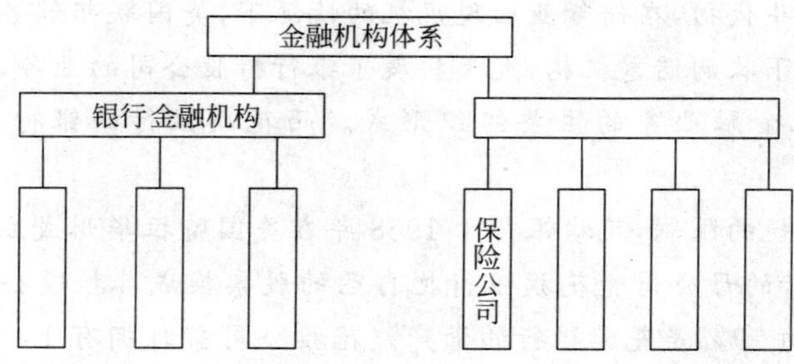

图3-2 金融机构体系

第四章 商业银行业务

内容提要与学习要点

商业银行是一国金融体系的主体。本章重点介绍商业银行的主要业务及我国商业银行的概况。通过本章学习，学生要理解商业银行的性质与职能，掌握商业银行从事的资产业务、负债业务和中间业务的主要内容，熟悉我国商业银行的主要业务，了解网络银行的主要业务和发展状况。

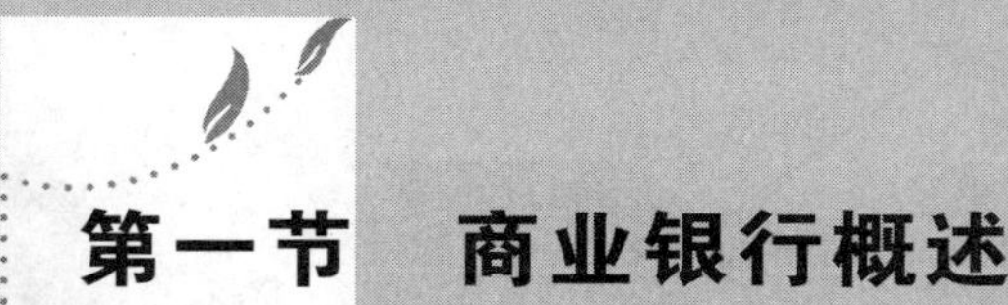

第一节　商业银行概述

在一国的金融体系中，商业银行是其中主要的构成部分。商业银行与社会公众、各工商企业紧密联系，其业务内容广泛，是一国金融体系的主体。

一、商业银行的定义

商业银行在早期通常用来指与工商企业发生短期存款和放款关系的银行，一般发放由票据和流动资产为担保的短期商业性贷款。随着商品经济的发展，商业银行的业务范围不断扩大，长期投资和长期的贷款不断增加，金融业务之间的融合也不断发展，使现代的商业银行成为一个业务范围非常广泛的金融业务综合经营中心。

由于商业银行处在不断发展的经济环境中，商业银行的定义也随着其业务的发展有了不同的解释。我国商业银行法规定，商业银行是依照《中华人民共和国商业银行法》和《中华人民共和国公司法》设立的吸收公众存款、发放贷款、办理结算等业务的企业法人。

二、商业银行的职能

商业银行有自己特殊的经营对象和业务内容，其经营的对象是货币这种特殊的商品，因此，商业银行也具有自己特有的职能。主要包括以下几个方面。

（一）充当信用中介

商业银行的信用中介职能是商业银行最基本的职能，是指商业银行通过负债业务，把社会上的各经济主体暂时闲置的货币资金集中起来，再通过银行的资产业务将集中的货币资金投向社会经济各部门。商业银行作为货币资本的借入者和贷出者的中介，使社会闲置资金得到融通和流动，同时通过吸收资金的成本和发放贷款之间的利息差额来获得利润。

有商业银行充当信用中介，资金的需求和资金闲置的信息都能通过商业银行进行集中。人们在有闲置资金时会想到把资金存入银行，在需要资金时会考虑向银行借款。资金的需要者和资金闲置者这两方不需要直接沟通信息，信息在商业银行这里进行了集中，使资金的供求信息可以更充分地得以体现，避免由于信息的不充分而导致资金不能充分地利用。

商业银行的信用中介职能具体体现在如下两方面。

1. 变小额资金为大额资金

有商业银行充当信用中介，可以让社会各阶层结余的货币资金集中起来，让分散的数量少的资金集合而成为较大规模的资金，以满足某些借款人对较大规模资金的需要。商业银行首先充当社会中最大的借款人的角色，将资金集中起来。这集中的资金就可以成为其他需要资金的人的资金来源。当某些借款人需要借入较多的资金时，商业银行集中的大规模资金就可以满足这些人借款的需求。具体过程如图 4-1 所示。

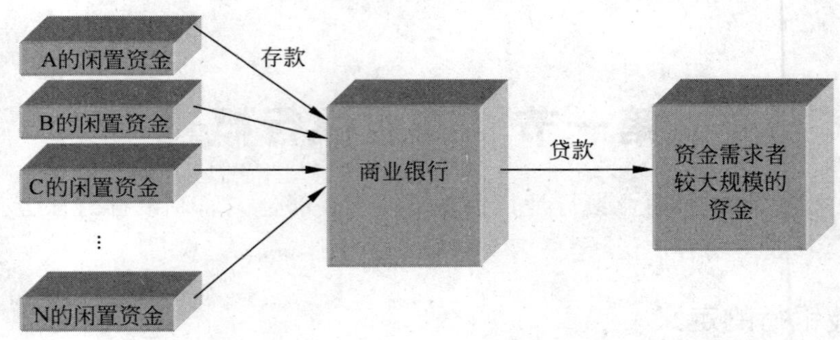

图 4-1　商业银行集中社会各方资金

2. 变短期资金为长期资金

商业银行充当信用中介，还可以把社会各方面的短期资金转化为长期资金，使借款人对长期资金的需求得到满足。这就类似湖泊的原理。湖泊从上游获得的水源就相当于商业银行短期的资金流入，湖泊向下游流出的水就相当于随时可能会提走的短期存款，而湖泊中还有的蓄积的水就相当于一直保留在商业银行中短期资金形成的长期的余额。这个长期保留的余额就是商业银行可以进行长期贷款的资金。如图 4-2 所示。可见，通过商业银行这个汇集资金的“湖泊”，短期资金可以转化为长期资金，从而满足社会的需要。

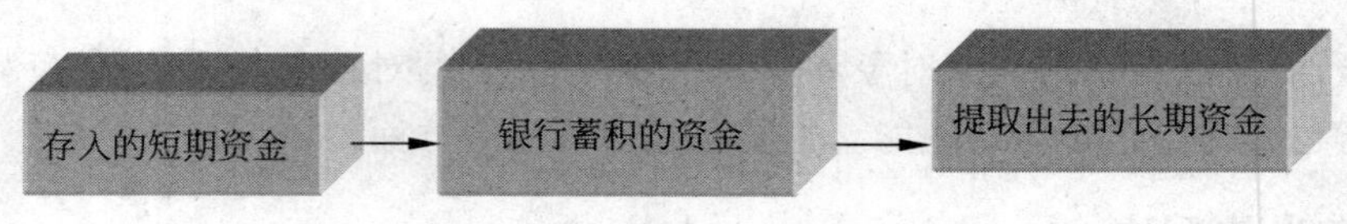

图 4-2　商业银行将短期资金转换为长期资金

（二）充当支付中介

商业银行的支付中介职能是指商业银行代理客户，通过将客户在银行账户上的存款进行转移来了结债权债务关系或在存款的基础上为客户兑付现金的职能。

商业银行的支付中介职能是在客户在银行的活期存款为基础的。各企业和单位在银行开立存款账户成为银行的客户，当企业、单位由于商品交易、劳务供应等原因要进行资金的收付时，就委托自己开户的银行为自己进行收付；或者交易双方利用支票、汇票等信用工具进行转账结算时，也委托自己的开户行来进行支票、汇票的结算。

由商业银行来代理客户进行收付，避免了交易各方大量的结算工作，也减少了流通中对现金的使用，提高了结算速度和货币资金周转的速度，减小了流通费用，促进了生产和交换的扩大。

（三）创造信用

商业银行的信用创造职能是指商业银行用自己创造的存款货币、支票、汇票等信用工具代替实现货币的功能，从而对整个社会的货币供应量产生影响的功能。

这一职能我们将在第七章“基础货币理论”中详细说明。

（四）提供金融服务

商业银行除了传统的存款、贷款、汇兑业务外，还有提供各类金融服务的职能。

商业银行熟悉各类金融产品，了解各类金融信息，可以接受客户的委托进行信托投资，代客买卖金融商品。商业银行利用自己在从事传统业务中掌握的大量金融信息和客户资料，在现代金融服务的要求下，还可以提供信息咨询、资信等级评定等服务。另外，担保、租赁、代收费用、保管等服务也是现代商业银行表外业务的重要内容。

现代商业银行的金融服务不仅面对企业、单位，还日益重视对个人的金融服务。总之，金融服务已成为商业银行的重要职能。

举例　商业银行充当支付中介

假使A企业向B企业购买了一批商品，需要向B企业支付货款，通过银行进行支付的程序如图4-3所示。

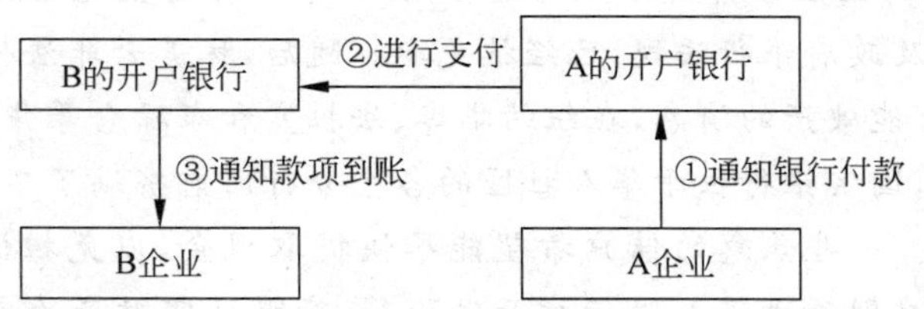

图4-3　商业银行充当企业的支付中介示意图

三、商业银行的性质和风险

（一）商业银行的性质

从上述分析我们看出，商业银行是一种金融机构，同时也是一种企业。因为它与一般的工商企业一样，从事直接的经营活动，具有一定的资金，独立核算，并通过经营活动获取利润。商业银行具有企业部门的一切特征，它是实现资本循环周转的一个必要环节。与普通企业相比，商业银行又具有一般企业所不具备的特点。所以，银行的性质可表述如下。

(1) 商业银行是企业，它具有现代企业的一般特征，自主经营、自负盈亏、自担风险、自我发展。

(2) 商业银行是经营货币的特殊企业。与一般企业经营普通商品不同，商业银行经营的是特殊商品——货币与货币资金。特殊的经营对象决定了商业银行的运作方式与普通企业有很大不同。

(3) 商业银行是金融体系的主体。无论是发达国家还是发展中国家，商业银行在金融体系中都占据重要地位，是金融体系的主体、国民经济的命脉。

（二）商业银行的风险

商业银行作为经营货币信用的特殊企业，它与客户之间并非是一般的商品买卖关系，而是一种以借贷为核心的信用关系。这种关系在经营活动中表现为以信用为基础，以还本付息为条件的借贷，即银行以存款方式向公众负债、以贷款方式为企业融资。银行经营活动的这种特殊性，在激烈的竞争中会产生不同于一般企业的特殊风险。

(1) 信用风险。即借款人不能或不愿意按期偿还贷款而使银行遭受损失的可能性。这种风险是从事信用经营活动的银行面临的最基本的风险。

(2) 来自资产与负债失衡的风险。从事信贷活动的银行其负债是其资产的基础，只有能保证充足稳定的负债作为资金来源，才能确保为自己带来直接利润的资产业务对资金的需要。银行必须保持其资产和负债的合理比例，才能在安全和收益之间达到良好的平衡。

(3) 来自公众信任的风险。银行是从事信用活动的企业，诚信是其经营的基础。失去了诚信，公众不会将自己的资金托付给银行，银行失去了资金的来源，其信贷活动也无法开展。因此，公众的信任对银行的正常经营至关重要。

举例　挤兑风波

2003年，美国第二大华资银行纽约国宝银行(Abacus Federal Savings Bank)遭遇挤兑。2003年4月21日，纽约国宝银行发布一则通告，其位于华埠的坚尼路分行经理林美云由于违反银行内部规定以及政府银行法规，已经被免职。随后，林美云非法挪用银行款项并已经失踪，以及国宝银行可能破产的消息，在纽约华埠、法拉盛和布碌仑等华人社区口耳相传，迅速蔓延。接近中午时，国宝银行位于华人社区的各个分行门前挤满了不安的储户，掀起了一场数千人的挤兑风潮。一些焦急的储户希望能尽快提取现金，以免担惊受怕；一些在国宝银行开有保险箱的客户则急于进入银行打开保险箱，亲眼证实财产的安全。但由于挤兑风潮突现，打破了银行原有的秩序，不得不动用警力到银行外维持秩序；客户需排队逐一进入银行，一些等不及的客户一度情绪激动。银行职员曾用扩音器向人群喊话：银行有足够的资金保证客户提款，希望大家耐心，明天仍可提款。但仍无法排解储户的不安，到下午银行关门时仍有很多没拿到钱的华人继续在银行门外排队。国宝银行成立于1984年，以华人客户为主，总部就设在纽约华埠，在纽约、新泽西、宾夕法尼亚州开有6间分行，总资产2.3亿美元。纽约国宝银行遭挤兑，给我们一个很好的启示：一旦银行出现挤兑，如果没有事先准备好的应急机制，银行将陷于很被动的局面，而且一招走错，将连累全局。

（三）商业银行的特殊作用

商业银行的特殊作用表现在两个方面。①对经济发展在资金上的支配性作用。商业银行经营的对象不是一般商品，而是一种特殊商品——货币资金。商业的业务活动对货币资金在经济部门之间的流动具有重要影响，进而影响到国民经济中各部门的发展。哪个部门能从银行得到大量的资金支持，哪个部门就有了发展优势，反之，在竞争中就会处于不利境地。②在国家对经济的干预中发挥重要作用。国家通过银行影响货币供给量、利率、贷款额度等经济指标，进而实施对经济的干预。

可见，现代银行作为“特殊的企业”在经济生活中占有特殊的地位，并具有影响和调节社会经济生活的特殊作用。

四、商业银行的分类

从商业银行产生以来，随着金融环境的变化和银行自身发展的需要，商业银行的业务种类不断增加，商业银行的业务发展方向也有不同的发展趋势。而且，随着商业银行的不断发展壮大，各国对商业银行的管理的不同，银行数量与规模也有着自己的发展方向。商业银行按照不同的标准可以分为以下类别。

（一）按业务范围分类

世界各国对商业银行经营业务范围的规定是不同的。有些国家限制商业银行从事证券业务、保险业务和信托业务，如日本和中国。而在另一些国家，如德国，对商业银行的业务范围没有什么限制，在保证金融安全的前提下，商业银行可以从事各类金融业务。因此，商业银行可以按照其业务范围的不同，分为两大类。

1. 全能银行

全能银行又称为综合银行。它是可以经营全面的金融和非金融业务的银行，在业务领域方面没有什么限制。全能银行可以为客户提供全方位的服务。如吸收存款，发放贷款，代理发行、销售和包销有价证券；直接向企业投资，从事外汇买卖、信托、保管、租赁、保险和咨询等所有金融业务。德国是实行全能银行制度的典型国家。

全能银行的最大优点是可以经营一切银行业务、证券业务、保险业务，可以向客户提供全方位的金融服务，故被称为“金融百货公司”或“万能银行”。由于一家的银行业务涉及各个方面，对于客户来说，与一家商业银行打交道，就几乎可以得到所需要的各种金融服务，而无须为了某项业务与不同的银行或金融机构打交道。

在现代金融环境下，全能银行也有一些缺点。首先是容易导致金融行业的垄断。由于全能银行提供全方位的金融服务，银行对经济活动的影响越来越大。同时，规模大的银行更有能力提供更全面的金融服务，就更能吸引更多的客户，从而使强者更强，银行业的垄断就非常容易出现。其次可能加大银行业的风险。虽然多样化的金融产品让全能型商业银行风险分散了，但由于现在金融新产品的不断出现，有些金融产品之间有很强的相关性，一种金融产品的风险可能导致另外的更大的风险。在风险发生时，商业银行可能面临加倍的危险。

再加上商业银行的业务种类越来越多，规模越来越大，在银行管理和资金流动方面可能出现问题，增加了银行经营的风险。所以，在很多国家对商业银行的业务范围仍然有很多限制。

举例　全能银行——德意志银行

德意志银行始建于1870年，公司总部设在法兰克福。最早创立时是一家投资银行性质的机构。当时德国的工业家们必须到伦敦去融资，看够了英国银行家的脸色，于是提出要创立自己的银行。因此，诞生于1870年的德意志银行成立的初衷不是面向储户和消费者，而是把致力于为工商企业提供融资服务、配合当时德国经济的发展、推进海外贸易作为首要目标。

两次世界大战，尤其是“二战”后，德意志银行的商业银行色彩越来越浓，开始大规模吸收存款，同时向企业提供传统的商业贷款。但投资银行的实际经营活动在德意志银行一直没有中断过。20世纪80年代中后期，德意志银行又开始了新一轮业务方向的调整，致力于开发金融服务领域和各种复杂的金融工具。目前，德意志银行总资产达8 980亿美元，业务范围涉及五大领域：零售和私人银行、企业和房地产、全球性企业和机构资产管理及交易服务、资本市场业务，是典型的全能银行。

2. 分离型银行

分离型银行是指依据一国的金融法规，只能从事某些法规范围内业务的商业银行，不允许从事投资银行、证券公司、保险公司等金融机构的业务。一般来说，分离型银行从事的业务主要有吸收存款、发放工商贷款、代理支付、汇兑等。对于有价证券的承购包销，代理客户进行投资，直接向工商企业投资等都是不允许的。如我国商业银行法规定，商业银行“不得从事信托投资和股票业务”、“不得投资于非自用不动产”、“不得向非银行金融机构和企业投资”等。实行分离型银行制度的国家有中国、英国、日本等。

分离型银行有以下几个主要优点。①能限制银行业的垄断。分离型银行对业务经营的范围有较严格的限制，商业银行和其他金融机构之间有明显的业务界限，不会形成一些银行包揽全部业务的情况，不容易形成垄断。②有利于银行业的风险控制。由于对商业银行的业务范围有限制，特别是对一些新式的、风险较大的金融产品交易不允许商业银行进行，将商业银行排除在这些风险之外，避免了由于一些金融投机行为导致的银行危机。③有利于金融当局的监管和控制。分离型银行制度将各种金融行为进行分离，使金融当局可以分开监管，便于进行管理和控制。

分离型银行在现代金融业务不断发展、金融创新广泛兴起的条件下，也暴露了一定的弱点，表现在以下两方面。①限制了商业银行的业务发展。由于金融环境的改变，如直接融资活动日益取代了间接融资在资金融通活动中的主体地位，商业银行在整个资金融通活动中业务的份额会越来越小。而新的金融业务不断涌现，商业银行面对的竞争对手越来越强大。业务活动范围的严格限制会制约商业银行的合理创新，不利于商业银行在新的金融形式下的发展。②不利于向客户提供更充分的服务。分离型商业银行的业务范围有限，而在金融产品多元化的时代，客户要求的金融服务可能是多方面的，在商业银行这里，客户得不到全部的服务。比如不允许商业银行从事证券发行、承销的业务。客户在资金融通过程中，如果希望通过发行债券融资的话，就只能与其他的投资银行联系。而与客户建立了长期联系、非常了解客户财务资金状况的商业银行则不能发挥自己了解客户、与客户联系紧密的优势。

随着银行业务自由化、电子化、一体化和金融创新的发展，很多国家放宽了对商业银行业务的限制。美国、日本等国金融自由化的改革正在兴起，商业银行和其他金融机构之间的界限也越来越不分明，商业银行有向全能型银行转化的趋势。

（二）按外部组织形式分类

由于各国的政治、经济和文化的条件不同，各国的商业银行在外部的组织形式上也有不同。

1. 单元制

单元制又称为独家银行制或单一银行制，它是指商业银行业务由各自独立的银行进行，各银行不设立或限制设立分支机构的商业银行组织形式。

在这种制度下，法律上只允许在银行的总部经营，不允许在同一地区或不同地区设立分支机构。实施这种制度的国家主要是美国。由于美国是一个联邦制的国家，各州的州政府都有对申请成立银行的组织和个人发放执照的权利，而各州为了保护本地的利益都限制其他州的银行在本州从事业务活动，都不允许其他州的银行在本州设立分支行。所以，美国就形成了这样的单元制的银行组织形式。由于实行这种组织形式，也使美国的银行数量非常的多。千万家小的、独立的、几乎没有分支机构的银行成为美国银行业的一大特点。

单元制银行的最大优点是限制银行业内部垄断。具体有：①对建立分支机构的限制，使大银行的垄断不可能实现，减小了银行业内的竞争；②银行的规模不大，也不存在复杂的上下级系统，银行内部的管理层次少，效率较高；③银行的独立性较大，在经营决策上自主性强，可以根据当地金融状况的变化灵活地调整自己的经营策略。

单元制银行的缺点也是很明显的：①由于规模都比较小，业务往往限制在某个地区，在面临整个地区的风险时抗风险的能力较弱；②在现在客户对银行业务的多元化要求的情况下，单元制银行业务内容明显受到自身实力的制约，不能很好地满足客户的需求；③银行规模小，也不容易取得规模效益，影响银行的盈利能力；④不利于银行业的国际化发展。

由于单元制银行自身无法克服的这些不足，美国对银行业在组织形式上的管制也不断地放松了。从近几年美国商业银行组织形式的演变来看，各州关于开设分支机构的限制已明显放松，分支机构逐步增长。

2. 分支行制

分支行制又称为总分行制。它是指法律允许商业银行在总部之下，在各地普遍设立分支机构开展银行业务，形成以总部为中心、各分支机构为基础的广泛的银行体系，如图 4-4 所示。这种体制为世界上大多数国家所采用。

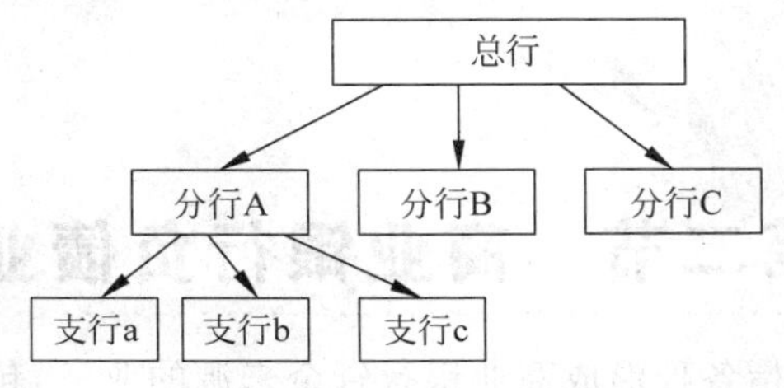

图 4-4　分支行制商业银行结构图

分支行制的优点是：①银行的分支机构众多，有利于从各地吸收存款，扩大银行的资产规模，取得规模效益；②由于规模大，资金实力雄厚，抗风险的能力也较强；③经营规模可以按照业务的发展而不断扩充，从而实现规模效益。

当然，分支行制也存在一定的缺点，主要表现在：①容易形成银行业的垄断，使小银行处于不利的地位；②银行的分支机构众多，管理层次增多，容易出现管理和业务脱节的现象，造成体制僵化，经营灵活性不够。

3. 集团银行制

集团银行制又称为持股公司制，是指由一家公司通过持有一家或多家商业银行股票的方式拥有对商业银行的控制权的组织形式。

拥有商业银行控制权的公司可能是银行，也可能是非银行性的企业。被控股的商业银行在名义上有各自独立的经营权，但实际上被控股公司所操纵，如图 4-5 所示。

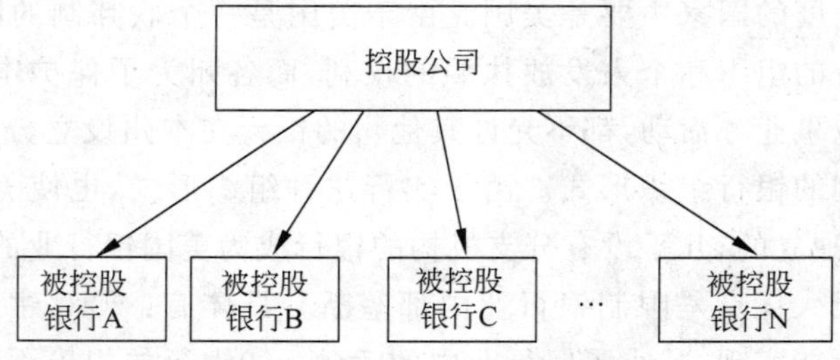

图 4-5　集团银行制商业银行结构图

集团银行制主要是为了避开法律对银行业务的限制和对当局银行规模的控制。被控股的公司实际上是控股公司变相的分支行。所以，集团银行制在美国最为盛行。在 20 世纪 70～90 年代，控股公司在美国拥有 66%的银行和近 90%的存款。

4. 连锁银行制

连锁银行制又称为联合制，是指某一人或某一集团购买若干独立银行的股票，进而控制独立银行的业务和经营决策。

连锁银行制也产生于美国，也是为了避开单元制下对银行业务地区范围的限制而创造的商业银行的组织形式。在美国的中西部较为发达。通常以大银行为中心形成连锁银行。

问题

根据本节所学和你自己掌握的知识，回答按业务划分和组织形式划分，我国商业银行属于什么类型？为什么？

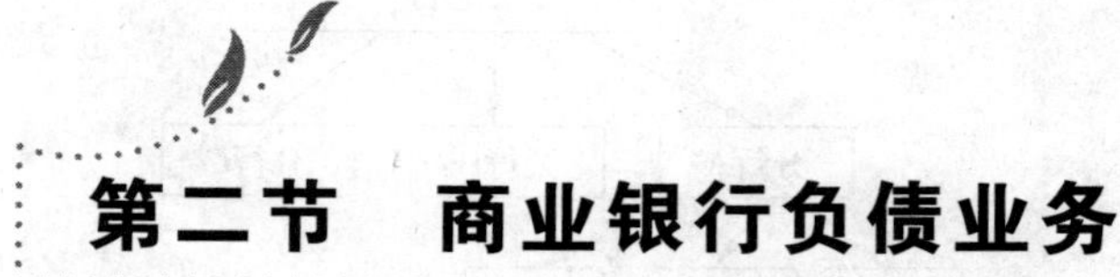

第二节　商业银行负债业务

商业银行负债业务是指各种形成商业银行资金来源的业务，包括商业银行的自有资本、吸收的存款、借款等。

一、商业银行自有资本

（一）自有资本的含义

商业银行的自有资本又称为商业银行的资本金，是指商业银行股东的投资、税后留存利润和未分配利润等银行拥有的永久归银行支配使用的资金。如果从会计的角度看，就相当于商业银行的资产减去负债。

（二）自有资本的作用

1. 商业银行自有资本是商业银行应付金融风险的缓冲器

在商业银行的各种业务中，几乎都存在着风险。当金融风险发生时，银行体系可能会面临严重的危机，在商业银行可运用的资金中，占有绝大部分比重的借入资金会面临被抽走的危险。这个时候，银行信用的维持就要依靠银行可以长期使用的自有资本了。

2. 商业银行自有资本是保护存款人和其他债权人利益的基础

当银行由于种种原因而破产，不能继续经营下去时，能对存款人的存款进行支付的最后保障就是商业银行的自有资金。如果银行自有资金不足，不能完全偿付时，存款人和其他债权人的利益就会受到损害。

3. 商业银行自有资金是商业银行开展业务的前提

虽然商业银行的自有资金在整个商业银行的资金来源中比例不高，但商业银行在设立时都必须满足一定的资本金规模的要求。如我国要求成立股份制商业银行最低的自有资本金额为 10 亿元。而且各国对商业银行在经营过程中借入资金和自有资金之间的比例有一些限制。也就是说，在商业银行自有资本一定的情况下，商业银行借入的资金不能超过自有资金的一定倍数。所以，商业银行要增加自己可利用的资金，扩大自己借入资金的规模就必须保证一定规模的自有资金数量。商业银行资产业务的开展最终要以商业银行的自有资本为基础。

（三）自有资本的内容

商业银行的自有资本主要由以下几部分构成。

1. 股本(Equity Capital)

股本即银行的股东投入的资金。现代商业银行一般采取股份公司的组织形式，通过发行股票来筹集资本是最常见方式。股本是商业银行资本的基础，这部分资金被看作是“品质”最高的资本，因为这部分资本是永久性的，一旦投入，就不能收回。在股本中又以发行普通股为主要的筹资方式。

普通股(Common Stock)是商业银行资本中最基本的形式。商业银行普通股的账面价值等于发行的股票数额乘以每股面值。比如，某商业银行发行普通股 1 亿股，每股面值为 1 元，则该银行筹集的股本为 1 亿元。由于普通股具有永久性，发行者和投资者都无权赎回，商业银行通过普通股筹集的资金可以长期使用。普通股股东拥有对银行的所有权、对银行的经营管理有参与权;普通股股东对银行的收益和剩余财产有索取权,但普通股的收益是不确定的,会随着银行经营状况而变化。

发行股票,吸收股东投资,是现代商业银行筹集资本金的重要渠道。

2. 盈余(Surplus)

盈余包括经营性盈余和资本性盈余。

经营性盈余又可以称为盈余公积,是指在银行的税后利润中提取的一部分逐年累积,成为银行自有资本的构成部分。有的国家以法律规定商业银行在经营期间必须将每年盈利的一部分缴入自有资本中,充实资本金。如美国商业银行法律规定,国民银行在营业期间必须将每年盈利的10%作为盈余公积,直到逐年累积的盈余公积达到和股本一样的金额。

资本性盈余又称为资本公积,是指商业银行在发行股票时,由于发行价超过股票面值而形成的盈余,也就是股票发行的溢价部分,以及银行资产的市场重估增值部分。

举例　股本与资本性盈余的计算

某银行计划发行1 000万股普通股,每股票面价值为10元,市场发行时发行价为每股11元。则其普通股股本和资本性盈余分别为多少?

股本金额:1 000万×10=1(亿元)

资本性盈余:1 000万×(11－10)=1 000(万元)

3. 未分配利润(Retained Earning)

未分配利润又称为留存利润,是指商业银行将税后利润分配给股东股利之后的余额。这是商业银行主要的增加资本的方式。商业银行只需要将利润分配后的剩余部分直接转移到未分配利润账户上即可,可以节约用增发股票的方式增加资本而负担的成本。

4. 资本准备(Capital Reserve)和坏账准备(Loan-loss Reserve)

资本准备是指银行保留收益中的一部分用于应付意外事件或突发事件而使银行股票资本减少的准备金。坏账准备是指商业银行为了应付贷款无法收回、所持有的债券价格下降等可能的损失而从税后利润中提出的一部分资金。这两部分资本都是在商业银行的税后利润中提取,作为应对风险的准备,也是银行资本的构成部分。

5. 资本票据(Capital Note)和信用债券(Debenture)

资本票据是指那些期限较短、发行额度大小不等的银行借据。信用债券是指以商业银行信用为担保的债券,一般期限较长,额度较大。

从性质上看,资本票据和信用债券是商业银行的债务,不属于银行的资本。但这些债务和商业银行的存款负债和其他一般债务比较,又有不同。如商业银行在进行破产清理,要偿还债务时,这些债务的求偿权仅在优先股之前,在一般债务之后,具有某些资本的属性。因此商业银行的资本票据和信用债券也列为资本,但属于附属债务形式的资本。

中国银行资产负债表如表4-1所示。

表 4-1　中国银行资产负债表

2014 年 12 月 31 日　　　　　　　　　　单位：万元

资产	1 525 138 200.00
负债	1 406 795 400.00
所有者权益	
股本	28 873 100.00
资本公积	13 079 700.00
盈余公积	9 610 500.00
一般风险准备	15 934 100.00
未分配利润	40 783 600.00
归属于母公司股东的权益	114 085 900.00
少数股东权益	4 256 900.00
股东权益合计	118 342 800.00
负债及所有者权益总计	1 525 138 200.00

资料来源：根据新浪财经网(http://money.finance.sina.com.cn)提供的《中国银行(601988)资产负债表》整理.

(四) 银行资本金的监管——《巴塞尔协议》

商业银行的自有资本对商业银行的经营和风险控制有重要的作用,银行必须保持充足的自有资本比例才能更安全稳健地经营下去。但商业银行为了追求更大的资产规模,在某些情况下不顾自己自有资本的规模,尽可能地借入资金,形成更多的可利用的资金,通过贷款或者投资运用出去。如果银行将大规模的借入资金投入到高风险的项目上,发生危险时又没有足够的自有资金来支持,可能引发银行危机,甚至会影响到整个金融体系的安全和稳定。

1988 年 7 月 15 日,西方十国集团(美、英、法、德、意、日等)的中央银行行长在瑞士的巴塞尔举行会议,会议通过了由巴塞尔银行条例和监监委员会的常设委员会制定的《关于统一国际银行的资本衡量和资本标准的协议》(简称《巴塞尔协议》)。这个协议对商业银行资本金的构成和资本充足率的标准进行了规定,对跨国银行的资本金标准进行了统一。后来,在 1991 年、1994 年、1997 年、1998 年和 2001 年,《巴塞尔协议》又进行了一些修改。目前,世界各国大都依据巴塞尔协议的要求对本国商业银行的资本充足率进行考察。巴塞尔协议标准已经成为衡量资本充足率的基本标准。

《巴塞尔协议》对商业银行自有资本的规定如下。

(1) 规定银行资本金构成。《巴塞尔协议》将商业银行资本分为两部分。一部分为核心资本,这是商业银行资本中最重要的部分,包括股本、资本公积、盈余公积和未分配利润。核心资本占总资本的比重不得小于 50%。第二部分为附属资本,也称为次级资本,包括未公开准备,重估准备,一般准备金,混合性债务资本工具,长期次级债务。这部分在总资本中的比重不得超过 50%。

(2) 规定银行资产的风险权数。《巴塞尔协议》将商业银行的资产依据风险程度的大小赋予不同的风险权数,从而计算出商业银行的风险资产。风险权数的设置分 0、10%、20%、50%和 100%五级。如现金资产的风险权数为 0,以房屋为抵押的贷款风险权数为 50%,对私人部门的债权风险权数为 100%。依据商业银行各项资产的数额再乘以相应的风险权数,就可以算出银行的风险资产总额。

(3) 规定资本充足率与核心资本充足率。资本充足率指银行资本金与银行全部风险资产之比,《巴塞尔协议》要求商业银行资本充足率不得低于 8%,其中核心资本与风险资产的比重(也称为核心资本充足率)不得低于 4%。

举例　资本充足率与核心资本充足率的计算

某商业银行核心资本和附属资本总额为 4 500 万美元,其表内业务按风险资产的大小资产规模如表 4-2 所示,则该商业银行的资本充足率为多少?

表 4-2　银行风险资产一览表

风险类型/%	资产规模/万美元
0	5 000
10	10 000
20	20 000
50	20 000
100	35 000

$$\begin{aligned}\text{商业银行风险资产总额} &= 5\,000\times 0 + 10\,000\times 10\% + 20\,000\times 20\% \\ &\quad + 20\,000\times 50\% + 35\,000\times 100\% \\ &= 0 + 1\,000 + 4\,000 + 10\,000 + 35\,000 \\ &= 50\,000(\text{万美元})\end{aligned}$$

$$\begin{aligned}\text{商业银行的资本充足率} &= \frac{\text{总资本}}{\text{风险资本总额}}\times 100\% \\ &= \frac{4\,500}{50\,000}\times 100\% = 9\%\end{aligned}$$

另外,《巴塞尔协议》对商业银行的表外业务也有所考虑。将表外业务对应到表内业务的相应风险权数。

《巴塞尔协议》规定了跨国银行的最低资本标准,成为世界各国参照的依据。当然,各国金融当局也可以根据各国自身的情况规定更高的标准。表 4-3 显示了部分国家和地区银行的资本充足率。在对风险权重的规定里,各国商业银行也可以有一定的自主决定权。巴塞尔协议对资本充足率的标准进行了很大程度上的统一,这有利于对各国商业银行的资本充足率进行考察,也有利于各国商业银行在国家金融市场上的公平竞争。

表 4-3　国内四大银行资本充足率比较

银行名称	核心一级资本充足率/%	一级资本充足率/%	资本充足率/%
中国银行	10.61	11.35	13.87
中国工商银行	11.92	12.19	14.53
中国建设银行	12.12	12.12	14.87
中国农业银行	9.50	9.89	12.46

资料来源:根据四大银行的《2014 年资本充足率报告》整理.

问题

如何提高我国商业银行的资本充足率?

由于历史及银行自身经营等原因，我国商业银行资本充足率一直较低。根据本节所学，思考提高我国商业银行资本充足率的途径有哪些？

二、商业银行存款业务

商业银行的资金来源中自有资本占的比重很小，一般在10%左右，商业银行的营运资金主要靠吸收存款和其他外部资金，存款是商业银行的主要资金来源。

商业银行存款业务类型分述如下。

（一）传统的存款业务类型

商业银行根据客户的要求和偏好，创造出了不同的存款产品，主要的类型有以下几种。

1. 活期存款（Demand Deposits）

活期存款是指没有存款期限，客户可以随时提款和支付并可以背书转让。这种存款主要用于交易和支付，支用时需采用银行规定的支票，因而又称为支票存款。

活期存款流动性强，存取手续复杂，银行经营的成本高。因此，世界大部分国家的银行对活期存款一般不支付利息，我国是少数对活期存款支付利息的国家。尽管银行经营活期存款的成本高，但各国银行仍然十分重视这项业务，其原因在于活期存款不仅有利于商业银行吸收客户的短期资金，用于短期投资与短期贷款；而且这部分资金虽然提取和支付频繁，但在银行开立支票账户的企业和个人非常多，一般不会同时提款或支付，所以商业银行的交易存款有一个比较稳定的余额，可以作为商业银行的一个比较稳定的资金来源。

2. 储蓄存款（Savings Deposits）

储蓄存款是指社会公众将当期暂时不用的收入存入银行而形成的存款。储蓄存款的存户一般限于个人。传统的储蓄存款不能开支票进行支付，可以获得利息。这种存款通常由银行给存款人发一张存折，作为存款和提取存款的凭证。储蓄存款的存折不具有流动性，不能转让和贴现。

储蓄存款按照其是否有固定的存款期限分为活期储蓄存款和定期储蓄存款。活期储蓄存款没有存款期限，客户可以随时提取资金，通常利息率较低；定期储蓄存款有固定的存款期限，到期后可以支取，利息率通常较高。由于提取的时间事先确定好，银行可以在到期之前的较长时间内利用这部分资金。定期储蓄存款如果要提前支取，需要预先通知银行。如在美国，需要提前14天通知银行。

3. 定期存款（Time Deposits）

定期存款是相对于活期存款而言的，由存款人事先约定存款期限的有息存款。定期存款的期限有3个月，6个月，1年，2年，5年等不同的时间期限，期限越长，存款的利息率就越高。定期存款通常采用存款单的形式。定期存款的资金大多稳定性较强，可以成为商业银行较长期的资金来源。

（二）商业银行存款方式的创新

20世纪70年代以来，随着金融业竞争的日趋激烈以及金融制度的变革，商业银行为了避免金融管制纷纷对吸收存款的方式进行创新，出现了许多新的存款类型。

1. 可转让支付命令账户(Negotiable Order of Withdrawal Accounts, NOW)

传统的活期存款可以方便地提现和支付,但没有利息收入。20 世纪 70 年代,美国马萨诸塞州的一家互助储蓄银行创造了这种可转让支付命令账户,它是用签发支付命令代替签发支票,签发的支付命令和支一样可以提现和支付,而账户上的资金还可以获得储蓄存款的利息。这种账户只针对个人和非营利性组织,它使客户既享受了传统活期存款账户那样的支付的便利,又可以获得利息。1980 年,美国新银行法允许全国的储蓄银行和商业银行都可以开立这样的账户,这种新的存款品种就迅速地推广了。

2. 货币市场存款账户(Money Market Deposit Accounts, MMDA)

货币市场存款账户和可转让支付命令账户一样是支付和储蓄混合的账户,但这个账户的利息不是固定的,而是商业银行依据货币市场上利率的变动,每天确定这个账户上的资金的利率。这就让存款利率随时和市场利率走势一致。如果货币市场上利率上升,存款的利率也随之上升,存款者就可以免受固定利率带来的损失;如果货币市场利率下降,存款利率也下降,银行也可以免受固定利率带来的损失了。这个账户的开户对象不限,个人、营利性机构和非营利性机构都可以开户。

3. 自动转账服务账户(Automatic Transfer Service Accounts, ATS A/C)

在自动转账服务账户下,客户开有两个账户,一个是无息的活期存款账户,一个是有息的储蓄存款账户。客户在不需要支付和提现时将资金放在储蓄存款账户上,取得利息收入,在需要开支票时由银行自动的在客户的储蓄存款账户上把相应的金额转移到活期存款账户上,满足客户开支票的要求。这样,客户同样可以得到即获得利息又方便支付和提现的好处。

4. 可转让大额定期存款单(Negotiable Certificates of Deposits, CD)

可转让大额定期存款单是一种单位面值较大,可以自由转让的定期存款单。其面值在美国通常为 10 万美元以上,日本为 5 亿日元以上。期限一般最短为 30 天,最长可达 1 年或数年。这种定期存单通常是不记名的,可以在金融市场上流通转让。其利率有固定利率和浮动利率之分。

5. 货币市场存单(Money Market Certificates, MMC)

货币市场存单是一种与可转让大额定期存款单利率或长期国债利率连动的定期存款。其特点是利率随市场利率而变化。其储户对象是各类个人投资者。按存入的最低金额要求不同,分为大额货币市场存单,中额货币市场存单和小额货币市场存单,主要是商业银行根据大额个人投资者,中等收入阶层投资者和一般个人投资者而设计出来的不同品种。货币市场存单和可转让大额定期存款单不同之处在于货币市场存单不具有可转让性,而且金额也没有那么大。

(三)我国商业银行存款业务

我国商业银行的存款业务分为对公存款和对私存款。对公存款又称为单位存款,是指国家机关、企事业单位、团体、部队等单位的存款。具体形式有活期存款、定期存款、单位协定存款、单位通知存款、集团账户存款等。对私存款又称为储蓄存款,是指居民的存款。具体形式有活期储蓄存款、定期储蓄存款、定活两便储蓄存款、银行卡存款、个人通知储蓄存款、教育储蓄存款等。

在我国商业银行的资金来源业务中，存款业务是最重要的方面。但相对于国外的商业银行，我国商业银行存款业务的种类还不多，在满足消费者多样化的需求和寻找银行业务新的利润增长点方面还有很大的不足。

三、商业银行借款

（一）商业银行借款的含义

吸收存款是商业银行负债业务的主要方面，也是商业银行比较传统的获得可运用资金的方式。这项业务既适应了商业银行集中资金的需要，也让人们手中暂时闲置的资金得到了较好的用途。不过，对于商业银行来说，通过吸收存款的方式集中资金，能够吸收多少资金，在很大程度上取决于存款人的意愿和存款人手中闲置资金的状况，商业银行自身对存款资金的调控能力有限，在资金的控制上比较被动。所以，商业银行的存款负债称为被动的负债。

商业银行通过存款以外的各种借入款的形式形成的负债称为商业银行借款。由于借款对于商业银行来说是主动的行为，借款的方式、借款的数量等在很大程度上都可以由商业银行自己控制，所以，商业银行的借款又称为商业银行的主动负债。

商业银行的借款可以按照期限的长短分为长期借款和短期借款。

（二）商业银行短期借款

商业银行的短期借款是指商业银行为满足临时性的提款需求和增大银行资金的流动性而主动举借的期限较短的债务。一般来说，商业银行短期借款的期限从隔夜，一周，一个月到一年不等。

短期借款的类型主要有以下几种。

1. 同业拆借（Inter-banking Offer）

同业拆借是指商业银行间或商业银行和其他金融机构之间为了解决临时资金不足而相互借贷短期资金的业务。

商业银行拆借的主要目的是为了解决银行头寸的不足。所谓头寸就是指商业银行在中央银行的准备金存款和库存现金。这些准备金不能用于放贷投资，因而不能带来收益，数额不足还要受到中央银行的制裁。所以，商业银行一般都尽可能使存款准备金保持在适当范围内，既不多也不少。商业银行在中央银行准备金账户上的存款若超过法定准备金数额，即形成了超额储备，亦即头寸盈余。与此相反，可能有些银行头寸短缺，即在中央银行的存款降到法定准备金以下。为了实现资金的平衡，头寸不足的银行就需要从头寸盈余的银行临时拆入资金，而头寸盈余的银行也愿意将暂时盈余的资金拆借出去，以获得利息收入，如图 4-6 所示。这种借款可以通过电话或电传进行。拆出银行通知中央银行将款项从其储备账户转到拆入银行的账户，中央银行贷记拆入银行的账户，借记拆出银行的账户。

我国同业拆借按币种可分为本币拆借和外币拆借，按期限可分为 1 天（隔夜）、7 天、20 天、1 个月、2 个月、3 个月和 4 个月。同业拆借的利率实行的是市场利率。具体内容见第六章“金融市场”。

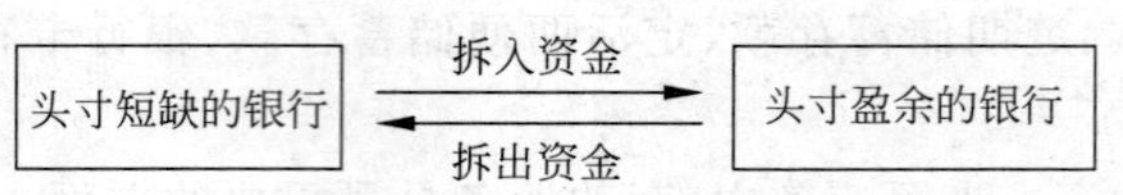

图 4-6　商业银行同业拆借示意图

2. 回购协议

回购协议(Repurchase Agreement,或 Repo)是指商业银行在出售有价证券获得资金的同时,确定一个在未来某个时间按约定价格购回该项资产的协议。回购协议看起来是有价证券买卖的协议,法律上,这些证券的全部拥有权虽已转让给买方,但实际上是银行以这批有价证券为担保进行借款,被买卖的有价证券就相当于担保品,回购协议的期限就相当于借款时间的长短。因此,回购协议是商业银行借入短期资金的方式之一。

回购协议的交易方式通常有两种,一种是交易双方按相同的价格出售和购回证券,出售证券者为资金的借入方,购买证券者为资金的借出者,当回购协议到期时,出售证券方(借入方)购回自己的证券并支付资金利息给先前购买证券方(借出方),利息的利率也是双方在签订回购协议时事先约定的;二是在回购协议中出售证券方(借入方)出售有价证券的价格低于自己购回证券时的价格,购回时高出的部分就是购买证券方(借出方)借出资金应得到的利息。回购协议的过程如图 4-7 所示。

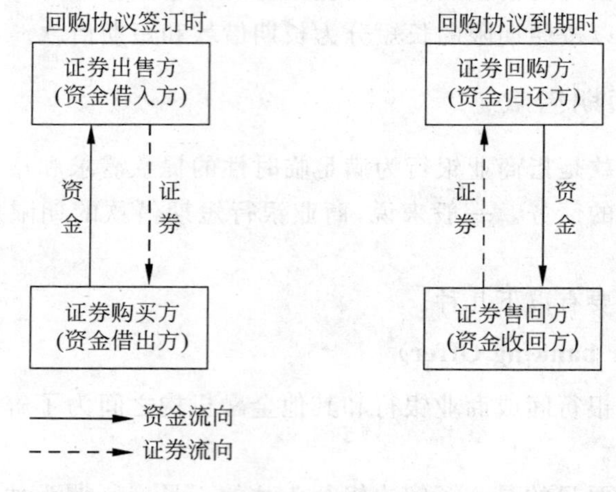

图 4-7　商业银行回购协议流程图

商业银行通过回购协议进行融资,可以比较灵活地进行操作。回购协议的金额大小、时间的长短、利率的高低都可以由商业银行根据自己资金的需求状况和对资金成本的负担能力来决定。而且,商业银行通过回购协议所融到的资金,如果担保品是国库券,还可以不向中央银行缴付存款准备金,融资成本相对较低。

举例　商业银行回购业务

A 银行目前短期资金不足,想利用手中市场价值为 100 万元的国库券融资,B 银行有剩余的资金。如采用方式一,A 银行同 B 银行签订一项回购协议,B 银行用 100 万元购买 A 银行的国库券,A 银行在 2 个月后同样以 100 万元购回国库券,同时支付 B 银行 2 万元的利息。如采用方式二,A 银行同 B 银行签订回购协议,约定 B 银行现在以 100 万元的价格购买

A银行的国库券，2个月后，A银行以102万元的价格向B银行购回国库券。无论采用哪种方式，A银行都获得了100万元资金2个月的使用权，缓解了当前的资金困难；B银行100万元的资金可以在2个月后获得2万元的利息(方式二中为回购价102万元减去出售价100万元)，而且，在资金借出的2个月中，B银行有价值为100万元的国库券为担保，借款风险很低。

我国目前商业银行的回购业务主要在银行间债券市场进行。具体内容见第六章“金融市场”。

3. 转抵押或转贴现

转抵押是指商业银行将客户抵押的物品向另一金融机构转让进行第二次抵押以获取资金的业务。转贴现是指商业银行将客户贴现的票据再向另一金融机构转让进行贴现的业务。如图4-8所示。转抵押和转贴现都是商业银行为了解决短期的资金不足向同业借入资金的方式。从目前来看，这两种业务在我国的商业银行中开展得较少。

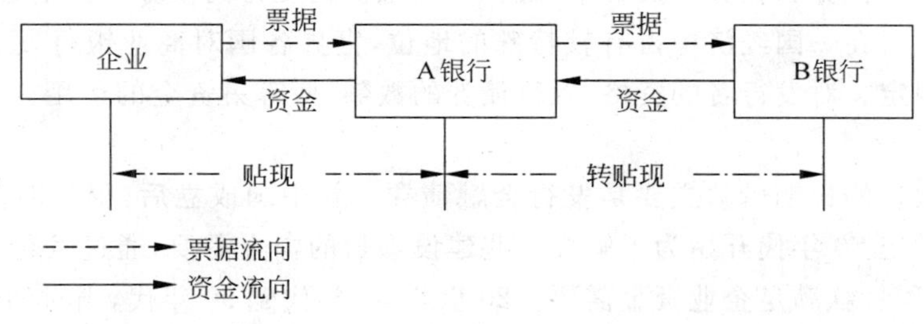

图4-8 转贴现流程图

4. 再贷款或再贴现

再贷款和再贴现都属于商业银行向中央银行借款。

再贷款是指商业银行在短期资金较紧张时向中央银行的借款。中央银行作为一国金融体系的核心，有充当最后贷款人的职能，当商业银行资金紧张时，可以向中央银行要求再贷款。各国中央银行对商业银行再贷款的要求通常都比较严格，商业银行一般也只在其他资金来源不能满足需要时才考虑向中央银行借款。

再贴现是指商业银行为了应付短期资金需要将客户贴现的票据向中央银行再进行贴现的业务。即商业银行将自己在贴现业务中所买进的未到期票据如商业票据、短期国库券等再转卖给中央银行，从中央银行获得票据再贴现的资金。

再贴现由于有票据作为抵押，是目前商业银行从中央银行取得短期融资的最重要、最普遍的形式。再贷款可以是信用贷款，也可以是抵押贷款，一般来说，中央银行对再贷款的控制比再贴现严格。

我国人民银行的再贷款业务始于1984年。1994年以后，随着金融改革的不断深入，再贷款发放的数量和对象逐渐减少。目前，人民银行的再贷款对象主要是政策性银行，特别是农业银行与国家开发银行，对商业银行的再贷款较少。

5. 国际金融机构借款

在国内资金紧张，短期借款比较困难时，商业银行还可以在国际金融市场上借款来弥补资金来源的不足，主要形式有欧洲货币市场借款、国际债券等。欧洲货币市场是经营欧洲美元和西欧一些主要国家境外货币交易的国际资金借贷市场。业务有两部分：一部分是银行同业之间的交易；另一部分是银行与非银行间的交易。商业银行在欧洲货币市场筹集资金，主要是通过固定利率的定期存款、欧洲美元存单、浮动利率的欧洲美元存单和本票等。固定利率和定期存款，其期限从几天到几年，但一般都在1周到6个月。

（三）商业银行长期借款

在商业银行的负债中，存款和短期借款是其主要的内容。长期借款的发展主要是在20世纪50年代以后。由于当时房地产行业对期限较长的消费信贷的需求，对商业银行期限较长的资金来源的需求也大大增加，商业银行为了满足长期资产项目的需求，开始大量发展长期借款。

长期借款的主要形式是发行金融债券。金融债券是指由银行和非银行金融机构发行的债券。一般期限较长，利率可以固定，也可以浮动。在英国、美国等欧美国家，金融机构发行的债券归类于公司债券。在我国及日本等国家，金融机构发行的债券称为金融债券。

由于商业银行在一国经济中占有较特殊的地位，世界各国对商业银行发行金融债券通常都有严格的规定。对发行者的资格、发行债券的数额、所筹集资金的运用方向等都有一定的条件限制。

我国商业银行的长期借款主要是发行金融债券。新中国成立后，很长时间没有发行金融债券，从20世纪80年代开始为了解决一些建设项目的资金需要，通过发行金融债券集中资金，再发放特种贷款满足企业资金需要。20世纪80年代到90年代，当时的银行发行了一定规模的金融债券。但20世纪90年代后，金融债券的发行主体就以政策性银行为主了，商业银行几乎完全停止了金融债券的发放。我国商业银行发行金融债券的情况如表4-4所示。

表4-4　20世纪80年代我国商业银行发行金融债券统计表

年份	中国工商银行	农业银行	中国银行	建设银行	交通银行
1985	5亿元 1年期 年利率9%	15亿元 1年期 年息9%			
1986	15亿元 1年期 年利率9%				
1987				10亿元 2年期 年息10%	
1988	12.8亿元累进利息债券 期限1～5年 利率9%～13% 1.8亿元贴水债券 期限3年 平均利率10%	13亿元累进利息债券 期限1～5年 利率9%～13%		10亿元 分贴水式和累进利率两种 贴水期限3年3个月 累进利息期限1～3年	

续表

年份	中国工商银行	农业银行	中国银行	建设银行	交通银行
1989	22 亿元 1 年期 利率 13.34%			10 亿元 持券 1 年后可随时兑付 累进利率	
1990	1、2、3 年期 1、2 年期利率比同期存款利率高 2 个百分点	1、2、3 年期 1、2 年期利率比同期存款利率高 2 个百分点	1、2、3 年期 1、2 年期利率比同期存款利率高 2 个百分点	1、2、3 年期 1、2 年期利率比同期存款利率高 2 个百分点	

资料来源：张桥云．现代商业银行经营管理[M]．成都：西南财经大学出版社，2002：124-125．

第三节　商业银行资产业务

商业银行将自有资金和通过负债形成的资金在各个项目上运用，由此形成的对货币资金进行运用的业务就是商业银行的资产业务。商业银行获得资金的目的就是为了使用这些资金并从中获得盈利。按照商业银行对资金的不同运用方式，商业银行的资产业务有如下几个主要内容。

一、商业银行现金资产业务

商业银行的现金资产是指商业银行持有的、可以无风险地运用的、最具流动性的资产，包括商业银行库存现金、存放中央银行的存款准备金、存放同业和托收过程中的现金等。

（一）库存现金

库存现金是指银行金库里的现钞与硬币。商业银行库存现金是为了满足客户随时可能提取现金的需要而留存的。这些库存现金不能给银行带来收益，但却是银行保证现金支付活动所必需的，也是普通客户直观地衡量银行兑现能力的标准。

（二）存放中央银行的准备金

存放中央银行的准备金是依据国家金融管理要求而保留在中央银行的资金，中央银行要求各商业银行必须按某一比例提取存款准备金，这就是法定存款准备金率。按法定存款准备金率计算出来的商业银行的最低准备金数额就是法定存款准备金。各国中央银行对法定存款准备金率的规定各不相同，就是同一国家，在不同时期对法定存款准备金率的规定也会不一样，这要由各国中央银行根据各国在不同时期的金融环境状况而定。缴存中央银行的法定存款准备金一般没有利息或利息率很低，也几乎不能给商业银行带来收益。

（三）存放同业的存款

商业银行为了便于同业之间业务往来，往往都在其他银行开立活期存款账户，随时支用，这类资金称为存放同业的存款。

（四）托收未达款

托收未达款是指商业银行应收而未收到的资金，主要是支票款项，银行术语叫“浮存”。在支票广泛流行的时期，商业银行收到大量的、向其他银行（付款行）收取款项的支票。如果付款行是本地银行，支票上的款项当天就能到账。但如果是外地付款行，支票上的款项不能当天到账，因此称为托收未达款。

以上这些现金资产基本上不给银行带来收益，但却是银行正常经营必不可少的。

二、商业银行贷款业务

商业银行贷款（Loans）又称为放款，是商业银行将所吸收的资金按一定的利率贷放给客户，并约定按一定期限归还的业务。贷款是商业银行资金运用的主要方式，贷款在商业银行总资产中的比重和贷款利息占商业银行收入的比重很高，是商业银行的核心资产业务。在美国，贷款业务占其银行资产业务的60%～70%，在我国，贷款业务占总资产业务的90%以上。近年来，我国商业银行贷款业务有很大的发展，在业务品种，贷款规模上都有很大的进步。

商业银行的贷款业务种类很多，按照不同的标准，可划分为不同的种类。

（一）我国商业银行的贷款类型

1. 按贷款期限不同分为短期贷款、中期贷款与长期贷款

根据中国人民银行1996年正式颁布的《贷款通则》，我国商业银行短期贷款是指银行向借款人发放的期限在1年以内的各种贷款，包括短期流动资金贷款、消费性贷款及透支等。短期贷款主要是为了解决借款人短期的、临时性的资金需要。中期贷款是指商业银行向借款人发放的期限在1年以上、5年以下的各种贷款。长期贷款是指贷款期限在5年以上（含5年）的贷款。中长期贷款包括各种设备购置贷款、不动产贷款、技术改造贷款等。中长期贷款期限较长，相对风险较大，其贷款利率一般都高于短期贷款。

2. 按贷款利率划分，可分为固定利率贷款和浮动利率贷款

固定利率贷款是指在贷款时就约定一个确定的利率水平，还款时按约定利率支付利息，在贷款期内利率不变。固定利率贷款多适用于短期贷款。

浮动利率贷款是指在贷款时选定一种利率作为基础，并确定一个浮动幅度和时间区间，贷款利率在贷款期限内可以根据市场利率的变化而相应变动的贷款。浮动利率贷款多适用于中长期贷款。

3. 按贷款的担保状况可分为信用贷款、保证贷款、抵押贷款、质押贷款

信用贷款是指不需担保人担保，也没有抵押品，完全根据借款人的信用来发放的贷款。信用贷款根据借款人的资信程度的高低，相应的贷款利率也有差异。由于借款人无须提供任何其他担保，商业银行在发放信用贷款时风险很高，必须对贷款人的诚信、经济状况、还款能力等进行认真的考察与评估，掌握其资信情况，确保信用贷款的安全性。

根据我国《担保法》规定，保证贷款是指以第三人承诺在借款人不能按期偿还贷款时，按贷款合同承担连带责任为保证方式而发放的贷款。其特点是：手续简便，一般不需办理有关登记评估等手续；保证人可选择一个或多个；保证人愿意长期（1 年）作保的，可签订最高额保证借款合同在最高额保证期限内，不再办理相关的保证手续。保证人必须具备保证资格、保证能力、保证意愿等条件。由于有第三人的担保，商业银行在借款人不能还款时，可以向提供担保的人追索。这类贷款的风险比信用贷款要小。

抵押贷款是指按《担保法》规定的抵押方式以借款人或第三人的财产作为抵押物而发放的贷款。借款期限最长可达 1 年，抵押登记期限可签订 2 年；具有贷款期限长、利率优惠、由信贷人员陪同办理的特点，解决了保证人难找问题。在利率上，比同档次信用贷款利率下浮。

质押贷款业务是指按《担保法》规定的质押方式以借款人或第三人的动产或权利作为质押物而发放的贷款。手续简便、贷款期限长、贷款利率低、避免找保证人的麻烦。银行存单或其他金融机构小额存单、银行承兑汇票、政府债券、金融债券、市场摊位使用权、其他易保管且变现能力强的财产或权利都属于质押物的范围。

（二）西方商业银行贷款类型

西方商业银行还常按贷款的对象来区分商业银行贷款，分为工商企业贷款、不动产贷款和消费者贷款等。

1. 工商企业贷款

工商企业贷款（Commercial and Loans）是指商业银行对各类工商企业的贷款。工商企业贷款是商业银行主要的贷款业务，其贷款的内容也涉及工商企业各方面的资金需求。如工商企业生产流通过程中的短期流动资金需求，季节性流动资金需求，各种设备购置和长期投资的资金需求等。

2. 不动产贷款

不动产贷款（Real Estate Loans）是对土地开发、住宅建设等项目所提供的贷款。由于不动产开发的特点，这类贷款通常期限较长，风险也比较大。商业银行进行不动产贷款业务时通常都会要求以抵押贷款的形式进行。不动产贷款的利率通常比较高，能给商业银行带来较高的收益。但由于其风险性也较大，商业银行在进行不动产贷款时应注意风险的防范。

3. 消费者贷款

消费者贷款（Consumer Loans）是指由金融机构向消费者提供资金，用以满足消费需求的一种信贷方式。消费信贷的贷款对象是个人，贷款用途是用于消费，目的是提高消费者即期消费水平。消费者贷款在国外已有一百多年的发展历史，在发达国家已是相当成熟的一种贷款类型。美国消费者贷款规模如表 4-5 所示。消费者贷款的项目很多，主要有个人购买住房的贷款、汽车贷款、学费贷款、小额生活贷款、度假旅游贷款和可透支的信用卡等。消费信贷在我国产生较晚。20 世纪 80 年代后期国内商业银行开始引进和推广信用卡业务，目前我国消费者贷款的品种不断增加，其规模也迅速扩大。

表4-5 美国消费者贷款规模 单位：亿美元

年份	住房抵押贷款	中短期消费贷款	合计
1945	186.00	56.65	242.65
1955	—	388.30	388.30
1960	—	561.41	561.41
1965	2 129.00	898.83	3 027.83
1975	4 707.61	2 006.55	6 078.63
1980	9 613.40	3 882.72	13 496.12
1995	35 097.21	11 318.81	46 416.02
1999*	45 271.76	13 478.31	58 750.07

注：* 表示 1999 年为 2 季度末数据。

资料来源：美国联邦储备委员会联邦储备月报.

三、商业银行票据贴现业务

（一）票据贴现的含义

票据贴现是指票据持有人将未到期的票据在背书后转让给商业银行等票据经营机构，商业银行从票据到期值中扣除按贴现率计算的贴现利息，并将余额支付给持票人的行为。从形式上来看，这是一种票据的买卖活动，但实质上是商业银行对贴现者的一种短期贷款。票据贴现具有贴现利率低、融通资金方便的特点。贴现期一般不超过半年。

（二）票据贴现的条件

办理票据贴现的条件是受理的商业票据或银行票据必须真实、合法、有效，有合法的商品交易背景，进行贴现的票据种类一般包括商业承兑汇票、银行承兑汇票、银行本票和政府债券等。贴现申请人应是企业法人或其经法人授权的独立核算的经济单位，并在商业银行开立结算账户。贴现利率的制定可以参照中央银行的银行再贴现利率、同业转贴现利率，根据当地票据市场和同业票据业务开展情况和贴现票据金额和期限等。

（三）票据贴现利息的计算

商业银行办理贴现业务时，先预扣贴现息，其大小等于票据的面值和商业银行购入该票据时的价格差额。银行贴现利息和贴现金额的计算公式为：

$$\text{贴现利息} = \text{汇票面值} \times \text{实际贴现天数} \times \text{月贴现利率}/30 \quad (4\text{-}1)$$

$$\text{实付贴现金额} = \text{汇票面额} - \text{贴现利息} \quad (4\text{-}2)$$

以下是一个贴现利息计算的例子。

A 企业将面值为 10 000 元的商业汇票向银行贴现，票据还差 15 天到期。银行贴现率为月贴现率 1%，则商业银行收取的贴现利息是多少？A 企业从银行获得的贴现金额是多少？

$$\text{贴现利息} = 10\,000 \times 15 \times 1\%/30 = 50(\text{元})$$

$$\text{贴现金额} = 10\,000 - 50 = 9\,950(\text{元})$$

商业银行收取的贴现利息为 50 元，A 企业从银行获得的贴现金额为 9 950 元。

（四）票据贴现与短期贷款的关系

贴现是商业银行为贴现申请者提供的一种短期信贷，但贴现与短期贷款还是有区别的，主要表现为：第一，普通的短期贷款是货币资金的借贷，而贴现则表现为商业银行对未到期票据的购买；第二，相对于普通贷款来说，贴现的手续更方便，费用更低；第三，在普通贷款中，申请借款人是银行的债务人，在贴现时，申请贴现人并不是商业银行的债务人；第四，普通贷款有固定的期限，一般到期后才还本付息，而贴现的票据可以随时在市场上买卖，本息可能提前收回。

（五）票据贴现的业务种类

根据贴现票据的类型，票据贴现可分为商业汇票贴现、银行汇票贴现。

根据票据利息承担者的不同分为买方付息商业汇票贴现和他方付息商业汇票贴现。买方付息商业汇票贴现是指商业汇票贴现利息由买方企业承担；他方付息商业汇票贴现是指商业汇票贴现利息由第三方企业承担。

问题　贴现、转贴现与再贴现的区别

某企业签发一商业承兑汇票，金额为 5 000 万元。A 银行为该企业的这张商业承兑汇票作贴现，即按贴现利率扣除一定费用后向该企业支付票面资金。A 银行由于资金紧张，将这张面值为 5 000 万元商业承兑汇票转贴现到 B 银行，在扣除转贴现利息之后，A 银行从 B 银行获得了 4 900 万元的资金。B 银行为了缓解流动资金不足问题，持该票据向中央银行申请贴现，在扣除再贴现利息之后，B 银行从中央银行获得了 4 920 万元资金。

根据上述例子，回答贴现、转贴现、再贴现的区别。

（六）我国商业银行的票据业务

随着社会主义市场经济的发展，在经济生活中各类票据得到了广泛的运用，商业银行的票据业务也有了很大的发展。

我国商业银行票据业务的主要种类有：商业银行票据贴现业务，商业汇票转贴现业务，商业银行汇票买入返售业务，异地企业银行承兑汇票贴现业务，买方付息票据贴现业务，银行承兑汇票部分放弃追索权贴现业务等。

四、商业银行证券业务

商业银行的证券业务是指商业银行购买各种有价证券的经营活动。证券业务是商业银行重要的资产业务，是商业银行收入的主要来源之一。

（一）商业银行证券业务的发展

在 1929—1933 年西方经济大危机之前，商业银行的证券投资业务没有什么限制，商业银行可以根据自己的意愿选择投资的证券和投资的方式。但在大危机之后，为了保证金融安全，西方各国纷纷立法对商业银行的证券业务进行限制。其中最有影响的当数美国在 1933 年颁布的《格拉斯—斯蒂格尔法》(Glass—Steagall Act)，该法严令禁止商业银行从事证券业务,不允许商业银行买卖公司股票。在政府的严格限制下,商业银行的证券业务发展有限。

20 世纪 60 年代以来,随着金融行业竞争的加剧,商业银行为了应对激烈的市场竞争不断推出新的金融产品,证券投资的范围也不断扩大,政府对商业银行证券业务的限制也有所放宽。一些国家还修改了商业银行法,这些大大促进了商业银行证券业务的发展。

(二) 证券投资业务的内容

由于商业银行从事证券业务的主要目的是获得收益、分散风险和提高资产流动性,由此商业银行投资的有价证券主要是那些安全性高、变现能力强、盈利性较高的证券,如政府公债、信用等级高的企业债券和优质的企业股票等。

商业银行对企业股票的投资在各国有不同的规定。由于股票的风险性等原因,有的国家不允许商业银行进行股票投资。在允许商业银行进行股票投资的国家一般也要求投资一些优质股票,同时对商业银行的持股比例有一定的限制。美国商业银行所持证券如表 4-6 所示。

表 4-6　美国商业银行所持证券　　单位:百万美元

证券类型	1976		1978		1980		1982	
	数量	百分比	数量	百分比	数量	百分比	数量	百分比
国库券	96 874	38.1	89 755	32.5	104 461	31.2	118 702	30.7
政府机构债券	34 324	13.5	42 361	15.3	59 087	17.7	76 388	19.8
州政府机构债券	103 589	40.7	123 630	44.7	146 272	43.7	155 159	40.2
其他中长期债券	9 595	3.8	11 980	4.3	13 433	4.0	14 571	3.8
公司股票	1 751	0.7	1 609	0.6	1 771	0.6	1 978	0.5
交易账户债券	8 251	3.2	7 127	2.6	9 391	2.8	19 134	5.0
总　计	254 384	100	276 417	100	334 406	100	385 968	

资料来源:联邦存款保险公司 1982 年年度报告.

在我国,由于社会主义市场经济体制正在建立中,金融市场还不够发达,商业银行的现代企业经营机制尚未真正健全,目前我国仍不允许商业银行直接买卖股票,投资业务主要集中于买卖国库券和金融债券。随着我国金融市场的逐步完善和健康的商业银行机制的建立,我国商业银行投资业务必然会得到不断地丰富与发展。

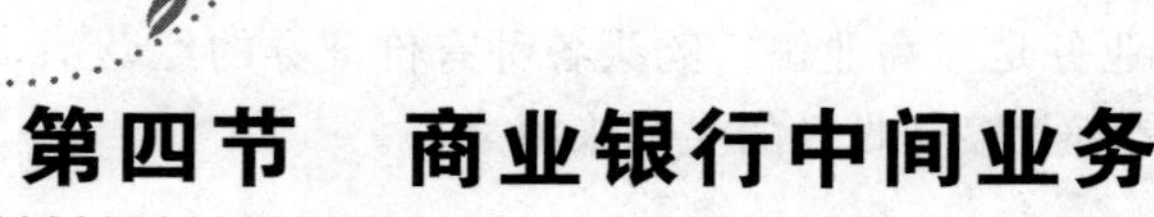

第四节　商业银行中间业务

资产业务和负债业务构成了商业银行业务的主要方面,在资产和负债业务之外,商业银行还依靠其在信誉、机构设置、资金、信息等方面的优势开展了一些其他业务,这些业务通常不会占用商业银行的资金或较少占用商业银行的资金,一般是商业银行以中间人的身份代理客户办理收付或客户委托的其他事项,不在商业银行的资产负债表中反映,统称为商业银行的中间业务。

商业银行的中间业务种类繁多，随着商业银行之间竞争的加剧，银行存贷利差不断缩小，中间业务显得十分重要，成为银行利润的重要来源。以下介绍一些商业银行主要的中间业务类型。

一、委托代理业务

委托代理业务是指商业银行接受单位或个人的委托，以代理人的身份代表委托人办理一些代理权限范围内的事项的业务。包括代理公用事业收费、代收代付社会保险、代发工资、委托收款、代理缴费业务、代收行政罚款等。

（一）代理收付款业务

代理收付款业务是指商业银行利用自身结算和网点优势，受客户委托办理各种款项的收支。具体包括：代发工资业务、代理缴费业务等。①代发工资业务是指商业银行受企事业单位的委托，通过转账方式，将员工的工资收入在约定的时间内转入员工在商业银行开立的存款账户中。②代理缴费业务是收款单位委托银行，由银行在约定的时间，从使用人在银行开立的账户中把款项划到收款单位账户的一种收费形式。商业银行代缴的公共事业费有电费、电话费、手机月租费、保险费、医疗保险费等。

（二）代理融通业务

代理融通业务是指商业银行代客户收取应收账款，并向客户提供资金融通的业务。具体业务流程是，商业银行接受客户转让的应收账款，先为客户提供所需资金，并由其在该应收账款到期时向欠款方收取账款的业务。银行在这项业务中既可获得手续费又可收取垫款利息。

（三）代理发行和兑付有价证券业务

代理发行和兑付有价证券业务是指商业银行接受政府或公司的委托，代理发行和兑付国债、公司债券和基金等。办理这类业务，商业银行既可以获得手续费，又能增强吸收存款的能力。

（四）基金托管业务

基金托管业务是指商业银行接受基金管理公司的委托，代理投资基金的申购、赎回及剩余资金保管的业务。银行基金托管业务产生的收益主要有两方面：一是直接收益，包括基金托管年费与基金申购、赎回的手续费；二是间接收益，包括巨额资金由于闲置而使银行得到的利息收入。基金托管业务是目前我国大银行争夺的业务之一。

二、结算业务

结算业务是商业银行通过提供结算工具为客户的经济往来引起的货币收付关系进行了解和清算的业务。结算业务是商业银行比较传统的中间业务，是在银行的存款业务的基础上派生出来的一种业务。

商业银行结算业务包括票据结算业务和其他结算业务。

（一）票据结算业务

在票据结算业务中，商业银行提供的结算工具主要有支票、银行本票、银行汇票、商业汇票、信用证等。对我国商业银行来说人民币支票、银行本票用于同一票据交换区域内企业及个人间的资金清算，其他票据可用于境内的企业及个人间的人民币资金清算。

（二）其他结算业务

其他结算业务包括汇兑、托收承付、委托收款等。

(1) 汇兑是汇款人委托银行将其款项支付给收款人的结算方式。单位和个人的各种款项的结算，均可使用汇兑结算方式。汇兑在同城、异地均可使用。汇兑分为信汇、电汇两种。

(2) 托收承付是根据购销合同由收款人发货后委托银行向异地付款人收取款项，由付款人向银行承认付款的结算方式。托收承付仅限于异地使用。

(3) 委托收款是收款人委托银行向付款人的收取款项的结算方式。单位和个人凭已承兑商业汇票、债券、存单等付款人债务证明办理款项的结算，均可以使用委托收款结算方式。委托收款在同城、异地均可以使用。

三、银行承兑业务

（一）承兑业务的含义

承兑业务是指商业银行作为承兑人承诺在汇票到期日支付汇票金额的票据行为。在承兑业务中，商业银行实际充当着支付担保的作用，它保证在票据到期时客户一定付款。在这项业务中，银行并不需投入货币资金，只是在票据到期客户不能支付时才承担付款的责任。

（二）银行承兑汇票的兑付

承兑申请人应在汇票到期前保证其账户有足额资金。汇票到期日，商业银行凭票无条件地从承兑申请人账户向持票人扣付票款。若申请人账面金额不足，银行将对欠款部分做逾期贷款处理。

承兑业务按一般要求提供汇票承兑申请书，企业法人营业执照复印件，法人代码证书复印件，法人代表证明书和法人授权委托书，企业章程，董事会决议，上年度财务报表，包括资产负债表、损益表、现金流量表，为申请承兑提供担保的保证人相关文件或抵押物、质押物证明文件，商品购销合同等相关文件。商业银行对企业提供的上述材料审查合格后按规定程序办理相关出账手续。

四、信托业务

信托业务是指商业银行作为受托人为委托人代为管理和运用托管财产的业务。商业银行遵从议定的条件与范围，对委托的资金或财产进行运用管理并按时归还。银行委托的财产范围十分广泛，包括资金、有价证券、各种基金、动产、不动产等。商业银行在信托业务中收取手续费和佣金。随着各国经济的发展，市场情况日趋复杂，客户向银行提出委托代为运用资金、资产，或投资于证券、股票、房地产的信托业务与日俱增，商业银行信托业务发展十分迅速。

五、租赁业务

租赁业务是指由商业银行垫付资金购买商品，购买的商品出租给承租人，并以租金的形式收回资金的业务。银行租赁业分经营性租赁和融资租赁两种。

经营性租赁是指银行作为出租人购买设备，仪器等供承租人租用，收取租金的业务。对于一些单位价值较大、技术更新快且使用次数不多的仪器、设备等，客户往往愿意以租借的方式使用。客户可以节省资金并避免技术升级带来的风险。

融资租赁是指商业银行根据客户的需要购买设备、仪器等，客户向银行租用这些设备并支付租金，在租赁期内，设备的所有权属于银行，使用权属于承租人，当设备租赁期满后，承租人可以退租、续租或购买设备。由于融资租赁中设备的租赁期通常与设备的寿命相当，银行收取的租金总额相当于设备价款、资金利息和管理费用的总和，因此，它有一般租赁的共同特征，但又远远超出了一般租赁的基本内容。融资性租赁是一种租赁形式，同时又是一种融资方式。它是以商品资金形式表现的借贷资金运动形式，兼备了商业信用与银行信用两重性。同时，它又有别于商业信用和银行信用。对于一些需要使用设备而自身资金不足的企业或个人可以用融资租赁来解决资金上的困难。采用这种方式，承租人等于从出租人那里以融物的方式得到了百分之百的设备价款信贷。相对于向银行贷款获得资金来说，融资租赁没有严格的贷款审批程序，承租人也不会因此而负上大量的借款，财务状况会反映得比较好。

六、咨询和信息服务

咨询和信息服务是指商业银行利用自身人才、业务和机构等方面的优势向客户提供信息，为客户进行个人或企业的理财建议等。

商业银行有分布广泛的机构网络，这些机构可以在日常业务中搜集各方面的信息；银行可以通过掌握的大量账户对社会资金流动进行了解和分析，利用自己的金融人才进行理财服务等附加值较高的业务，为客户提供各种信息资料，预测市场行情，为企业生产、销售等活动提供资讯，为客户的经营决策提供参考。在市场中对信息、商业资讯和市场趋势分析需求十分广泛的今天，商业银行应大力加强咨询和信息服务，使之成为银行利润新的增长点。

在我国加入 WTO 以后，国内的商业银行将面临国际银行业的竞争，要提高我国商业银行的竞争力，一个非常重要的方面就是要大力发展我国商业银行的中间业务。从中间业务的开展水平来看，国外银行中间业务发展迅速，其业务品种很多，中间业务收入占有银行收入的相当比重。2011 年，美国银行(原美洲银行)的中间业务收入占总营业收入的比例达到 51.72%，而在中国，占比业务最高的中国银行仅达到 30.50%。所以，我国商业银行还要加大中间业务的发展力度，扩大中间业务范围，创新业务品种，增加中间业务收入。目前，我国商业银行中间业务的主要品种如表 4-7 所示。

表 4-7　我国商业银行中间业务主要品种

业务	主要品种
人民币结算业务	现金结算和转账结算(包括托收承付、托收无承付、委托收款、委托付款、国内信用证、支票等)、汇兑(有信汇、电汇、票汇)
委托代理业务	代收代付业务、代理有价证券业务、代理保险业务、代理保管、代政策性金融业务、委托贷款
银行卡业务	信用卡、专用设备卡、储蓄卡等
信息咨询业务	资信调查、信用评级、开立人民币存款证明
外汇中间业务	进出口信用证、汇出汇入汇款、议付、旅行支票、跟单托收
担保业务	融资类担保(借款保函等)、履约类担保(投标保函等)
自营外汇业务	即期、远期、掉期、期权
商人银行业务	融资顾问、银团贷款安排、企业财务顾问、承办企业海外上市等
投资基金托管业务	保管基金资产、负责清算与交割等

资料来源：谢平，等. 中国商业银行改革[M]. 北京：经济科学出版社，2002：99-100.

第五节　商业银行的发展趋势

一、金融创新不断发展，业务经营趋于综合化

20 世纪 70 年代，世界经济和国际金融环境发生了重大变化。各国的利率变化幅度加大；另外，由于西方国家正式放弃了布雷顿森林体系关于固定汇率的安排，使汇率自由浮动合法化；外汇管制逐步被取消制，并开始了银行自由化改革。在这种情况下，国际金融领域出现了一股金融创新浪潮，为银行业的经营与管理带来了深刻的影响。

金融创新是指金融机构、金融市场、金融工具的创新。它是 20 世纪 70 年代以来国际金融领域的一场重大变革。商业银行一直是积极发起者、推动者和参与者。其中最重要的是金融工具的创新。金融工具创新是指西方商业银行为了避免汇率风险、利率风险，降低成本，开拓新业务，追求新的获利机会而推出的各种新的业务品种。

20 世纪 70 年代后至现在，金融创新进入空前大发展时期。20 世纪 70 年代，浮动利率债券、货币和利率调换、期货、期权等一系列的新兴工具雨后春笋般地涌现出来。20 世纪 80 年代后，越来越多的金融创新工具在上述创新做法基础上进一步衍生而成，种类越来越多，如货币期货合约期权、股票指数合约期权、欧洲美元期权、调换期权、美元及市政债券指数期货、平均期权、长期债券期货和期权、复合期权等相继出现。20 世纪 90 年代出现的创新工具有：长期权益参与证券、债券差价认股权证、固息浮息合成票据、股指增长票据、价差调换、杠杆价差票据、优先股购买单位、灾害保险期权和期货、衍生头寸证券化、消费信贷证券化、航空组合证券化—飞机租赁证券化、重新确定利率上下限的浮息票据、双重货币证券化、与股权业绩挂钩的证券、灾害优先股卖出期、通胀指数化的长期国债、平行债券(可以欧元重新记值)等。2000 年以来，随着互联网的发展尤其是移动互联的普及，互联网金融迅速发展，从根本上来说，互联网金融产品创新仍旧遵循了空间和时间两个维度的创新规律。

可以说，当今金融创新范围广泛，数量巨大，创新速度加快。当今创新已不简单地表现为一种或几种工具的创新，而是由各种工具、机构、市场共同发展表现出来，它所波及的范围不限于在一国国内扩展，而是一旦产生就迅速波及全球市场。当今创新在一二十年之内出现的创新工具比历史上几十年、上百年创新的种类都多。

近年来，我国国内银行业也加快了金融创新的步伐。国有大银行和新兴的股份制商业银行金融创新层出不穷，主要包括以下几个方面。①资本业务的创新。资本充足率较低一直是我国商业银行共同存在的问题，鼓励效益好、经营稳健、规模较大的银行公开上市募股；发行从属债券，充实二级资本。②存款业务的创新。加大科技投入，积极发展和完善 ATM、POS 和电子借记、贷记转账业务，发展个人支票、旅行支票、银行卡和网上银行。③非存款业务的创新。扩大再贴现规模，推行贷款证券化、贷款出售等。④资产业务的创新。大力发展银团贷款、并购贷款、保理贷款。并购贷款是为企业兼并、收购等资本运营活动而提供的贷款。⑤投资业务的创新。通过购买国债、企业债券等使商业银行资产多元化。⑥表外业务的创新。开展基金托管、委托业务，个人资信咨询业务，现金管理、代理证券买卖业务，承诺类业务等。不过与国外商业银行的金融创新比较起来，由于我国金融管制、银行体制、金融市场完善程度和技术手段等原因，我国商业银行的金融创新水平还比较低，还需要进一步的发展。

金融创新的趋势对于商业银行来说既是机遇又是挑战。金融创新使商业银行有了更大范围的发展，新的金融工具的出现和新的金融市场使商业银行的资产负债管理更为灵活，为商业银行提供了许多新的业务领域和盈利渠道。但是，我们也不能忽视在金融创新中蕴藏的巨大风险，如最为著名的英国巴林银行的倒闭事件。1995 年 2 月，该银行一位年轻的交易员因过分投机日本股票期货，造成 14 亿美元的损失，致使这家有 200 多年历史的英国银行倒闭破产。我们应该看到伴随金融自由化、全球化和科技化，金融创新金融市场发展到一定阶段的必然产物，商业银行应该积极地应对这场变革。

二、银行业兴起兼并风潮，银行进入巨型化阶段

20 世纪 90 年代中期以来，银行业之间的兼并活动非常活跃，大银行的整合已导致银行业进入了一个巨型银行时代。

在席卷全球的银行业兼并浪潮中，最具有代表性的是三大银行并购案。一是 1996 年 4 月 1 日，日本排名第三的三菱银行与排名第十的东京银行合并为东京三菱银行，成为拥有总资产 6 700 亿美元、国内机构 388 家、海外机构近 200 家的当时世界第一大超级银行；二是 1998 年 4 月 6 日，美国花旗银行与旅行者集团合并成花旗集团，使得花旗集团成为震惊全球的世界“金融航空母舰”，其价值高达 6 990 亿美元，在世界 100 多国家拥有 1 亿家公司及零售客户，能为客户提供包括银行、证券、保险、基金管理等业务在内的一站式全能金融服务；三是 1999 年 8 月 14 日，德国第一大银行德意志银行收购美国美孚银行，并购后总资产高达 8 200 亿美元。2007 年 10 月 10 日，苏格兰皇家银行财团成功收购具有 183 年悠久历史的荷兰银行，创下了世界金融业最高并购交易纪录，其交易金额高达 1 010 亿美元，是荷兰银行账面价值的 3 倍。

大银行之间的持续整合导致银行业进入巨型银行时代，这些巨型银行会对其他银行的策略产生很大影响，使专注于较小规模经营及缓慢内部增长策略的银行难以再保证本身的独立性。中国银行业规模小，从业人员多，与国际大银行还有很大的差距。在国际业务方面，还不具备与国际大银行相竞争的实力。从业人员多造成人均收益等金融指标均低于国

际中等水平，我国商业银行不能把眼光仅仅局限于国内银行之间的竞争。

三、网络银行迅速发展

随着网络在全球范围内的迅猛拓展，网络银行(Internet Bank)正蓬勃发展。网络银行是依托计算机与通信技术，利用渗透到全球各个角落的互联网，直接在因特网上开设的银行。只是在网站上提供银行的历史资料、业务情况等信息，而没有提供网上银行业务的银行不能算是网络银行。美国最著名的网络银行评价网站 Gomez(www. gomez. org)要求在线银行至少要提供以下五种业务中的一种：网上支票账户、网上支票异地结算、网上货币数据传输、网上互动服务和网上个人信贷。网络银行通过因特网的国际互联而不受时空限制，为客户提供各种零售和批发的全方位银行业务，简单的如办理储蓄、转账以及账户查询等业务，复杂的如信用卡、贷款申请、证券交易、保险、收支跟踪等业务，还可以查询各种银行信息及根据实时数据进行现金分析和财务状况分析。

网络银行有两种形式：一种是完全依赖于互联网发展起来的全新电子银行，这类银行没有分支机构，所有的银行业务都依靠互联网进行。以这种模式发展的网络银行又称为纯网络银行。这种建立在 Internet 基础上的网络银行，是以逼真的虚拟银行大楼、服务大厅、业务房间和走廊等三维立体空间概念设计而成的，使客户具有亲临现场的感觉，且服务质量极高。其典型代表是 1996 年 6 月成立的美国“安全第一网络银行”(Security First Network Bank,SFNB)。另一种发展模式是传统银行开设电子分行，在现有的传统银行基础上运用公用互联网服务，开展传统银行业务交易处理服务，通过其发展家庭银行、企业银行等服务。这类网络银行是对现有银行专用网的延伸和对银行传统业务方式的补充，银行只需增加路由器、服务器等软、硬件设备，不必另外投资租用通信线路，就能把自己的网络延伸到客户的办公室或家里，弥补传统银行业务中营业网点少和营业时间短的不足。如我们熟悉的工商银行、交通银行、招商银行等通过在互联网上设立网页，开展网上支付和网上信息咨询等服务。

举例 “安全第一网络银行”

“安全第一网络银行”通过互联网提供全球范围的金融服务。这家网上银行向客户提供的是全新的服务手段，客户足不出户就可进行存款、取款、转账、付款等业务。客户进入该银行的先决条件是要有一台计算机和 Modem，同时还要有进入互联网的账号。在此情况下，客户只要根据网上银行网页显示的“开户”、“个人财务”、“咨询台”、“行长”等屏幕柜台，用鼠标点向所需柜台，就可以按照提示进入自己所需的业务项目。这种银行开户与传统银行不同，客户只要在网页上填一张电子银行开户表，键入自己的姓名、住址、联系电话以及开户金额等基本信息发送给银行，并用打印机打出开户表，签上名字后连同存款支票一并寄给银行即可。几天后顾客便可收到一张电子银行的银行卡，顾客用它就可以在大部分银行的提款机上提款或存款。顾客还可以用它来付账，家庭的开支如水电费、煤气费、房租等都可以通过它结算。

网络银行是一种虚拟银行，它所提供的金融服务与传统商业银行相比，有共同的地方，也有不同的地方。由于网络银行业务还是新兴的银行业务，各银行发展的状况各不相同，各银行提供的服务也有一些差异。一般来说，大银行和纯粹的网络银行提供的网络银行业务比较丰富，小银行提供的服务品种相对少一些。归纳起来，网络银行提供的金融服务主要包括两方面：一是基本网络银行业务；二是高级网络银行业务。基本网络银行业务是指银行将一些传统银行的业务放到网络上办理，实际是传统商业银行业务在网络上的延伸。主要是银行电子化服务系统。目前大多数银行的网上业务还处于这个层次。高级网络银行业务是在传统银行业务的基础上，网络银行提供的高级产品和服务。如利用集中的信息发展个人客户综合服务，在客户同网络中心取得联系后，可以享受全面的金融业务服务和金融信息服务，如办理付费、转账、查询账户信息、获取金融资讯等，还可以为企业客户提供网络金融工程的全方位服务。

我国网络银行的发展源于 1996 年，为了满足在线支付的要求并逐步实现电子货币和电子钱包的应用，招商银行率先开展网上银行的实践。1996 年，招商银行推出"一网通——网上支付"业务，随即实现了个人金融服务的柜台、ATM 和客户的全国联网，初步形成了我国网络银行的经营模式。1997 年以来，该行建立了包括网上个人银行、网上企业银行、网上证券、网上商城、网上支付等五大业务系统，功能和服务日趋完善。1998 年 2 月，中国交通银行上海分行开通中国第一家网上银行。这一网上银行以现有的数据库和网络为基础，用客户/服务器结构和浏览器/服务器结构，把用户端界统一为浏览器模式，这种模式融合了密码技术和安全机制，可以实现用户身份鉴别、数据加密传输、数字签名和审计跟踪等安全功能。截至 2013 年年底，中国国内已经有 100 多家银行开通了网上银行业务，占比达到 60.90%。到现在，国内的各大商业银行基本上都在推动网上银行的应用和普及。随着中国电子商务的不断推广及进入务实阶段，网上银行的应用会更加普遍。

操 作 题

近些年来，我国各商业银行都大力发展网络银行业务。将全班分为若干组，分别调查你所在的地区各家银行的网络银行业务开展情况，并写出调研报告。

案例分析 我国国有商业银行的改制

中国银行业产权结构比较单一，特别是中国银行业中四大国有商业银行仍然保持着国有独资的产权形式。产权主体单一，产权不可交易，使银行财务责任不清，产权主体缺位，经济效益低下，容易受到行政干预，竞争处于较低的水平，商业银行进一步发展的资本金不足，生存和发展面临巨大的困难。如果国有银行不改革，只能是被市场竞争所淘汰。

国有商业银行的改制已提出多年，关于改制的讨论也很多。在 2004 年，对于国有商业银行的改制进入了实际的操作阶段。中国建设银行的改制是其中的先行者。2003 年 2 月，建行向国务院提出改制上市的意向；2003 年 7 月，改制上市的具体方案初步形成；2003 年 9 月，建行聘请毕马威国际会计师事务所，进行改制上市流程的前期工作。2004 年 1 月，国务院决定中国银行和中国建设银行实施股份制改造试点。

到目前为止，建设银行的改制上市主要操作有以下几个方面。

(1) 通过财务重组，增加建设银行资本金，使其资本金达到 8%上市标准，改善建设银行的产权结构。国家动用 450 亿美元国际储备向中国银行和中国建设银行注资就是财务重组的重要内容。2003 年 12 月 16 日，一家资本金达 3 724.65 亿元的公司在国家工商行政管理总局注册成立，这就是为了建设银行和中国银行的改制而成立的国有独资公司——汇金公司。2003年年末，国务院将450亿美元的外汇储备通过中央汇金投资责任公司注入中国银行和中国建设银行，增加建行和中行的资本金，汇金公司成为中国建设银行和中国银行的新股东。另外，财政部又同意以在这两家银行的所有者权益冲销呆坏账，以改善银行的资产质量。财政部副部长楼继伟1月8日在中国建设银行举办的“商业银行风险管理与内部控制论坛”上透露说，原有3 000多亿元的所有者权益，将可全部用于冲销不良资产损失。可以说，目前中央财政所做的表明了金融改革的决心和技术性的资金注入，为商业银行的改制之路提供了最初的推动力。

(2) 建立良好公司治理结构。不管是外汇储备，还是财政拨款，其实都是技术上的手段，而中国国有商业银行改造的真正困难还在于如何建立合理的法人治理结构。良好的公司治理结构改革包括建立规范的股东大会、董事会、监事会和高级管理层制度等十个方面以及资本充足管理。在这方面，建设银行正在进行公司结构的调整。2004年6月9日，根据国务院的决定和中国银监会的批复，中国建设银行将以分立的形式设立中国建设银行股份有限公司(暂定名)和中国建设银行集团有限公司(暂定名)。这标志着国有商业银行股份制改造又迈出了重要一步。利用分拆的方式，将不利于银行上市的资产保留到集团公司，分拆后保留优良资产的股份公司去上市。

(3) 改善资产质量，提高经营管理水平。建设银行为达到上市要求及调整各自的资产负债表，再次剥离不良资产，由信达资产管理公司处置。2004年2月，中国建设银行公布不良贷款率，按照五级分类标准，建行2003年不良贷款率已经降到9.25%，符合央行规定的10%以下上市标准。在建设银行内部，建设银行的裁员和机构调整行动也在进行中。建行大力的裁减人员，机构调整也同时进行。改变国有商业银行管理链条比较长，体系过于庞大，信息的传递和效率降低的现状，现在要推进扁平化管理。建设银行内部结构改革的总体目标是建立总行到分行的二级结构，分行以城市为依托，下面再有若干分支，使之有利于信息的传递和收集。

国有银行改革是其发展的必由之路。在国有商业银行改制的道路上，还面临着公司治理结构改善，原有体制的衔接等很多具体困难，还有很长的路要走。

问题：

(1) 你对国有商业银行改制的意义是如何认识的？

(2) 从上述资料中，如何评价我国商业银行改制发展的状况？

练 习 题

1. 判断题

(1) NOW是指商业银行存款业务中的电话转账服务账户。 (　　)

(2) 商业汇票承兑业属于商业银行的资产业务。 (　　)

(3) 商业银行实行单一银行制最为典型的是美国的商业银行。 (　　)

(4) 目前世界上多数国家实行二元中央银行制。 (　　)

(5) 商业银行的主要资金来源是发行股票和债券。 (　　)

(6)《巴塞尔协议》中为了清除银行间不合理竞争，促进国际银行体系的健康发展，规定

银行的资本充足率应达到4%。（　　）

(7) 银行在大城市设立总行，在本市及国内外各地普遍设立分支行的制度是单一银行制。（　　）

(8) 商业银行从事票据贴现业务，实质上就是一种票据的购买。（　　）

(9) 网络银行可以突破地域和时间的限制，向客户提供个性化的金融服务产品。（　　）

2. 商业银行的类型有哪些？我国商业银行属于哪一类？

3. 商业银行自有资本的构成是怎样的？对于商业银行来说，自有资本的多少有什么影响？

4. 当一个银行的负债很高、自有资金较少时，你如果是储户会怎么想？

5. 商业银行主要的存款品种有哪些？

6. 商业银行借款有哪些？

7. 什么叫商业银行的中间业务？举出几例我国商业银行的中间业务。

8. 什么叫网络银行？网络银行有哪些类型？

9. 商业银行主要的资金运用业务有哪些？

10. 计算题

(1) 某银行接到一客户的要求，贴现一个月后到期的面值为12万元的债券，贴现率为8.4%(年息)。请计算贴现利息和贴现金额。

(2) 某银行全部存款为5 000亿元，法定准备金350亿元，超额存款准备金150亿元，则：

① 法定存款准备金率为多少？该银行的超额准备金率为多少？

② 如果法定存款准备金率变为9%，则银行的超额准备金率为多少？

③ 如果法定存款准备金率进一步提高为11%，则该商业银行准备金状况是怎样的？它该怎么解决这个问题？

11. 查资料，写一篇小论文，谈谈你对网络银行未来发展的看法。

第五章 中央银行与货币政策

内容提要与学习要点

中央银行是商业银行发展到一定阶段的产物。目前，世界上大多数国家均实行中央银行制度，中央银行在一国金融体系中居于核心地位，中央银行的职能主要是通过货币政策的制定和实施来实现的。通过本章学习，要求学生掌握中央银行的性质与职能，了解中央银行主要的资产负债业务，掌握货币政策的基本概念，重点掌握中央银行一般性政策工具及其运用，明确货币政策的最终目标及各目标的关系。

第一节 中央银行的产生与发展

一、中央银行的产生

中央银行在原有商业银行的基础上产生，是为了适应资本主义经济对银行体系的要求而产生的。资本主义经济的发展对建立中央银行的要求主要体现在以下三个方面。

(1) 早期的资本主义商业银行在办理汇兑、支付及存贷款业务外，还大量发行银行券。几乎所有的商业银行都发行自己的银行券，在商品交易中充当着流通手段和支付手段等职能。但随着资本主义经济的发展，这种所有银行都可以发行银行券的做法已不能适应资本主义经济的要求。原因主要有两个：一是因为在激烈的市场竞争中，一些规模较小、实力较弱的商业银行可能发生严重的信用危机，引起银行券不能兑现，银行券的信用及流通受到限制；二是小银行的银行券信用有限，只能在局部区域内流通，这就给资本主义的商品交换带来了困难。一些实力强大、信用程度高的大银行的银行券被普遍接受，于是，这些大银行就逐步集中了银行券的发行，后来，又由一家大银行垄断银行券的发行，这就成为中央银行产生的基础。

(2) 随着银行业务的发展，银行之间由于票据结算而产生的债权债务关系也越来越复杂，这就需要一个统一的进行银行之间集中清算的中心。中央银行就充当了这样一个权威、公正的清算中心。

(3) 资本主义经济的发展需要更多期限更长的贷款。商业银行从自身收益考虑，会尽其所能地提供社会所需的贷款。但过度的放贷会削弱银行的清偿能力，使其发生挤兑甚至破产的危险。一家银行发生这样的危机，很容易波及其他银行，造成整个社会的信用危机，危害金融市场的稳定。因此，需要有一家实力很强的银行在某些银行发生支付危机时，给予必要的资金支持，保护整个金融市场的稳定。

以上因素客观上促使了各国中央银行的产生，但各国中央银行的建立还经历了曲折的发展过程。中央银行产生于 17 世纪后半期，较为完整的中央银行体系的形成则在 20 世纪初。

最早设立的中央银行是 1656 年成立的瑞典银行。该银行原来是一家私人创办的商业银行。1668 年，瑞典政府将其改组为国家银行，1897 年，银行券的发行权集中于该银行，使其成为真正意义上的中央银行。

成立于 1694 年的英格兰银行，是近代中央银行的典范。它在成立时就从政府获得了纸币发行权。1833 年，英格兰银行的纸币成为英国全国唯一的法偿货币。1844 年，英国又通过法令，将其他商业银行的货币发行权进行了限制，进一步巩固了英格兰银行的货币发行行的地位。后来，英格兰银行又逐步成为其他商业银行的清算中心和“最后贷款银行”，最终成为英国的中央银行。英国的中央银行体系建立后，成为其他国家效仿的对象，也使英格兰银行成为当时中央银行的典范。

德国、法国、日本、美国等在 20 世纪初期以前，也先后建立了自己的中央银行制度。

二、中央银行的发展

从第一次世界大战到第二次世界大战结束，这一时期，各国中央银行得到了很大发展。战争使各国的金融领域发生剧烈的动荡，为稳定和恢复国际金融的混乱局面，1920 年，布鲁塞尔国际经济会议决定，凡未成立中央银行的国家要迅速建立；各国中央银行应摆脱各国政府的控制，实行独立稳定的金融政策。这大大加强了各国中央银行的地位。

第二次世界大战以后，中央银行制度得到更为迅速的发展和完善。国家对经济的干预加强，各国政府利用中央银行来推行其财政金融政策，使中央银行日益成为国家控制和调节国民经济的重要工具；中央银行的商业银行业务逐步被取消，其主要任务转向调整货币供应量、稳定货币、巩固金融等，如美国 1946 年通过的《充分就业法》中规定，联邦储备局的职责是促进经济增长、充分就业、稳定货币和平衡国际收支；一些中央银行被收归国有，以便国家进一步控制中央银行，使其更好地发挥金融体系核心的作用。

目前，世界大多数国家都已基本建立起完善的中央银行制度。

举例　美国联邦储备系统(美联储)的起源

在英国等一些国家，中央银行经过漫长的时间由私有的银行演变而来，在其他的一些国家，如美国，中央银行在建立之初就是作为中央银行来建立的。美国的中央银行比大多数工业化国家的中央银行年轻，英国和法国的中央银行(英格兰银行和法兰西银行)分别建立于 1694 年和 1800 年。

在美国，对建立中央银行的两次早期尝试都以失败告终。这两次尝试包括美国第一银行(1791—1811 年)的建立和美国第二银行(1816—1836 年)的建立。这两家银行最初都由国会批准，注册期为 20 年，但是每一次期满时国会都拒绝继续注册。出于这一原因，美国在

1836 年到 1913 年之间一直没有中央银行。

20 世纪初美国开始推行城市化和工业化时，金融部门对整个经济的发展来说变得更加重要，在没有中央银行的情况下，阶段性金融崩溃的发生提高了国家经济发展的成本，主要在 1857 年，1873 年，1884 年，1893 年和 1907 年均发生了银行和金融市场的恐慌。1907 年美国的金融危机恐慌，最终导致美国国会立法通过《联邦储备法案》，美联储得以建立。

三、我国的中央银行

我国历史上最早建立的中央银行性质的银行是 1905 年由清政府户部筹建的户部银行，后在 1908 年改名为大清银行。1924 年 8 月 15 日，孙中山领导的广东革命政府设立中央银行，后在 1927 年清理。1927 年 1 月 20 日，武汉政府成立中央银行，9 月停业。1927 年 10 月，南京国民政府颁布《中央银行条例》，筹建新的中央银行，1928 年 11 月，中央银行成立，总行设在上海。中央银行拥有钞票发行、银币铸造、经理国库、募集公债四项特权。上海解放后，中央银行由上海军管会接管清理，其他各地的中央银行分行在新中国成立后也分别由各地的军管会接管清理。

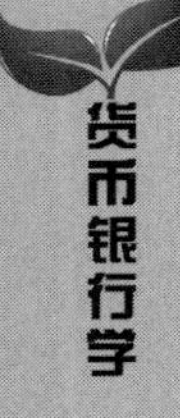

新中国的中央银行是中国人民银行，它成立于 1948 年 12 月 1 日，是当时解放区的华北银行、西北农民银行和北海银行合并成立的，总行设在石家庄。1949 年 2 月总行迁入北京。从 1949 年新中国成立到 1978 年经济体制改革，我国实行“大一统”的人民银行体系，中国人民银行既是中央银行又具体办理银行业务。直到 1978 年以后，情况才有所改变。1983 年 9 月 11 日，国务院做出决定，从 1984 年 1 月 1 日起，中国人民银行作为国家的中央银行，专门行使中央银行职能。1998 年，中国人民银行的分支机构按经济区进行重新设置，撤销中国人民银行省级分行，在全国设立 9 个跨省、自治区、直辖市的分行，分别是天津、沈阳、南京、济南、武汉、广州、成都、西安和上海；另设立重庆和北京两个营业部。

我国中央银行经历了近一个世纪的发展，一个现代的、完善的中央银行体制已逐步建立起来了。

第二节　中央银行的性质与职能

中央银行是一国金融体系的核心，在各国的金融体系中处于特殊的地位，发挥着特殊的作用。

一、中央银行的地位和性质

现代各国的中央银行并不办理日常的存贷款业务，而是面向各商业银行和非银行金融机构，面向金融市场。中央银行是制定和执行国家金融政策、制度、法令，代表国家管理金融的机构。从性质上讲，有的中央银行直接向国会负责，有的中央银行由政府直接领导，是管理和调控金融业的国家机构，是国家机器的重要组成部分。

中央银行的特殊地位体现为货币发行的银行，银行的银行和政府的银行。

（一）中央银行是货币发行的银行

中央银行拥有发行银行券的特权，并且垄断一国的货币发行，是全国唯一的货币发行机构，因此被称为“发行的银行”。垄断货币发行权，是中央银行不同于其他金融机构的独特之处。中央银行独占货币发行权，可以通过改变货币的发行，影响整个社会的信贷规模和货币供应量，从而实现对国民经济的控制。

（二）中央银行是银行的银行

中央银行作为银行的银行的性质，主要体现在只同银行和非银行金融机构发生业务往来，为银行及其他金融机构服务，而不直接与工商企业产生业务关系。下面以商业银行为例进行说明。

1. 中央银行是商业银行的现金准备中心

商业银行以吸收的存款作为发放贷款和投资的重要来源，但它必须保留一部分现金作准备，以满足随时可能的兑付需要。这些准备金一部分保留在银行自己的金库里，另一部分存在中央银行的活期账户上。早期商业银行在中央银行的现金准备是自发的，后来国家为加强对金融的控制，用法律形式规定商业银行必须将存款的一定比例存入中央银行。这样，中央银行可以通过存款准备金这一手段，在一定程度上影响商业银行的现金准备，从而控制全国的信贷规模。

2. 中央银行是商业银行的票据结算中心

各商业银行在活期账户上的资金可以成为商业银行之间进行结算的基础，各商业银行之间的应收应付款项通过中央银行的存款账户进行划拨，使中央银行成为全国的清算中心。

举例：假如A银行应向B银行支付200万元的应结算款项，B银行应向C银行支付150万元的应结算款项，C银行又应向A银行支付80万元的应结算款项，而A、B、C银行分别在中央银行开设有账户，它们就可以通过在中央银行的账户直接进行款项的划转。即A银行分别向B银行支付50万元的款项和向C银行支付70万元的款项。用简单的会计T型账表示如下：

中央银行准备金账户

A银行准备金　120万元	B银行准备金　50万元
	C银行准备金　70万元

3. 中央银行对商业银行提供信贷

当商业银行需要补充资金时，可向中央银行办理再贴现，或以有价证券为抵押申请贷款。中央银行是全国商业银行的再贴现和再抵押中心。中央银行充当商业银行的最后贷款人，这是中央银行一个极为重要的性质。通过向商业银行提供信用，中央银行就可以加强对商业银行的监督与控制。

（三）中央银行是政府的银行

中央银行与政府有着密切的关系。从中央银行担负的职能来看，它通过为政府办理各种业务，为政府提供各种服务。中央银行是政府银行。其主要内容包括以下三个方面。

1. 中央银行代理国库，管理国家外汇储备和黄金储备

政府将财政资金存在中央银行的账户上，需要支付时，在中央银行账户上支取；中央银行接受国库存款，兑付国库签发的支票，办理代收税款，办理公债的还本付息等。

2. 中央银行为政府提供信贷

在国家财政状况稳定时，中央银行为政府提供短期的贷款，以解决财政年度内财政收支的不平衡。在国家出现财政困难时，中央银行可为政府提供中长期的信用贷款，弥补财政收支差额。

3. 中央银行代表政府与外国政府或金融机构进行业务活动

中央银行代表政府签订国际金融协定，参加国际金融活动。

二、中央银行的职能

中央银行的职能就是中央银行自身所具有的功能。主要表现在以下三个方面。

（一）调节和控制宏观金融

中央银行作为国家金融机构的核心，其首要职能是制定和执行国家货币政策，实现货币政策目标，制定与货币政策相适应的信用政策和利率政策，控制货币供应量。

为实现调节和控制宏观经济的目标，中央银行运用再贴现率、存款准备金率、公开市场业务等货币政策工具，影响各金融机构的活动，确保宏观货币政策的落实。

（二）服务职能

中央银行为商业银行、非银行金融机构和政府提供多种形式的服务，具有服务职能。

中央银行的服务职能主要体现在：对政府提供金融服务，如办理货币发行，代理财政金库，为政府融通资金，在国际金融事业中代表政府进行活动等；为银行和非银行金融机构服务，如对银行的放款，组织各银行之间的结算等。

（三）监督和管理

中央银行依法监测金融市场的运行，对金融机构的行为进行检察监督。如对金融机构执行有关存款准备金管理规定的行为，执行有关银行间同业拆借市场的管理规定的行为，执行外汇管理规定的行为，执行有关反洗钱规定的行为等进行检查监督，以维护金融稳定。

三、中央银行的组织形式

各国的经济发展状况、社会制度和金融体系的形成过程各不相同，各国的中央银行组织形式也有差别。目前各国中央银行的政治形式有以下几种类型。

（一）单一的中央银行制度

单一的中央银行制度是指在一国只设立一家中央银行，发挥中央银行的各种职能。这种组织形式的机构设置一般采取总分行制。通常中央银行的总部设在一国的首都，并按照经济或行政区划设置分支机构。目前，世界大多数国家都采用这种中央银行制度。如英国、法国、日本等。我国在1984年以后也是实行的这种中央银行制度。

（二）二元的中央银行制度

二元的中央银行制度是指政府在国内设立中央和地方两级中央银行机构，分别行使金融管理权。地方一级中央银行机构不属于中央银行的派出机构或分支行，也不受地方政府的领导和管理，有一定的独立性，但是接受中央级中央银行的监督和指导，比如在货币政策等方面必须与中央级中央银行保持一致。实行这种制度的国家一般都实行联邦政治体制，典型的是美国中央银行等。

（三）混合的中央银行制度

混合的中央银行制度是指国家银行集中央银行和专业银行的职能于一身，从事全面的银行业务。20世纪60年代经济改革之前的苏联和东欧各国以及1984年前的我国都是实行这种中央银行制度。

（四）跨国的中央银行制度

跨国的中央银行制度就是若干个国家建立一个货币联盟，共同建立中央银行，执行中央银行的职能。它负责制定和推行联盟各国统一的货币政策，管理外汇储备，对这些国家的政府发放贷款等。如1982年由贝宁、象牙海岸、尼日尔、塞内加尔、多哥等国组成的西非货币联盟，以及欧洲经济货币联盟1998年7月1日成立的“欧洲中央银行”。

（五）准中央银行制度

准中央银行制度是指不建立独立的中央银行，而是设立类似中央银行的机构或由政府授权某个或某几个商业银行，行使部分中央银行职能的体制。如新加坡和中国香港就属于这种体制。

举例　欧洲中央银行简介

欧洲中央银行(European Central Bank，ECB)是根据1992年《马斯特里赫特条约》规定于1998年7月1日正式成立的跨国式中央银行，其职能是发行欧盟统一的货币“欧元”并“维护货币的稳定”，管理主导利率、管理货币的储备以及制定统一的欧洲货币政策。其结构以德国联邦银行为模式，独立于欧盟机构和各国政府之外。欧洲中央银行是超国家货币政策的执行机构和世界上第一个管理超国家货币的中央银行，位于德国的法兰克福。

由于英国、瑞典和丹麦决定暂不加入欧元，目前，使用欧元的国家为德国、法国、意大利、荷兰、比利时、卢森堡、爱尔兰、希腊、西班牙、葡萄牙、奥地利、芬兰12国，也称为欧元区，目前的欧洲中央银行就由上述12国的原中央银行组成。欧洲中央银行行长理事会和执行董事会是欧洲中央银行的两个主要决策机构，保持价格稳定和维护中央银行的独立性是欧洲中央银行的两个主要原则，并通过公开市场业务、流动资金经常便利和准备金制度实现其货币政策目标。

第三节　中央银行的业务

中央银行的业务分为负债业务、资产业务和中间业务三个方面。中央银行的资产是指其在一定时点上所拥有的各种财产，中央银行的负债是指在一定时点上社会各集团和个人拥有的对中央银行的债权。我们可以从表 5-1 中了解其业务的主要内容。

表 5-1　中央银行资产负债表(一般模式)

资　产	负　债
贷款	流通中的通货
有价证券	存款准备金
黄金、外汇储备	财政和其他存款
其他资产	其他负债 自有资本
资产项目合计	负债及自有资本项目合计

对资产负债表各项目之间的关系主要可以用 3 个公式表示出来：

$$资产 = 负债 + 自有资本 \quad (5\text{-}1)$$

$$负债 = 资产 - 自有资本 \quad (5\text{-}2)$$

$$自有资本 = 资产 - 负债 \quad (5\text{-}3)$$

一、负债业务

中央银行的负债业务主要包括：自有资本、货币发行和存款准备金。

(一) 自有资本

中央银行的设立都需要一部分自有资金，各国的中央银行自有资金的来源情况可分为三种。

1. 政府出资

中央银行的自有资本全部由本国政府出具，中央银行是国家的全资银行。目前世界大多数国家都是这种情况。如英、法、德以及绝大多数的发展中国家。我国的中央银行也是由政府全额出资的。

2. 混合持股

中央银行的资本一部分由政府出资，一部分来自其他的部门或个人。这种持股方式中，政府持有的股份一般都在一半或一半以上，以保证政府股份的优势地位。如日本的中央银行，政府持股 55%；比利时的中央银行，政府持股 50%；墨西哥的中央银行，政府持股 51%；在混合持股的中央银行中，私人股东一般都只有收取利息和在资本市场上转让股份的权利，而无权干预中央银行的管理和决策。

3. 银行持股

国家中央银行的资本金由一些指定的商业银行按一定的认购量认购中央银行股份而筹集。最典型的代表是美国的中央银行——美国联邦储备体系。美国联邦储备体系的资本由美国的几千家商业银行按资本量的一定比例认购美国联邦储备银行的股份。各商业银行按持股份额享受6%的股息,没有参加中央银行管理的权利,股份也不允许转让。

(二)货币发行

中央银行的基本职能之一是货币发行。无论中央银行向社会发行的是银行券还是纸币,其都是一种债务凭证,是中央银行对货币持有人的一种负债。中央银行的货币发行也就成为中央银行通过这种负债形式取得资金来源的方式。

(三)存款准备金

存款准备金是指中央银行集中的各商业银行和其他金融机构用于应付存款人提款需要的资金。

存款准备金最先是从事存款业务的银行为了应付存款人的提款,在自己吸收的存款中保留的一部分,这些保证金由各银行自己分散保存。但人们发现,每个商业银行各自保存的准备金数量不大,有时不能满足存款人提款的需求,而有时提款的金额比较小时,商业银行的准备金又显得保留得太多了,形成了资金的闲置。如果将各家银行的准备金集中起来,不仅总额很大,能应付突发性的大量提款,而且各家银行的准备金还可以互相调剂。于是中央银行就成为这样一个各家银行准备金集中的中心。早期的准备金提取的比例各不相同。后来,由于一些金融危机事件的出现,人们认识到保持合理的准备金比例对于银行的安全经营非常重要,中央银行就要求各商业银行必须按某一比例提取存款准备金,各银行的提取比例不能低于这个准备金比例,这就是法定存款准备金率,按法定存款准备金率计算出来的商业银行的最低准备金数额就是法定存款准备金。

另外,其他金融机构也有在中央银行的存款。商业银行和其他金融机构在中央银行的存款就构成了中央银行对各银行和其他金融机构的负债。这些负债也成为中央银行的资金来源。

二、资产业务

中央银行的资产业务是中央银行运用各种手段将资金进行运用的方式,是中央银行发挥自身职能的重要途径。中央银行的资产业务主要有贷款、再贴现、证券业务和黄金、外汇占款业务。

(一)贷款业务

中央银行的贷款业务主要是面对商业银行,解决商业银行短期的资金周转问题。具体分为抵押贷款与担保贷款。

1. 抵押贷款

抵押贷款即再抵押,是指用债券等为抵押而发放的贷款。抵押贷款一般以政府债券和信用极佳证券为抵押，而且要求有活跃的有价证券的二级市场。

2. 担保贷款

担保贷款是指以商业银行合格的商业票据为担保而发放的贷款。其手续比较复杂，风险较大。

中央银行的贷款对象一般是商业银行和其他金融机构，中央银行的贷款和商业银行的贷款在贷款的程序上基本一致，都要经过申请、审查、放款等手续，但中央银行的贷款和商业银行的贷款有很大的区别，主要区别用表 5-2 来说明。

表 5-2 中央银行贷款与商业银行贷款的区别

项 目	中央银行贷款	商业银行贷款
贷款对象	商业银行等金融机构	工商企业及个人
贷款目的	商业银行短期资金融通需要 金融宏观调控需要	获得贷款业务收入，形成商业银行利润
贷款作用效果	影响整个宏观金融环境	形成派生存款

（二）再贴现业务

中央银行的再贴现业务是指中央银行按照一定的贴现利率买进商业银行所持有的未到期商业票据。

商业银行通过将未到期的商业票据向中央银行再贴现进行短期的资金融通。中央银行的再贴现利率一般都比较优惠，因此对各商业银行的再贴现通常都有一定的限额。而且并不是所有的商业银行都有向中央银行再贴现的权利。如美国联邦储备体系的再贴现业务只限于会员银行，英国中央银行英格兰银行的贴现对象只有 11 家贴现银行。其他商业银行要通过中央银行贴现票据只能通过贴现银行来办理。

可以向中央银行贴现的票据也有一定的限制。在早期的贴现业务中，一般要求以确定有价值的真实票据为限。现在可再贴现的票据虽然有所增加，但一般也以经审查合格的商业票据为主。

再贴现业务中，中央银行收到的是商业票据，投放的是货币，因此对市场货币供求的影响很大。这项业务也是中央银行货币政策的重要工具。

（三）证券业务

证券业务是指中央银行在金融市场买卖有价证券，这项业务是中央银行执行其货币政策的重要手段，又称为公开市场业务。

各国中央银行参加金融市场有价证券的买卖，通常在有价证券的二级市场即流通市场上，买卖有价证券的对象主要是各国的国家债券，即国库券和公债券，其中又以国库券为主。国库券是指由中央政府发行的债券，它的发行量大、流动性强、信用高，有利于中央银行的操作。

中央银行的证券业务是中央银行非常重要的货币政策工具，其作用机制我们将在本章第四节中详细介绍。此外，由于中央银行在证券市场对证券的买卖等活动，还会影响证券市场上的资金供需和证券的供需状况，从而影响证券市场的证券价格。

（四）黄金、外汇占款业务

中央银行所持有的黄金、白银和外汇要占用中央银行的资金，所以也是中央银行的重要资金运用业务。中央银行所掌握的金银和外汇，是一国重要的货币发行准备，对稳定一国的货币有重要意义。同时，这些金银和外汇也是与国外进行经济交往的重要购买手段和支付手段。我国中央银行黄金和外汇储备如表 5-3 所示。

表 5-3　我国中央银行黄金和外汇储备

项　　目	2001.12	2002.12	2003.12	2008.12	2010.12	2013.12	2014.8
黄金储备/万盎司	1 606	1 929	1 929	1 929	3 389	3 389	3 389
国家外汇储备/亿美元	2 121.65	2 864.07	4 032.51	19 460.3	28 473	38 213.15	39 688.25

资料来源：中国人民银行网站(http://www.pbc.gov.cn).

三、中间业务

中央银行的中间业务是指中央银行为商业银行和其他金融机构办理资金的划拨结算和资金的转移，即中央银行的支付清算服务。中央银行通过一定的方式和途径提供支付清算业务，维护支付体系的稳定运行，促进金融机构之间的债权债务清偿及资金转移的顺利完成，并参与一国支付清算的建立和管理。

中央银行通常都是一国的结算中心，各国中央银行都成立专门的票据清算机构，处理各商业银行的票据交换并结清各银行的差额，办理商业银行的票据转移和结算。中央银行还依靠自身强大的资金划拨网络，在全国范围内办理异地的资金转移。

中央银行结算业务主要有集中票据交换，结清交换差额，办理异地资金转移等。

除此之外，中央银行还负责支付结算制度和银行间结算制度的制定。

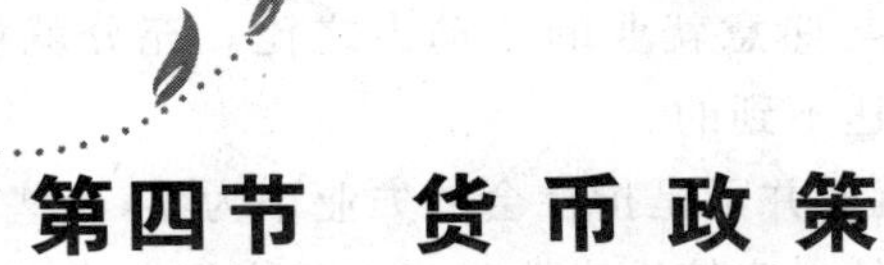

第四节　货币政策

一、货币政策的含义及类型

中央银行作为一国金融机构的核心，其基本职能是通过货币政策的制定和实施来实现的。货币政策是指中央银行利用其掌握的利率、汇率、信贷、货币发行、外汇管理及金融法规等工具，采取的各种控制和调节货币供应量与信贷数额的方针和措施的总称。中央银行利用货币政策手段，调节货币供求，稳定货币流通，实现宏观经济目标。

货币政策分为扩张型货币政策、紧缩型货币政策与中立型货币政策。

扩张型货币政策是指通过增加货币供应量带动社会总需求以刺激经济增长的一种货币政策，它适用于社会有效需求不足，总需求小于总供给的情况。紧缩型货币政策是指通过紧缩货币供应，以抑制社会总需求的一种货币政策。它适用于社会总需求严重膨胀，总需求大于总供给的情况。中立型货币政策是指在社会总需求与总供给基本平衡的状态下采取的一种货币政策，目的在于保持原有的货币供应量与需求量的大体平衡。

二、货币政策的最终目标

中央银行货币政策是国家宏观经济调控政策的重要构成部分，货币政策的制定和实施，其最终目标是解决国家经济发展中的主要问题。

（一）货币政策的目标

一般来说，货币政策要达到的最终目标有以下四个方面。

1. 稳定物价

稳定物价是指整个社会的一般物价水平在短期内不发生显著的波动。在现代经济中，物价水平保持绝对的固定不变几乎是不可能的，物价的上涨是市场经济发展的常态。因此，中央银行的货币政策维持物价的稳定不是要物价的绝对静止，而是将物价上涨的水平控制在一个合理的范围内。

怎样的物价上涨水平才是一个合理的范围呢？经济学家们对这个合理范围有不同的理解。有的经济学家认为每年5%以下的物价上涨水平是一种温和的上涨，对经济有一定的刺激作用，能够被经济所承受，因此5%的物价上涨水平是一个物价上涨水平合理与否的标线；有的则认为，3%的标准是可取的，还有的认为，物价在1%的范围内波动才算是物价稳定。在不同的国家和不同的情况下，人们对物价上涨的承受力是不同的，但任何一个国家都会尽量把物价上涨控制在较小范围内，以实现和其他经济目标的协调。

2. 充分就业

充分就业是一国的经济资源能否得到充分利用的重要标志之一，实现了充分就业，就表明该国的劳动力资源和与劳动力资源的利用相匹配的其他经济资源得到了充分运用。充分就业的衡量是以一国劳动力的失业情况为标准的，具体的衡量指标就是一国的失业率。失业率是指社会的就业人数与愿意就业的劳动力之比。充分就业的理想状态就是失业率为零。但实际上这种状况是达不到的。

经济学者认为，充分就业并不是指社会的失业率为零，有些摩擦性失业和自愿性失业应排除在充分就业的目标之外。摩擦性失业是指由于市场需求和经济结构的变化而造成的劳动者的短期失业。自愿性失业是指一些劳动者不愿意接受现行的工资水平或工作条件而自愿放弃就业机会而形成的失业。这两种失业实际是无法消除的。除摩擦性失业和自愿性失业外，还存在着非自愿性失业，即劳动者愿意接受现行的工资水平和工作条件但仍然无法实现就业。这种失业才是一国充分就业的目标要消除的失业。

那么，当社会的失业率为多少时，才算是充分就业呢？由于失业人口和社会愿意就业人口都难以统计，各国对失业率的具体计算方法又有差异，对具体的达到充分就业的失业率标准也就各不相同。如美国的大多数经济学家认为5%左右的失业率就算是充分就业了，而有些国家认为3%的失业率是充分就业的目标。

3. 经济增长

经济增长是指一国在一定时期内的商品和劳务产出总量的增长和与之相结合的生产和供给能力的增长。简单地说，也就是指一个国家人力和物力资源的增长，并且懂得如何有效地使用这些人力和物力资源来创造更多的商品和劳务。

一国经济增长的衡量指标通常是该国的国民生产总值或国民收入。用当期的国民生产总值或国民收入与基期相比较，得到经济增长的水平和速度。在比较时，要注意剔除物价变动的因素。

举例　中央银行刺激经济增长的政策

2014年6月9日，中国人民银行宣布，自2014年6月16日起，对符合审慎经营要求的"三农"和小微企业贷款达到一定比例的商业银行(不含2014年4月25日已下调过准备金率的机构)下调人民币存款准备金率0.5个百分点。下调后的存款准备金率为20%。此外，为鼓励财务公司、金融租赁公司和汽车金融公司发挥好提高企业资金运用效率及扩大消费等作用，下调其人民币存款准备金率0.5个百分点。

4. 国际收支平衡

国际收支平衡是指一个国家与其他国家在一定时期内的全部货币收入和货币支出的平衡。这种平衡可以表现为收支的持平，略有顺差或略有逆差。

实现国际收支平衡，可以维持国家一个适当的国际储备水平，维持国家相对稳定的外汇汇率，还可以通过国际收支平衡，避免由于国际收支较大的顺差和逆差造成国内货币的供给压力。中央银行要通过一定的货币政策手段调节国际收支的平衡状况，维护国内通货的稳定。

（二）货币政策最终目标之间的矛盾

中央银行的货币政策最终要实现上述的四大目标，但上述目标之间存在着一定的矛盾和冲突，要同时实现上述目标的最佳组合，需要中央银行的抉择和协调。

1. 物价稳定和充分就业的矛盾

要实现较低的失业率，在货币政策方面，需要扩大信用，放松银根，增加货币供应，从而增加投资，刺激需求，增加就业人数。但信用的扩大，投资的活跃，需求的增加又会导致物价的上涨，甚至引发通货膨胀。反之，如果要控制物价，又需要收缩信用，抑制投资，这又会带来失业率的上升。

2. 物价稳定与国际收支平衡的矛盾

如国内物价上涨，则国内货币贬值，而外国商品价格相对较低，本国商品因相对价格较高而出口减少，外国商品进口增加，国际收支恶化。即使是国内物价稳定，也会因为外国的通货膨胀导致国内商品出口增加，进口减少导致国际收支的不平衡。因此，物价稳定和国际收支平衡很难同时实现。

3. 经济增长和国际收支平衡之间的矛盾

在国内经济较快增长的情况下，往往伴随着进口的大量增加，引起国际收支的不平衡。在国际收支出现较大逆差时，又需要抑制国内对进口商品的需求来改善国际收支状况，这又可能不利于国内的经济增长。

4. 经济增长和物价稳定之间的矛盾

一般来说，经济的持续增长需要一个相对稳定的物价水平，但在经济增长过程中，物价稳定的实现又很困难。因为经济增长必然要求国内较强的投资，消费需求和商品供给能力，需求的强劲容易推动物价的上涨。有的经济学家甚至认为，通货膨胀是经济增长的刺激剂。

中央银行货币政策的四个目标之间存在着矛盾，一国的货币政策往往在不同的时期根据经济发展中的主要问题，在四个目标之间进行协调和平衡，选择不同侧重的组合方式。

（三）我国的货币政策目标

1984 年以前我国实行的是高度集中的计划经济，没有严格意义上的货币政策。1986 年 1 月，在国务院发布的《中华人民共和国银行管理暂行条例》中规定，中央银行、专业银行和其他金融机构的金融业务活动都应当以"发展经济、稳定货币"为目标，实际上是以经济增长和稳定物价作为货币政策的双重目标。1995 年颁布、2003 年修订并自 2004 年 2 月 1 日起执行至今的《中国人民银行法》中明确规定："货币政策的目标是保持货币币值的稳定，并以此促进经济的增长。"显然，是以保持币值稳定作为我国货币政策的最终目标。

三、货币政策的中介目标

货币政策的最终目标是中央银行的货币政策的最后的效果，但这个效果的表现需要一定的作用时间，而且还会受到其他相关因素的影响。为了可以在货币政策实施过程中及时准确地了解货币政策实施过程中的效果，我们还需要一些货币政策的中介目标来达到这个目标。

主要的货币政策中介目标有以下几个。

（一）利率

利率是金融市场的一个最基本的影响因素。利率这个指标可以由中央银行的一些货币政策手段来调节和控制，而且利率水平可以在金融市场中观测出来。利率指标和经济增长等长期目标也有关系。所以，利率是货币政策重要的中介目标。

利率这一中介目标也有不足之处。比如，利率的变化要受市场中信贷需求的变化影响，同时也受中央银行的一些控制手段的影响。那么，当利率发生变动时，是由中央银行的货币政策影响的结果，还是市场中信贷需求自身变化的影响造成的，或者是二者共同影响的结果？那么二者影响分别又有多大呢？所以，单从利率的变化情况不能完全地判断货币政策的效果是否已达到预期目标。

（二）货币供应量

从中央银行和银行及其他金融机构的资产负债表上可以测算出货币的供应量，但货币供应量的测定指标有不同的口径，这给统计带来了一定的困难。中央银行对货币的供应量有很强的控制能力，但也不能完全控制。货币的供应量还受商业银行的经营、人们的流动性倾向等因素影响。

（三）超额准备和基础货币（Money Base）

超额准备是金融机构在中央银行的准备金中超过法定准备金的那一部分。这部分的大小直接影响着商业银行的资产业务规模，影响着整个社会的信贷供应。中央银行可以通过一些货币政策工具影响这一指标。

基础货币是流通中的现金和商业银行存款准备金的总和。通过货币乘数的作用，基础货币可以直接调节社会的货币供应量。中央银行对基础货币的控制能力也很强，是可控性较强的指标。

四、货币政策工具

货币政策工具是中央银行为了实现货币政策目标而采取的具体措施和手段。货币政策工具主要有以下几类。

（一）一般性政策工具

一般性政策工具是指主要从总量角度控制和调节货币供应的三大传统政策工具，分别是：存款准备金政策、再贴现政策、公开市场业务。这三大政策工具又被称为中央银行的"三大法宝"。

1．存款准备金政策（Deposit Reserve Policy）

存款准备金政策是指中央银行通过规定和调整商业银行缴存中央银行的存款准备金比率，控制商业银行信用创造，从而间接控制社会货币供应量，影响国民经济的活动。

中央银行规定各商业银行必须按一定的比例将其存款的一部分上交中央银行，作为存款保证金。各金融机构在中央银行的存款准备金率包括两部分，中央银行规定的存款准备金率被称为法定存款准备金率，与法定存款准备金率对应的准备金就是法定准备金。超过法定准备金的准备金叫作超额准备金（我国国内习惯于称其为备付金），超额准备金与存款总额的比例是超额准备率（国内常称为备付率）。超额准备率的高低由商业银行根据具体情况自行掌握，如 2003 年 6 月末，各金融机构备付金率平均为 3.88%，其中，国有独资商业银行为 3.65%，股份制商业银行为 4.06%，农村信用社为 4.08%，而其中华夏银行的超额准备率为 12.31%。

中央银行通过改变法定存款准备金率（Required Reserve Rate）影响商业银行的存款创造的倍数（存款乘数），改变商业银行的派生存款从而改变社会信贷总量。

假如原定的法定存款准备金率是 10%，现在中央银行将其提高到 20%，商业银行的存款创造将受到怎样的影响呢？在原来的法定准备金率下，各商业银行按 10：1 的比例扩大了存款，超额准备为零。现在法定存款准备金率提高到了 20%，则商业银行只能按照 1：5 的比例扩大存款了，商业银行的存款必须下降到与准备金保持 5：1 的比例为止，每家商业银行都感到准备金不足，它们必须卖掉一些债券或收回一些贷款，才能使准备金的比例达到中央银行的新标准。如某银行在中央银行存款准备金率标准提高前的资产负债表如表 5-4 所示。

表 5-4　改变前的资产负债表

资　产		负　债	
准备金	10	活期存款	100
贷款与投资	90		
总计	100	总计	100

那么，当中央银行的存款准备金率标准提高后，该银行的资产负债表改变如表 5-5 所示。

表 5-5　改变后的资产负债表

资　产		负　债	
准备金	20	活期存款	100
贷款与投资	80		
总计	100	总计	100

显然，银行的信用创造能力下降了，整个社会的货币供应量也迅速地减缩。

可见，若中央银行降低法定存款准备金率，则商业银行会有更多的剩余准备金用于投资和贷款，银行的信用创造能力增强，整个社会的货币供应量增长。反之，如果中央银行降低法定存款准备金率，会引起存款货币的紧缩，产生相反的效果。

存款准备金政策最大的优点是中央银行具有完全的自主权，它是三大货币政策工具中最容易实施的一种，而且中央银行利用存款准备金率这个工具，可以有效地调节整个社会的货币供应量。但是这种政策也有不少缺点，最主要的缺点是这种手段的作用过于猛烈，准备金率微小的变动都会使货币供应量发生重大变化，可能给国民经济带来巨大的震荡。

举例　中央银行存款准备金调整对商业银行的影响

中国人民银行决定从 2003 年 9 月 21 日起，提高存款准备金率 1 个百分点，即存款准备金率由 6%调高至 7%。2002 年年底，某商业银行存款余额 3 004 亿元，估计 2003 年年底接近3 700 亿元，年均约 3 350 亿元。为简化处理，假设 2003 年度该银行按平均存款增加法定准备金的上存。由于法定准备率上调 1%，这等于该银行必须再把 33.5(3 350×1%)亿元的资金存放于中央银行。假设增加法定准备金存款后，等额地减少了高收益的贷款。2002 年该银行平均的贷款利率为 4.80%，平均存款利率 1.21%，存贷差 3.59%。以此为基准，如果不是增加法定准备金，则年均 33.5 亿元的正常类贷款带来的税前利润(利润总额)约 12 000 万元，约合净利润 8 000 万元。由于目前的法定准备金存款利率为 1.89%，法定准备率上调 1 个百分点后，该银行增加的法定存款准备金 33.5 亿元将获得约 6 300 万元的利息收入。将上述两方面结合起来看，其全年税前利润约减少 5 700(12 000－6 300)万元。

2. 再贴现政策(Rediscount Policy)

再贴现政策是指中央银行通过制定和调整再贴现利率和条件，干涉和影响市场利率和货币市场供求，调节商业银行资产规模和社会货币供应量的金融活动。

商业银行在资金不足时将收到的商业票据出售给中央银行，中央银行向商业银行收取再贴现的利息。中央银行就主要通过对再贴现利率的提高或降低来影响经济。这种影响表现在三个方面。①影响商业银行的借款成本。当中央银行调高再贴现率时，商业银行的借款成本增加了，从自身利益考虑，商业银行可能减少向中央银行的再贴现数量，那么中央银行投放的基础货币就减少了，货币供应量相对减少。而当中央银行降低再贴现率时，商业银行借款成本减少，商业银行更愿意增加再贴现数量，从而增加货币供应量。②告示作用。如中央银行调高再贴现率，表达了中央银行要紧缩货币供应的意向。人们会预期未来的市场利率会上升，从而自动紧缩所需信用，减少投资和消费需求。这种告示作用使人们的经济行为自觉地与中央银行保持一致，让中央银行政策的效果更好。③结构调节效果。中央银行可以通过对不同再贴现票据实行差别利率或规定再贴现利率种类的方式调节信贷结构，贯彻产业政策。如规定某些行业的商业票据在中央银行再贴现时可以享受优惠利率，那么，这些行业就更容易从商业银行获得融资，从而促进这些行业的发展。

国外中央银行对商业银行的再贷款一般是通过票据贴现的方式发放，而我国央行对金融机构的再贷款一般是通过信用贷款的方式。

中央银行的再贴现政策有相当的灵活性，既可以实现总量调节又可以实现结构调节，是一种有效的货币政策工具。但再贴现政策也有一些缺点。首先是再贴现政策的效果很大程度上取决于商业银行，中央银行处于被动的地位。如中央银行调低贴现率而各商业银行并不扩大借入资金的规模，则中央银行无法实现增加货币供应的目的。其次是再贴现率虽然可以随时调整，但过于频繁地调整会让整个社会利率极不稳定，影响有价证券的行市。因为中央银行的再贴现率往往被看作是社会的基准利率，对其他市场利率影响很大，不宜频繁调整。

举例　我国中央银行再贷款浮息制度

再贷款浮息制度是指人民银行在国务院授权的范围内，根据宏观经济金融形势，在再贷款（再贴现）基准利率基础上，适时确定并公布中央银行对金融机构贷款利率加点幅度的制度。2004 年国务院批准，中国人民银行决定实行再贷款浮息制度。从 2004 年 3 月 25 日起，对期限在 1 年以内、用于金融机构头寸调节和短期流动性支持的各档次再贷款利率，在现行再贷款基准利率 2.7%的基础上加 0.63 个百分点。同时，再贴现利率在现行再贴现基准利率 2.97%的基础上加 0.27 个百分点。为支持农村经济发展，农村信用社再贷款浮息分三年逐步到位，且到位后加点幅度减半执行。2010 年 12 月 26 日，中国人民银行宣布上调对金融机构再贷款利率，其中 1 年期利率提升至 3.85%，同时上调再贴现率至 2.25%。

3. 公开市场业务（Open Market Operation Policy）

公开市场业务是指中央银行在金融市场上公开买卖有价证券和票据，影响货币供给量和市场利率的政策行为。公开市场业务是各国中央银行常用的货币政策工具，特别是在一些金融市场比较发达的国家中，这项业务是调控存款货币机构准备金和货币供应量从而实现货币政策目标的主要方法。

公开市场政策对经济的调节机制是：中央银行在公开市场上买卖有价证券，引起基础货币的改变，通过商业银行的存款创造引起社会货币供应量的改变。具体来说，当金融市场上资金缺乏时，中央银行在公开市场上买进有价证券，相当于向社会投入一笔基础货币。如果中央银行从个人手中买进，这些基础货币流入个人手中，会直接增大货币供应量。如果中央银行向商业银行买进，则会通过乘数效应引起货币供应量成倍增加。相反，当金融市场上资金过多时，中央银行就通过公开市场业务卖出有价证券，无论这些货币由商业银行购买还是由个人购买，都会使相应的货币回笼，收缩信用总规模。

另外，中央银行买卖有价证券，不仅会改变货币供应量，还会改变市场利率，从而对经济产生影响。当中央银行买进有价证券时，将引起有价证券需求增加，使其价格上涨。由于证券价格与市场利率成反比，因此市场利率水平将下降。反之，当中央银行卖出有价证券时，其价格下降，市场利率上升。

公开市场业务相对于其他货币政策工具，具有以下优点。第一，中央银行运用公开市场政策时始终处于积极主动地位，完全可以按照自己的意愿决定买卖证券的数量、时间与方向。第二，中央银行能够根据市场的变化，随时随地地进行操作。既可以大量地买卖有价证券，对基础货币进行大规模的调节，也可以少量地买卖，对基础货币进行“微调”，而不会像存款准备金政策那样，对经济产生强烈影响，具有很好的灵活性。正因为如此，公开市场政策成为许多国家中央银行青睐的一项重要的货币政策工具。当然，公开市场业务的运用也需要一定的条件。公开市场业务的操作需要一个充分发展的金融市场，市场上要有足够的数量和时期、结构配置的有价证券。同时，还要求中央银行拥有一定数量的有价证券，才能发挥其影响作用。

举例　中国人民银行公开市场业务

1997 年亚洲金融危机以后，我国采取扩大内需的方针。人民银行 1998 年 5 月 26 日正式恢复公开市场操作，根据当时的经济形势需要，1998 年、1999 年公开市场操作以投放基础货币为主要目标，基本操作方式是逆回购。1998 年净投放基础货币 701 亿元，1999 年净投放基础货币 1 920 亿元。这两年合计投放基础货币 2 621 亿元，占两年中基础货币投放总额的 85%。

2002 年，在我国外贸出口和外商直接投资快速增长的情况下，我国银行间外汇市场明显供大于求，人民银行从银行间外汇市场大量购买外汇，外汇占款大幅增加，相应投放大量基础货币，对基础货币的适度增长造成冲击。为此，人民银行加强本外币政策协调，充分运用公开市场操作，适度收回商业银行流动性，保证基础货币的稳定增长。2002 年 4 月 9 日，人民银行开始卖断现券，回笼基础货币。6 月 25 日开始进行公开市场正回购操作。2002 年 6 月 25 日至 12 月 10 日，人民银行正回购共操作 24 次，累计回笼基础货币 2 467.5 亿元，保证了基础货币的稳定增长。

资料来源：孙国峰. 中国公开市场业务的实践与思考(上)[J]. 中国货币市场，2003(3)：28-31.

(二) 选择性政策工具

选择性政策工具是指中央银行针对某些特殊领域的信用，对商业银行和其他金融机构进行的控制或管制，达到进行结构控制的目的的政策工具。主要包括如下几类。

1. 对利率的控制

对利率的控制包括对某种存款利率的控制和对某种贷款利率的控制。如美国在 1933 年的银行法中就规定了各商业银行储蓄存款利率和定期存款利率的最高限额。贷款利率的控制主要表现为中央银行对国家经济和社会发展中的重点部门或产业，采取一些比一般贷款利率低的优惠利率，以支持这些部门和行业的发展。

举例　中国人民银行的差别利率规定

我国中央银行对金融机构贷款实行在基准利率基础上的浮动利率控制。以一年期贷款为例，现行基准利率为 5.31%，在中国人民银行制定的贷款基准利率基础上，商业银行、城市信用社贷款利率的浮动区间上限为贷款基准利率的 1.7 倍，农村信用社贷款利率的浮动区间上限为贷款基准利率的 2 倍，金融机构贷款利率的浮动区间下限为贷款基准利率的

0.9倍。在现行基准利率为5.31%条件下，商业银行、城市信用社贷款利率浮动区间为4.78%～9.03%。商业银行、城市信用社可以在这个区间内按市场原则自主确定贷款利率。

2. 证券市场信用控制(Margin Requirement)

证券市场信用控制是指中央银行对有关证券交易的贷款、交易保证金比率等进行规定，以控制和调节证券市场资金流动的行为。为了防止证券投机，中央银行对各商业银行办理的以证券为担保的贷款，有权随时规定保证金比率。保证金比率是指证券购买者首次支付的金额占证券交易价款的最低比率。保证金比率越高，现金支付的比重越大，信用方式购买的比重就越小。例如，保证金比率规定为60%，证券购买者就得付出60%的现款，其余40%才能向银行借款。保证金比率愈高，付现款的比重愈大，可以向银行贷款的比重则愈小。当证券价格上涨，中央认为有出现危机的可能性时，就提高保证金比率，反之，则降低保证金比率。如为了防止有价证券的过度投机，美国联邦储备银行曾将股票交易的保证金比率调高至100%。

3. 消费者信贷控制(Consumer Credit Control)

消费者信贷控制是指中央银行对不动产以外的各种消费品的销售融资予以的控制。包括规定分期付款首次付款最低金额，规定消费贷款的最长期限，规定可以进行信贷消费的商品种类或不同种类商品的信贷消费条件等。

在需求过旺时，中央银行可以采取提高首付金额、严格信贷消费条件等方式控制消费信用，反之，在需求不足时，中央银行可以放宽管制，促进消费信用。

4. 特种存款

中央银行在需要紧缩银根时要求商业银行缴存一部分存款作为特种存款，这种存款和商业银行缴存的存款准备金不同，它有利息，而且是临时性的。在中央银行需要放松银根时，降低或取消特种存款金额。

举例　特种存款

1998年，我国中央银行为了控制住信贷规模，调整信贷结构，筹集资金，支持农副产品的收购，人民银行总行决定对交通银行、广东省深圳经济特区的各银行和其他金融机构开办特种存款业务。特种存款总额为50亿元，其中广东省40亿元，深圳经济特区5亿元，交通银行5亿元，于1998年12月20日以前完成认交。特种存款必须全额上交人民银行总行，由总行掌握使用；特种存款的期限为3个月，利率为月息7.5‰。

5. 不动产信用控制(Real Estate Credit Control)

不动产信用控制是指中央银行金融机构在房地产方面放款的限制措施。如规定金融机构的房地产贷款规模、期限等。主要是为了控制过度的房地产投资和限制房地产投机行为。如美国在20世纪50年代初，为了保证资源的合理利用，制定了“X号规则”，对不动产信用进行控制。

6. 直接信用管制(Direct Credit Control)

直接信用管制是指中央银行以行政命令的方式直接控制银行及其他金融机构的贷款数量和贷款方式等。主要控制方式有以下几种。

贷款配额制(Credit Rationing)，直接控制贷款数量。中央银行根据金融市场状况及客观需要，对金融机构规定最高的贷款发放限额。

直接干预(Direct Control)，规定银行放款及投资的方向。对银行的资金运用进行控制，限制贷款的项目，限制不同方向贷款的额度。如规定不动产贷款的数量，对住宅融资规定最高额度等。

利率高限(Ceiling Rate)，对银行吸收存款、储蓄规定利率的高限。多年来，对这个办法争论很大。直到 1980 年 4 月美国制定《存款机构解除管制及货币控制法案》，进行多项金融改革，其中有一项是利率自由化，使利率高限规定失去效用。

（三）窗口指导与道义劝告

窗口指导是指中央银行通过跟各大商业银行的接触，向各银行说明中央银行对经济和金融形式的看法，进而引导商业银行与中央银行的意见保持一致，达到金融控制的目的。中央银行利用各种机会向金融界及全国各界说明其金融政策的内容和意义，求得各方面的理解和支持，从而使金融活动按照中央银行预期的方向发展。

道义劝告(Moral Suasion)是指中央银行利用自己在金融体系中的特殊地位和威望，通过口头或书面的形式对商业银行和其他金融机构进行劝告，影响其放款和投资的数量和方向，达到信用控制的目的。例如，美国在 1951 年 3 月因侵朝战争造成国内通货膨胀，实行了“自动信用限制方案”，要求主要金融机构支持重要生产事业，减少投机活动和非生产性的贷款等。

窗口指导和道义劝告都是一种非强制的手段，其作用的大小，取决于商业银行及其他金融机构对中央银行的依赖程度。如果商业银行和其他金融机构的独立性较强，对中央银行的依赖性较低，则对中央银行的窗口指导和道义劝告可以不是那么重视。如果自身的发展和中央银行的政策联系紧密，则需要特别重视中央银行的要求。

操 作 题

近些年来，我国中央银行实施了一系列对金融的间接调控措施。试通过报纸、网站等途径了解一下近期我国中央银行对金融调控的具体操作，并简要加以说明。

案例分析　我国的存款准备金制度

存款准备金制度是指把缴纳准备金的对象、范围、比例、罚则等以法律或条例的形式，做出若干规定，使其成为银行业共同执行的准则。

我国的存款准备金制度是在 1984 年中国人民银行专门行使中央银行职能后建立起来的。1984 年，中国人民银行按存款种类规定了法定存款准备金率，企业存款为 20%，农村存款为 25%，储蓄存款为 40%，这个法定存款准备金率比较高。1985 年开始将法定存款准备率统一调整为 10%。1987 年和 1988 年，中国人民银行为适当集中资金，支持重点产业和项目的资金需求，也为了紧缩银根，抑制通货膨胀，两次上调了法定准备率。1987 年从 10%上调为 12%，1988 年 9 月进一步上调为 13%。这一比例一直保持到 1998 年 3 月 20 日。1998 年 3 月将存款准备金率由 13%下调到 8%，1999 年 11 月存款准备金率由 8%下调到 6%，最近一次是为控制商业银行货币信贷增长过快而可能带来的通货膨胀压力，从 2003 年 9 月 21 日起，提高存款准备金率1个百分点，即存款准备金率由现行的6%调高至7%。1998年以来，随着货币政策由直接调控向间接调控转化，我国存款准备金制度不断得到完善。2015年2月5日，中国人民银行决定，下调金融机构人民币存款准备金率0.5个百分点，其中，大型金融机构下调至19.50%，中小金融机构下调至16%，对小微企业贷款占比达到定向降准标准的城市商业银行，非县域农村商业银行额外降低0.5个百分点，对中国农业发展银行额外降低4个百分点。

问题：

(1) 什么叫存款准备金？

(2) 存款准备金有什么作用？

(3) 结合我国1984年以来金融形式的发展谈谈我国中央银行是如何利用存款准备金这一货币政策工具的。

练 习 题

1. 判断题

(1) 中央银行进行再贴现的目的是为商业银行提供长期资金融通。 ( )

(2) 中央银行证券业务是中央银行在公开市场上进行证券买卖，其目的是赚取差价。 ( )

(3) 中央银行的货币政策可以用于解决自愿性失业。 ( )

(4) 中央银行通过在二级市场上买卖股票来调节货币供应量。 ( )

(5) 不动产信用控制是一种直接信用控制的手段。 ( )

(6) 中央银行可以对各商业银行办理的以证券为担保的贷款规定保证金比率，以控制证券投机的状况。 ( )

(7) 中央银行向市场中出售有价证券，是一种紧缩信用的行为。 ( )

(8) 经济高速增长容易推动物价的上涨，因此，经济增长和物价稳定中间存在矛盾。 ( )

(9) 中央银行所掌握的金银和外汇，是一国重要的货币发行准备，对稳定一国的货币有重要意义。 ( )

2. 中央银行的一般性政策工具有哪些？分别是怎样发挥作用的？

3. 中央银行贷款和商业银行贷款有什么不同的方面？

4. 中央银行的性质是怎样的？

5. 我国金融监管的现状是怎样的？中央银行在其中发挥什么样的作用？

6. 中央银行有哪些主要业务？中央银行业务与商业银行业务有什么区别？

7. 某银行有一笔120万元的票据向中央银行申请再贴现，贴现期为1个月，现在中央银行再贴现利率为月利率6‰。银行的获得这笔资金的成本是多少？如果中央银行将贴现率上调为7‰，这家银行的资金成本又是多少？这对银行会有什么影响？

8. 我国在2003年12月以前，金融机构在人民银行的超额存款准备金利率为1.89%。2003年12月21日以后金融机构在人民银行的超额存款准备金利率下调到1.62%。我国人民银行的这一规定会对金融机构的活动产生哪方面的影响？

第六章 金融市场

内容提要与学习要求

金融市场是市场体系中极为重要的组成部分。金融市场提供金融工具,吸收社会上的闲散资金,输送到资金需求者那里,完成储蓄转化为投资的过程,极大地推动经济的发展。金融市场是否健全,是一国金融体系是否健全的重要标志,同时也是一国经济发展的重要条件。通过本章学习,使学生能了解金融市场的结构、分类与作用,掌握金融工具的特性及应用,掌握主要金融市场的业务运作。

第一节　金融市场概述

一、资金融通的两种方式:直接融资与间接融资

现代市场经济中,存在着众多的经济行为主体,大致可分为居民、企业、金融机构和政府四大类。当今社会的经济货币化程度越来越高,各经济主体的每一次经济活动最终都表现为货币的收支状况。在经历了一系列的经济活动后,各经济主体的收支情况会有如下三种情况:收支相抵、收大于支、收不抵支。收支正好相抵的经济主体为数不多,最常见的现象是一部分主体收大于支,而另一部分主体收小于支。前者称为资金盈余单位,而后者称为资金短缺单位。为了经济活动能够顺利进行,为了更有效地利用资金,需要将资金盈余单位的资金通过信用的方式调剂给资金短缺单位,以实现资源的有效配置,这就是资金融通,即资金从资金盈余单位转移到资金短缺单位的过程,以及资金反向的运动。资金融通是现代金融的核心。

资金融通有两种形式:直接融资与间接融资。

直接融资又称直接金融,是指资金的盈余方(资金的供给者)直接将资金借给资金短缺方(资金的需求者),中间不存在任何金融中介机构的融资方式。在直接融资中,短缺单位直接在证券市场向盈余单位发行某种凭证(金融工具),比如债券或者股票。当盈余单位花钱向短缺单位购买这些凭证时,资金就从盈余单位转移到了短缺单位手中。

间接融资又称间接金融,是指资金盈余单位把资金存放(或投资)到银行等金融中介机构中,再由这些机构以贷款或证券投资的形式将资金转移到资金短缺单位中的融资方式。在间接融资中,资金的盈余单位和短缺单位并不发生直接的关系,而是分别同金融中介机构发生一笔独立的交易,金融中介机构发挥着吸收资金和配置资金的功能。特别值得注意的是,金融中介机构不是一般的代理人,而是一个独立的交易主体,并且是融资风险的直接承担者。

直接融资与间接融资的关系如图6-1所示。

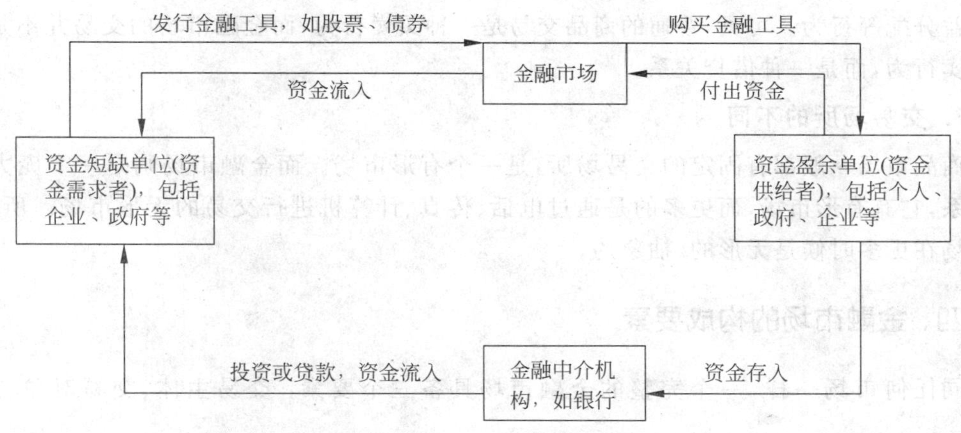

图6-1　直接融资与间接融资流程图

二、什么是金融市场

直接融资和间接融资都是通过金融市场来实现的。所谓金融市场是通过金融工具的交易买卖实现资金融通的场所或机制。在金融市场上,资金的需求者发行金融工具,成为资金的借入方(债务方);资金的供应者购买金融工具,将资金转移给需求者,成为资金的供给方(债权人)。

金融市场有广义与狭义之分。广义的金融市场是指一切进行资金交易的市场,既包括以金融机构为中介的间接融资,也包括资金供求者之间的直接融资。狭义的金融市场主要是指资金供求者之间的直接融资,通常包括以有价证券为金融工具的融资活动以及金融机构之间的资金拆借和黄金外汇买卖。本书所指金融市场主要是指广义的金融市场。在金融市场上,资金需求者发行和销售金融工具;资金供应者则用资金交换或购买金融工具。资金的供给与需求形成该市场的资金的价格——利率。

金融市场在经济生活中与商品市场、劳务市场和技术市场一起构成市场经济体系。金融市场是其他市场正常发展的先导与保证。

三、金融市场的特征

金融市场与其他市场一样,都从事商品交易活动,但金融市场与普通的市场有明显的不同,其特征如下。

1. 交易对象的不同

普通市场交易的是普遍的商品或劳务,如原材料市场上交易买卖的是各种原材料;技术市场是各种技术发明交易转让的场所。而金融市场上交易的却是特殊的商品——货币和以货币作为载体的各种金融工具。资金供给者贷出多余的资金，资金需求者借入所缺资金。

2. 交易方式的不同

一般的商品交易是买卖同时进行，一手买一手卖，或先付款后提货或先提货后付款，交易结束后商品所有权发生转移，双方便不再发生任何关系。而金融市场的交易是靠投资、信用关系建立起来的，交易完成后(资金借贷后)，信用双方的关系并未结束，还存在还本付息和收益分配等行为。可见，普通的商品交易是一种买卖行为，而金融市场的交易并不是单纯的买卖行为，而是一种借贷关系。

3. 交易场所的不同

商品市场一般都有固定的交易场所，是一个有形市场。而金融市场则是一个庞大的市场体系，它有有形市场，而更多的是通过电话、传真、计算机进行交易的无形市场。所以，金融市场在更多时候是无形的、抽象的。

四、金融市场的构成要素

同任何市场一样，一个完整的金融市场具备三个要素：交易主体、交易对象与交易价格。

（一）交易主体

金融市场的交易主体就是金融市场的参与者，它可以分为资金的供给者、需求者、中介者和管理者。主要包括居民(也称为个人或家庭)、企业、政府部门、金融机构。它们参与金融市场的交易动机是多样化的，而且具有可变性。

1. 居民

居民主要是作为金融市场的资金供给者进入市场的。家庭和个人的各类收入减去支出后的余额即为储蓄，这是金融市场主要的资金来源。我国的储蓄率居世界领先地位，这些银行的储蓄存款已成为金融市场的一股巨流。除了储蓄的方式以外，家庭和个人也通过购买证券，如国债、债券和股票等多种方式向金融市场输送资金。

2. 企业

工商企业是金融市场中主要的资金需求者，同时也是重要的资金供给者。企业在生产经营中一般存在着较大的资金需求，如短期资金周转困难，新产品开发的资金需求，扩大生产规模的资金需求等。为解决资金不足，企业通常在金融市场上通过贷款或者通过发行证券来借入资金。同时，企业也是金融市场上资金的供给者，当企业资金有盈余时，也会投资于金融市场获取收益。

3. 政府部门

政府部门一般包括中央政府、地方政府及政府有关的行政部门。他们在金融市场上主要是作为资金的需求者，由于调节收支不平衡、弥补财政赤字和经济建设的需要，通过在国内外金融市场上发行国库券和其他国债筹集资金。政府所需资金一般金额大、期限长。

4. 金融机构

金融机构是金融市场上重要的参与者,其主要任务是充当中介角色,沟通资金的需求者与资金的供给者,实现储蓄到投资的转化。参与金融市场的金融机构主要包括中央银行、商业银行以及各类非银行金融机构等。

中央银行主要以金融市场的管理者身份参与市场活动。通过向商业银行再贷款、再贴现,在公开市场上买卖证券等业务吞吐基础货币,干预市场价格波动,实现货币政策目标。同时通过各种监管手段对金融市场各主体行为进行规范,以实现宏观调控目标。

商业银行是金融市场的主要中介机构,它们既是资金的需求者,又是资金的供给者。作为资金的需求者,它们通过吸收存款、再贴现、拆借等方法,将资金最大限度地吸收到自己手里;作为资金供给者,通过发放贷款、拆借、贴现、投资等方式向市场提供资金。

除此之外,各类非银行金融机构,如人寿保险公司、基金管理公司、信托投资公司、证券公司等在金融市场上也扮演着与商业银行类似的角色。它们一方面吸收各类存款,将零散的资金汇集成大额、稳定的资金;另一方面为了最大限度地保值、增值,将资金投资于市场,同时为市场提供各类的金融投资工具。

(二) 交易对象

金融市场的交易对象是交易的客体,一般是指金融工具。它是资金短缺单位为获得资金而发行的一种书面凭证。金融工具品种的丰富程度和数量的大小,是金融市场是否发达的标志之一。

根据第二章有关内容,金融工具包括短期金融工具,如票据(汇票、本票与支票)、可转让定期存单、国库券和长期金融工具如股票、债券、长期国债等。这些金融工具的特征及运用将在本章陆续介绍。

各种金融工具之间的差别形形色色,比如,发行者身份、发行目的、期限、发行方式和交易方式等均不相同。但一般来说,各类金融工具具有三个特点,即流动性、风险性与收益性。三个特点之间具有一定的矛盾,不可能同时兼得。金融市场的交易主体需要根据自己的条件与偏好在这三者之间权衡,以寻求最佳的组合。

(三) 交易价格

金融市场的交易价格是金融工具的价格,在具体的市场上价格表现形式不一样。在借贷市场上,交易价格表现为利率,在证券市场上,交易价格表现为证券价格,在外汇市场上,交易价格表现为汇率。

(四) 交易的组织形式

交易的组织形式是指金融市场的交易主体进行交易时所采用的方式。主要有三类:第一类是交易所交易,这是一种由交易双方集中在交易所内通过公开竞价的方式进行资金交易的组织形式;第二类是柜台交易,是指在各种金融机构柜台上买卖双方进行交易;第三类是场外交易,是指没有固定的交易场所,交易双方也不需要直接接触,而是借助于通信工具来进行的交易方式。金融市场构成如图 6-2 所示。

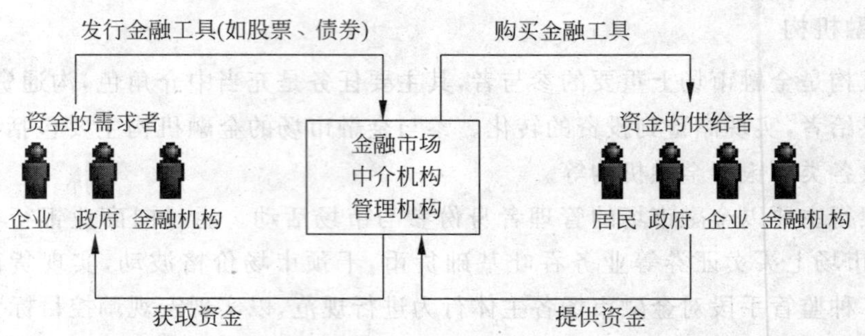

图 6-2 金融市场构成图

五、金融市场的类型

第二次世界大战后，金融市场在全球呈现出蓬勃发展的态势，其活动领域与交易范围日益扩展，新型金融工具和交易方式层出不穷，现代金融市场已成为由许多子市场组成的庞大的市场体系。主要的类型有如下几种。

（一）按照交易对象的不同来划分，金融市场分为货币市场、资本市场、外汇市场与黄金市场

1. 货币市场（Money Market）

货币市场又称为短期资金交易市场，即融通资金的期限在一年以下的市场。它包括短期信贷、银行资金拆借、短期贴现等交易形式，其交易的标的物有货币头寸、存单、票据等，因其偿还期短、风险小且流动性强，被视为具有类似货币的功能。

2. 资本市场（Capital Market）

资本市场是长期资金交易的市场，即融通资金的期限在一年以上的市场。它包括长期资金借贷市场和证券市场等交易形式，其交易标的物有股票、债券等，相对于货币市场而言，风险较大，流动性较低，而且收益性更高。

3. 外汇市场（Exchange Market）

外汇市场是从事外汇交易买卖的场所。它不一定存在具体的交易场所，往往是供求双方利用现代通信工具进行外汇买卖的无形场所。由于各国实行不同的货币制度，各国的货币不相同，进出口商在国际贸易活动中必须进行货币的兑换，而这种买卖不同国家货币的场所就是外汇市场。

外汇市场的参与者主要有从事外汇买卖的外汇银行，充当外汇交易中介的外汇经纪人，外汇买卖的供求双方（如进出口商），干预外汇交易的管理机构如中央银行。

4. 黄金市场（Gold Market）

黄金市场是集中进行黄金交易所形成的市场。从历史上看，黄金曾是世界货币。虽然1976年的牙买加会议后黄金不再是货币，但黄金具有高价值和稀缺性，黄金仍然是各国国际储备中的重要组成部分。目前，世界黄金市场有两大类型：欧洲型市场和美国型市场。前者以现货交易为主，代表有伦敦和苏黎世黄金市场；后者以期货交易为主，代表有纽约、

芝加哥和香港黄金市场。上述几个市场共同操纵着世界黄金市场。

（二）按照金融交易的程序划分，金融市场分为初级市场与次级市场

1. 初级市场（Primary Market）

初级市场又称为发行市场、一级市场，是指有价证券、票据等金融工具最初发行的场所。前面讲过，企业、政府和金融机构等资金需求者需要筹集资金时，必须发行金融工具投向金融市场，通过其他主体购买金融工具以实现资金向金融工具发行者的转移。通过发行市场，资金需求者可以顺利地发行金融工具以筹集资金。

2. 次级市场（Secondary Market）

次级市场又称为流通市场、二级市场，是已发行金融工具买卖、转让场所，是投资者之间进行交易的场所。金融工具一旦发行出来后，在其到期日之前，一般会在金融市场上转让、流通，投资者通过在不同的价格上买进卖出各类金融工具（如股票、债券等）以获取收益。

（三）按成交后是否立即交割划分，金融市场分为现货市场与期货市场

1. 现货市场（Spot Transaction Market）

现货市场是最一般的、基本的金融市场，是指交易双方成交后，立即或在很短的时间内（一般不超过 3 天）进行钱货交割的市场。所谓交割，是指结清交易的手续，卖者交出证券，买者付出现款，钱货两清。现货交易是最基本的交易形式，它的风险性与投机性都很小。

2. 期货市场（Future Market）

期货市场是交易双方达成交易后，不立即进行钱货交割，而是签订一个协议，在协议中规定好交割的商品种类、价格、数量，在远期进行交割的交易所形成的市场。现代期货交易主要形式包括期货、期权等，它具有保值、投机等功能，风险较大。

（四）按交易的地理范围划分，金融市场可分为国内金融市场与国际金融市场

国内金融市场是指交易范围在国内、交易活动发生在本国居民之间的市场，比如我国的中国外汇交易中心、上海股票市场、深圳股票市场等都是国内金融市场。

国际金融市场是指金融活动超过国界，有其他国家居民参与的市场。它是国内金融市场在国际范围内的延伸。全球著名的国际金融市场大都在国际金融中心城市，如纽约、伦敦、东京、新加坡等。

举例　纽约金融市场（New York Finance Market）

纽约金融市场是世界最重要的国际金融中心之一。其形成和发展与两次世界大战密切相关。1810 年纽约就已取代费城，成为美国国内最大的金融和商业中心。第二次世界大战以后，纽约金融市场在国际金融领域中的地位进一步加强。美国凭借其在战争时期膨胀起来的强大经济和金融实力，建立了以美元为中心的资本主义货币体系，使美元成为世界最主要的储备货币和国际清算货币。西方资本主义国家和发展中国家的外汇储备中大部分是美元资产，存放在美国，由纽约联邦储备银行代为保管。一些外国官方机构持有的部分黄金也存放在纽约联邦储备银行。纽约联邦储备银行作为贯彻执行美国货币政策及外汇政策的主

要机构，在金融市场的活动直接影响到市场利率和汇率的变化，对国际市场利率和汇率的变化有着重要影响。世界各地的美元买卖，包括欧洲美元、亚洲美元市场的交易，都必须在美国，特别是在纽约的商业银行账户上办理收付、清算和划拨，因此纽约成为世界美元交易的清算中心。此外，美国外汇管制较松，资金调动比较自由。在纽约，不仅有许多大银行，而且商业银行、储蓄银行、投资银行、证券交易所及保险公司等金融机构云集，许多外国银行也在纽约设有分支机构，2005 年，纽约的银行业金融机构数量达到 37 家，资产额合计达到 27 859.14 亿美元。这些都为纽约金融市场的进一步发展创造了条件，加强了它在国际金融领域中的地位。

纽约金融市场包括外汇市场、货币市场与资本市场。

(1) 纽约外汇市场，是全球最主要的外汇市场之一。它并无固定的交易场所，所有的外汇交易都是通过电话、电报和电传等设备进行。此外，各大商业银行都有自己的通信系统，与该行在世界各地的分行外汇部门保持联系，又构成了世界性的外汇市场。由于世界各地时差关系，各外汇市场开市时间不同，纽约大银行与世界各地外汇市场可以昼夜 24 小时保持联系，其在国际的外汇交易几乎可以立即完成。参与外汇市场活动的主要是公司及财团、个人、商业银行、外汇经纪人及中央银行。商业银行在外汇交易中起着极为重要的作用，外汇交易主要通过商业银行办理。20 世纪 70 年代以来，纽约市场外汇交易量急剧增加。纽约外汇交易中心已发展成为欧洲与远东的重要纽带、世界性外汇交易的主要中心，与伦敦外汇市场相抗衡。

(2) 纽约货币市场，即纽约短期资金的借贷市场，是资本主义世界主要货币市场中交易量最大的一个。除纽约市金融机构、工商业和私人在这里进行交易外，每天还有大量短期资金从美国和世界各地涌入流出。和外汇市场一样，纽约货币市场也没有一个固定的场所，交易都是供求双方直接或通过经纪人进行的。在纽约货币市场的交易，按交易对象可分为：联邦基金市场、政府国库券市场、银行可转让定期存单市场、银行承兑汇票市场和商业票据市场等。

(3) 纽约资本市场，是世界最大的经营中、长期借贷资金的资本市场。分为债券市场和股票市场。

纽约债券市场交易的主要对象包括政府债券、公司债券、外国债券。公司债券是美国企业为筹集中长期资金而发行的债券，在纽约资本市场上，公司债券的交易量仅次于政府债券，一般都由投资银行代为发行和包销。外国债券是外国政府和企业在纽约市场发行的债券，用以筹集长期资金，发行人一般是外国政府、机构和公司。

股票市场是纽约资本市场的一个组成部分。2010 年，纽约证券交易所市值达到全球最高，总计 133 940 亿美元，占全球各交易所总市值的 28%。

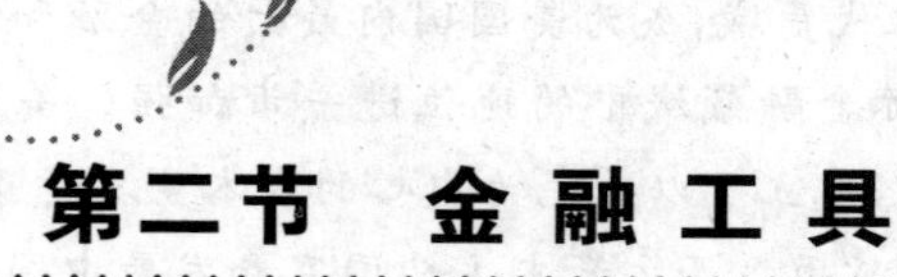

第二节 金融工具

金融工具也叫信用工具，是在信用活动中产生的，能够证明债权债务关系、资金交易金额、期限、价格的书面文件。金融工具数量与品种的多少是衡量一个金融市场是否发达的主要标志。根据金融工具的期限长短，可以把它分为短期金融工具（又称货币市场工具）和长期金融工具（又称资本市场工具）。前者指融资期限在一年以下的工具，主要有商业票据、短期公债、银行承兑汇票、大额可转让定期存单、回购协议。这类金融工具期限短、风险小、流动性强，一般被称为准货币。后者指融资期限在一年以上的工具，包括股票、债券等。它们期限长、风险较大。流动性较弱。在这些一般性金融工具基础上，还产生了各种不同的买卖合约，这些合约就是所谓的衍生金融工具。

一、金融工具的特征

市场上各种金融工具概括起来有如下四个特征。

（一）偿还性（Maturity）

偿还性是指金融工具发行主体按期还本付息的特征。金融工具上一般载明期限，发行人到期必须偿还债务。与偿还性密切相关的是偿还期的概念。偿还期是指发行金融工具的债务人必须全部归还本金前期所经历的时间。如一张标明 3 个月后支付的汇票，其偿还期是 3 个月；2012 年发行的 5 年期债券，偿还期是 5 年等。但对于投资者来说，更有意义的是从持有金融工具到该金融工具到期日止所经历的时间。以上例，假设某人于 2014 年购入该 5 年期债券，则对他来说，偿还期是 3 年而非 5 年。

金融工具的偿还期有零和无期限两个极端。如活期存款的偿还期可视为零，而股票的偿还期为无期限。

（二）流动性（Liquidity）

流动性又称变现能力，是指金融工具迅速变现为货币而不致遭受损失的能力。金融工具越容易变现，流动性就越强；反之，就越弱。金融工具的流动性主要受两个因素的影响，一是金融工具的偿还期；二是发行金融工具的主体（债务人）的信用能力。一般来说，金融工具的流动性与偿还期呈反比，即偿还期越长，流动性越弱；与债务人的信用能力呈正比，即债务人的资信等级越高，流动性越好。因此，现金与存款相比较，现金具有完全的流动性，而存款的流动性弱一些。信誉卓著的大公司与小公司发行的债券相比较，前者的流动性更强，而后者的流动性弱。

（三）风险性

风险性又称为本金的安全性，是指金融工具的购买者收回本金的可能性。金融工具的风险主要有如下两种：一种是信用风险，也称违约风险与爽约风险，是指债务人不履行合同、不按期归还本金的风险，这类风险与债务人的信誉、经营状况有关，同时还与金融工具的种类有关，例如，同企业发行的债券的风险小于股票；另一种是市场利率风险，是指因金融工具市场价格下降所带来的风险，某些金融工具，如股票、债券，它们的市价是经常变化的，市价下跌，就意味着投资者金融资产贬值。

举例　金融工具的风险性

(1) 某投资者用 20 元/股的价格买进某股票 1 000 股，花费 2 万元。后来该股票价格一直走低，该投资者不得不在15元的价格上卖出该股票，股票收入1.5万元，因此该投资者损失了5 000元的本金。

(2) 一家水泥厂需要资金5 000万元以购买一套国外设备，拟采用发行债券的方式筹集资金。经有关部门批准发行了一笔面额为1 000元、期限5年的债券，发行对象为社会法人与自然人。后来由于该厂家决策失误，经营出现重大困难，不到5年的时间就破产倒闭，该债券到期也无法偿付，给购买者带来巨大的损失。

（四）收益性

投资者购买或持有金融工具，不仅要求归还本金，还要求能带来收益，因此金融工具具有收益性特征。收益性的大小用收益率来表示。收益率是金融工具的持有者的收益与本金的比率，衡量收益率大小的指标有票面收益率、当期收益率、持有期收益率与到期收益率等。具体的计算见本章第四节。

金融工具的四个特征之间有一定的冲突和对立。一般来讲，安全性与收益性成反比，即安全性越强，收益性越弱；流动性与收益性成反比，即流动性越高，收益率越小。每种工具均具有上述四个特征，但侧重面不同。投资者要综合地考察其主要特征，结合自己的情况，选择最恰当的投资组合。

课堂练习

以下是若干的金融工具。请将它们分别按流动性大小、收益率大小、安全性大小排序：现金、3个月的商业票据、5年期企业债券、5年期国债、某投资基金、股票。

二、金融工具的种类

金融工具的种类很多，可按不同的标准进行划分。常见的有如下几类。

（一）按金融工具的期限划分，可分为短期金融工具与长期金融工具

短期金融工具又称货币市场工具，主要是指偿还期在1年以下的工具，包括票据、国库券、信用卡等。长期金融工具又称资本市场工具，是指偿还期限在1年以上的工具，包括股票、债券等。

（二）按发行者的性质划分，可分为直接金融工具与间接金融工具

直接金融工具是指在直接融资活动所使用的工具，如各种债券、股票、商业本票、商业汇票等。间接金融工具是指在有金融中介参与的间接融资活动中使用的工具，如钞票、存单、保险单等。

（三）按是否与实际信用活动直接相关，可分为基础性金融工具与衍生金融工具

基础性金融工具是指在实际信用活动中出具的能证明信用关系的合法凭证，如商业票据、股票、债券等。衍生金融工具是指在基础性金融工具之上派生出来的可交易凭证，如各种金融期货合约、期权合约等。

三、常见的金融工具

（一）短期金融工具

1. 票据

票据是具有一定格式，载明金额和日期，到期由付款人对持票人或指定人无条件付款的信用凭证。主要有汇票、本票与支票几种。

（1）汇票

汇票（Bill of Exchange）是由出票人签发的一种要求付款人按照指定日期向收款人（持票人）无条件支付一定款项的票据。

按照出票人的不同，汇票可分为商业汇票与银行汇票。商业汇票是商业贸易活动中债权人（工商企业，发货人）签发的、要求债务人（收货人）或其委托银行按约定期限支付款项的票据。商业汇票必须经过债务人承认才有效。债务人承认付款的手续叫承兑。由债务人自己承兑的汇票称为商业承兑汇票；由债务人委托银行承兑的汇票称为银行承兑汇票。一般来说，商业汇票多为跟单汇票（Documentary Bill），即出票人在签发汇票的同时，还附上货运清单。银行汇票是汇款人将款项交给其代理银行，由银行签发给汇款人持往异地银行办理转账结算或向银行兑取现款的票据。一个银行将签发的汇票交汇款人寄收款人后，由收款人向另一家银行提取货款。一般来说，银行汇票多为光票（Clean Bill），即不附带任何货运清单。

汇票的种类如图 6-3 所示。

汇票
- 商业汇票（发货方出票）
  - 商业承兑汇票（汇票由债务人承兑）
  - 银行承兑汇票（汇票由债务人委托其代理银行承兑）
- 银行汇票（收货人委托银行出票）

图 6-3　汇票的种类

（2）本票

本票（Promissory Note）又称期票，是债务人（出票人）向债权人开出的保证按指定时间无条件付款的书面凭证，代表了债务人的承诺。本票最大的特点是出票人即是付款人，持票人则是债权人。本票经持票人背书后可以在市场上流通转让。

按照出票人的不同，本票可分为商业本票与银行本票两种。商业本票是债务人向债权人签发的、承诺在约定期限内无条件支付一定款项的债务凭证。一般由规模大、信誉好的企业为了筹集短期资金而发行，需有金融机构的担保。银行本票是申请人将款项交给银行，由银行签发给申请人凭以办理转账结算或支取现金的票据。

本票的种类如图 6-4 所示。

本票
- 商业本票（债务人签发）
- 银行本票（债务人委托银行签发）

图 6-4　本票的种类

(3) 支票

支票(Check)是银行的活期存款户签发的要求开户银行向收款人(持票人)见票时无条件支付一定款项给收款人的支付承诺书。

支票的种类较多,按照支付方式可分为如下几种类型:一是现金支票,即用于提取现金的支票;二是转账支票,仅用于转账,而不能提取现金;三是保付支票,是在支票上记载有"保付"字样的支票,其付款责任由保付银行来承担,出票人不再负责;四是旅行支票,由银行或旅行社签发,由旅游者购买,供人们在旅行时使用的定额支票。

2. 信用卡

信用卡(Credit Card)是银行或专业公司对具有一定信用的顾客(消费者)所发行的一种赋予信用的证书,具有先消费后付款的特点。"二战"以后,信用卡在西方国家广泛流行,成为提供消费信贷的一种重要形式。信用卡上印有持卡人姓名和签字,规定了每笔赊购的限额,持卡人可以在指定的商店、公司、饭店等场所凭卡签字购买商品和享受服务而无须支付现金,也可在银行提取一定的款项。到一定时期,由发卡银行向顾客与各家特约机构结算。

20 世纪 90 年代以来,信用卡业务在我国迅速普及。截至 2013 年年末,我国银行信用卡发行总量达到 3.91 亿张。

举例　牡丹卡种类介绍

牡丹卡是中国工商银行发行的银行卡统称。自 1989 年 10 月正式发行以来,已形成以牡丹国际卡、牡丹贷记卡、牡丹灵通卡(借记卡)为核心的产品系列。到 2006 年年末,发卡量突破 1.5 亿张,是中国消费者使用最多的银行卡。

牡丹卡中最具信用卡特色的是牡丹贷记卡。牡丹贷记卡具有透支消费、转账结算、存取现金等功能。银行根据持卡人的资信状况给予持卡人授信额度,持卡人在信用额度内先消费、后还款。个人卡最高授信可达 5 万元。牡丹贷记卡国内通用,可在国内牡丹卡特约单位、带有"银联"标志的特约单位和中国工商银行指定储蓄所使用,还可在香港带有"银联"标志的特约单位使用。

牡丹灵通卡是以人民币结算的借记卡。具有以下几个功能。第一,服务功能。持卡人可凭卡和密码在全国工商银行的任何 ATM 机或网点办理存、取款、转账、查询;可在特约商户消费,凭卡和密码在销售点终端(POS)上支付结算,当日累计取款金额折合人民币不能超过 5 000 元。第二,代理功能。持卡人可开办缴费通,每月自动由银行代收手机话费、电话费、网费等。第三,投资理财功能。持卡人可凭灵通卡办理银证通业务,进行股票、基金、外汇买卖。

牡丹国际信用卡是由中国工商银行发行的贷记卡,给予持卡人一定信用额度,持卡人可在信用额度内先消费后还款,境内外通用。

资料来源:中国工商银行网站(www.icbc.com.cn).

3. 大额可转让定期存单

大额可转让定期存单(Large-denomination Negotiable Certificate of Deposit, CD)是银行发行的定期存款凭证,其特点是不记名、金额大、期限较短(一般为 3~6 个月)、不能提前支取但可转让流通。大额定期存单于 1961 年首创于美国花旗银行,以后很快就流行于各国，现已成为西方商业银行吸收短期资金、进行负债管理的主要金融工具。

大额可转让定期存单与普通的银行定期存款单一样都属于银行的存款负债凭证。但是，两者又有着显著的区别。第一，定期存款单记名、不可流通转让；而大额定期存单不记名、可以流通转让，因而流动性更高。第二，定期存款单存款金额不固定，大小均可；而大额可转让定期存单面额较大，如在美国，大额可转让定期存单的面额通常是10万美元、50万美元与100万美元。第三，定期存款单利率固定；大额可转让定期存单利率既有固定的，也有浮动的，而且比同期限的定期存款利率高。第四，定期存款单可提前支取，提前支取时要损失一部分利息；而大额可转让定期存单不能提前支取，但可以转让流通。

4. 国库券

国库券（Treasure Bill）是指由一国财政部发行的期限不超过一年的短期证券，是国家为了弥补财政收支的不平衡而发行的以国家为债务人的短期信用凭证。在我国，人们习惯于将财政部发行的债券统称为国库券。但是在国外，只有期限在1年以下的债券才被称为国库券。本书所指国库券采用国际通行定义。国库券最早于1877年在英国出现，1929年12月美国第一次发行了国库券，我国第一次发行国库券的时间是1994年。

国库券一般不记名，不附息票，不载明利率，而是以低于票面金额的价格折价发行，到期按票面金额兑付，投资者收到的利息是票面金额与购买价格之间的差额。国库券的突出特点是：第一，低风险性，国库券期限短，而且有国家信誉作为担保，所以信誉程度高，风险小；第二，高流动性，由于国库券的低风险性，使它可销售性很强，流通转让非常方便，流动性很强。

5. 货币市场基金

货币市场共同基金（Money Market Mutual Funds，MMMF）是20世纪70年代在美国出现的一种新型投资理财工具。由于货币市场风险小而且收益稳定，是理想的投资场所。但是它交易金额大，一般中小投资者难以进入此领域获得收益。为了解决这一问题，货币市场基金应运而生。货币市场基金指众多中小投资者将其零散资金集中起来，交由专门的基金管理公司投资于货币市场中，赚取收益后按一定的期限及持有的份额进行分配的一种基金。

（二）长期金融工具

1. 股票

股票（Stock）是股份公司签发的，证明股东按其所持有股份享有权利和承担义务的所有权凭证。股票持有人即公司的投资者，是股东。和其他金融工具不同，股票是所有权凭证（其他金融工具都是债权凭证），它代表的是持有者对股份公司净收入和资产的要求权。

股票种类繁多，可以按不同的标准来划分不同的种类，最常见的分类包括如下几个。

（1）按股东权益不同分为普通股与优先股。普通股（Common Stock）是最普遍的股票形式，是股份公司最重要的股份，是构成公司资本的基础。普通股股东主要享有以下三方面的权利：一是对股份公司的经营决策权，即股东可参加股东大会，对公司重大经营决策问题进行表决，并选举董事等；二是对股份公司的利润和资产的分配权，股东可以从公司的利润中分配到股息，但股息大小不固定，随公司经营业绩的好坏而变化，在公司破产或解散时，还可分享公司的剩余资产；三是在公司增发新股时，有新股优先认购权。优先股(Preferred Stock)是公司在筹集资本时，给予投资者某些优惠权的股票。优先股股东主要在公司的收益分配和剩余财产分配上享有优先权。一般情况下，无论公司经营好坏、利润大小，都按固定比例领取股息。但优先股股东没有选举权与被选举权，对公司的经营等重大事件也没有投票权。将股票分为普通股与优先股是国际上流行的分类法。

举例　优先股

BCE 公司(一家加拿大公司)于 1997 年 12 月发行了优先股，该股票有如下特征。

发行面值为 25 加元/股。从 1998 年 1 月开始到 2002 年 12 月为止定期派发股利。股利固定，为每年 1.15 加元，一年分成 4 次发放，每次发放 1/4，即 0.2875 加元，发放时间为 3 月、6 月、9 月和 12 月的第一天。从 2003 年 1 月开始股利重新调整，按照当时公司的经营情况最大限度地派发股利，并于每月的 12 日派发。

在 2002 年 12 月以前该种股票都可向公司兑付，公司按照 25 加元加上未付的股利的价格收回股票。

资料来源：Personal Finance Kathleen H. Brown Thomas F. Chambers Elliott J. Currie Prentice Hall, 2002.

(2) 按持股主体不同分为国家股、法人股与个人股。这是我国特有的分类方法。国家股又称国有股，是指股份公司中国家所持有的股份，它是由国家直接投资所形成的股份。法人股是指股份公司中法人投资者所持有的股份。法人股又分为两种：一种是法人直接投资认购的原始股；另一种是法人从证券市场上购买的流通股票。个人股是指股份公司中个人投资者(包括社会公众与公司内部职工)所持有的股票。按照我国现行规定，只有个人股与上述第二种法人股可以在市场上买卖流通。

(3) 按上市地点、发行和流通结算货币的不同，股票又分为 A 股、B 股、H 股与 N 股。A 股是以人民币标明面值，在境内上市，以人民币认购交易，供境内外投资者买卖的股票。B 股是以人民币标明面值，在境内上市，以外币认购交易，供境内外投资者买卖的股票。H 股和 N 股分别是指由中国境内注册的公司发行，直接在香港和美国纽约上市的股票。

课堂练习

查阅资料，各举 2 个实例说明普通股、国家股、法人股、A 股、B 股、H 股与 N 股的特征。

2. 债券

债券(Bonds)是政府、金融机构、企业等发行人为筹集资金，按照法定程序发行，承诺按一定利率，在一定时期支付利息，并且到期偿还本金的一种债务凭证和有价证券。

通常而言，任何债券的票面上要包括如下 4 个要素：①债券的面值，面值的大小是债务人还本付息的依据；②债券的利率，是债券利息与票面价值的比率，它表示债务人对债权人借出资金使用权的报酬，债券利率对于筹资者(债券发行人)来说是筹资成本，利率越高负担越重，而对于购买者来说是投资收益，利率越高收益越大；③债券的偿还期限，它指从债券发行之日起到偿还本息为止的时间，是表明债权债务关系持续的时间；④债券发行者(筹资者)的名称。

问题

为什么不同的公司发行的债券利率会不相同？决定债券利率的因素有哪些？

(1) 债券的种类

债券的种类很多，常见的有如下分类。

按发行主体分类，可划分为政府债券、企业债券与金融债券。

政府债券是指中央政府、地方政府为筹集资金而发行的债务凭证，也称公债。它与前面所讲过的国库券最大的不同在于期限不同；公债期限较长，一般在一年以上，而国库券的期限较短，一般不超过1年，以3个月和半年居多。由于有政府的信誉作为担保，政府债券的风险小，但利率一般低于其他债券。

企业债券也称为公司债券，是企业为筹集资金而发行的债券。其风险高于政府债券。

金融债券是指金融机构发行的债券。其安全性介于政府债券与企业债券之间。

按利息支付方式分类，可划分为附息债券、贴现债券与一次还本付息债券。

附息债券是指票面附有息票的债券。一般按面额发行，按一定时间间隔(通常为半年)为一个付息期。息票上载有付息日期与金额，持票人凭此取息。

贴现债券是指在发行时从债券面值中先扣除利息，按低于面值的价格发行的债券，到期按面值支付本息的国债。贴现国债的发行价格与其面值的差额即为债券的利息。比如，某投资者以70元的发行价格认购了面值为100元的5年期的贴息债券，那么，在5年到期后，该投资者可兑付到100元的现金，其中30元的差价即为债券的利息。贴现债券一般为中短期债券。

一次还本付息债券是指在债券到期时一次性向持有人支付利息并归还本金的债券。

按利率是否可调整分类，可划分为固定利率债券与浮动利率债券。

固定利率债券发行时即确定利率，在整个期间利率不再调整的债券。

浮动利率债券是与固定利率债券相对应的一种债券。它是指发行时规定债券利率随市场利率定期浮动的债券，也就是说，债券利率在偿还期内可以进行变动和调整。浮动利率债券往往是中长期债券。浮动利率债券的利率通常根据市场基准利率加上一定的利差来确定。

按发行区域分类，可划分为国内债券与国际债券。

国内债券由一国政府、企业、金融机构在本国境内发行的、以本币计值的债券。

国际债券由一国政府、企业、金融机构在本国境外发行的、以某种外币计值的债券。

(2) 债券的特征

债券具有流动性、收益性、风险性与返还性几个特征。

流动性。债券有规定的偿还期限，短则几个月，长则几十年，到期前不得兑付。但是，债券持有人在到期前若需要资金时，可以到证券交易市场将其卖出，也可到银行以此作为抵押获得贷款。因此，债券具有及时转换为货币的能力，即流动性。

收益性。债券持有者既可按票面利率获取利息收益，也可在未到期前将债券卖出获得资本收益。

风险性。债券投资具有一定的风险。主要是：第一，因债券发行人破产到期不能兑付本息的风险；第二，在未到期前卖出债券时，卖出价小于买入价的资本损失的风险。

返还性。债券到期后必须还本付息。

举例　我国发行的几种债券

(1) 2001年11月,中国长江三峡工程开发总公司发行了一笔10年期浮动利率企业债券。该债券面值为100元,发行价100元,发行数量是10亿元,期限10年。发行对象为全国法人与自然人。经有关信用评级机构评定,信用等级为AAA级。该债券利息偿还方式采用到期一次偿付的形式。利率每年调整一次,每次调整的标准是该年的银行一年期存款利率加上1.75%。目前,该债券已在深圳证券交易所上市交易。

(2) 2000年4月,我国三大政策性银行之一的国家开发银行发行了一笔10年期浮动利率金融债券。该债券面值为100元,发行价100元,发行数量170亿元,发行对象为全国银行间债券市场成员。经有关信用评级机构评定,信用等级为AAA级。该债券利息偿还是采用到期一次偿还方式。利率每年调整一次,每次调整的标准是该年的银行一年期存款利率加上0.725%。目前,该债券已在上海证券交易所上市交易。

(三) 金融衍生工具

金融衍生工具(Financial Derivatives)是指在基础性金融工具,如股票、债券基础上派生出来的新型金融工具,其价值依赖于原生性金融工具,根据原生金融工具预期价格的变化定值。20世纪70年代以来金融衍生工具得到迅速的发展。由于20世纪70年代的高通货膨胀率以及各国普遍实行的浮动汇率制,使通货膨胀风险、利率风险和汇率风险显著增加,规避风险成为金融交易中的重要课题。同时,各国逐渐放松金融管制以及金融业竞争加剧使金融创新不断涌现。这诸多方面的因素,使得金融衍生工具迅速发展。

目前较为流行的金融衍生工具合约主要有金融期货合约(Futures)、金融期权合约(Options)、互换(Swaps)与远期合约(Forwards)几种。

1. 金融期货合约

金融期货合约又称为金融期货,是指买卖双方在交易所内以公开竞价的方式达成的,在将来某一特定时间交割标准数量的金融商品的合约。

金融期货具有以下几个特征。

(1) 金融期货的交易对象是某种金融工具凭证,如外汇、股票指数、利率等。由此形成的期货分别称为外汇期货、股票指数期货与利率期货等。

(2) 金融期货的交易过程在现在完成,但是在未来某个特定的时间(由合约规定)进行交割。

(3) 金融期货的交易价格是市场价格,是期货价格,并不是其交易对象(如外汇、股指和利率)的价格。

举例　外汇期货交易

英镑期货是全球最大的期货交易所——美国芝加哥期货交易所交易的主要外汇期货。每张英镑期货合约面值25 000英镑,其期货价格以美元标价。某投资者在9月份预测其期货价格在未来3个月内将走高,于9月某日以1GBP=1.422USD的期货价格买进英镑期货合约1份。在12月份时,英镑期货价格变为1GBP=1.432 0USD,该投资者卖出该期货合约,共获利(1.432 0−1.422 0)×25 000=250(美元)。

2. 金融期权合约

金融期权合约又称为金融期权，是指在未来特定的期限内，按照特定的协议价格买卖商品的选择权。

金融期权是一种选择权，期权的买方在向期权的卖方支付一定数量的保证金后，就取得在规定的时间内按协议价格向期权卖方购买或出售特定数量的金融商品的权力。对于期权的买方来说，期权是一种权利，他可以在到期前的任何时候行使、放弃、转让这种权利，其最大的损失是期权费；对于卖方来说，期权是一种义务，卖方必须承担到期或到期前履约的义务。

3. 互换

互换是一种经双方商定在一定时间后彼此交换支付的金融交易，主要类型有货币互换与利率互换。货币互换是指交易双方交换不同币种、相同期限、等值资金的债务或资产，目的在于避免融资过程中的汇率风险。利率互换是指交易双方在币种相同的情况下，交换不同形式的利率。

4. 远期合约

远期合约是指合约双方约定在未来某一时间按约定的价格买卖约定数量的相关资产的合约。远期合约主要有远期利率合约和远期货币合约两种。

第三节 货币市场

一、货币市场的特征

货币市场(Money Market)是进行一年以内的短期资金融通市场。货币市场是整个金融市场体系中最基本的子市场，对各经济部门融通短期资金、缓解经济运行中短期资金供求的矛盾有十分重要的作用。更为重要的是，它是中央银行实施货币政策的场所，货币市场的健全与否直接关系到货币政策的实施效果。

货币市场的主要特征如下。

第一，交易期限短。货币市场是进行短期资金融通的市场，其交易工具的偿还期一般为1年或1年以下，期限短的只有1天，以3～6个月居多。

第二，交易的目的主要是短期资金周转需要，一般是为弥补流动资金不足。

第三，交易工具的风险小，流动性强。由于期限短，因而价格波动不大，风险较小，投资者受损失的可能性小，但相对来说收益没有资本市场大。持有人在偿还期以前可以随时出售兑现，因此流动性强。

第四，货币市场是批发市场，交易金额大，参与者主要是机构投资者，包括商业银行、中央银行、公司、政府部门，以及保险公司、基金等。个人投资者很少涉及。

二、货币市场的构成

货币市场主要由银行同业拆借市场、票据市场、国库券市场、回购协议市场、大额可转让定期存单市场与货币市场基金等组成。

（一）银行同业拆借市场

银行同业拆借市场是银行与银行之间、银行与非银行金融机构之间相互融通短期资金的市场。不同的金融机构在日常经营活动中总会出现资金和准备金收支不能完全相等的情况，有的收入大于支出，出现“多头”情况，需要将多余资金拆出以增加收益；有的支出大于收入，出现“空头”的情况，需要拆进资金，由此产生了银行同业拆借市场。在这个市场中相互拆借的资金主要是各级银行和其他金融机构经营过程中暂时闲置的资金和准备金，拆借的目的是为了补足存款准备金和轧平交换头寸。近年来，我国银行同业拆借市场有了较大的发展，参加者不仅包括商业银行，也包括证券公司、信托投资公司、保险公司等非银行金融机构。

1. 同业拆借市场的特点

(1) 拆借期限短。有 1 日拆借，即当日拆入，次日偿还；有 2 天至 30 天的拆借；有 3 个月拆借，同业拆借的期限一般不超过 6 个月。

(2) 拆借利率是市场利率，由当日的资金供求情况自行决定。

(3) 拆借资金的数额比较大。

2. 同业拆借市场的拆借利率

同业拆借利率是市场利率，它直接由金融市场上资金供给关系决定，每时每刻都在变化。它是货币市场的核心利率，也是一国最重要的市场利率之一，是整个利率水平走势的风向标。在国际金融市场上，有代表性的同业拆借利率有三种：伦敦银行同业拆借利率(LIBOR)、新加坡银行同业拆借利率(SIBOR)、香港银行同业拆借利率(HIBOR)，其中以伦敦银行同业拆借利率影响最大。LIBOR 是指在伦敦的货币市场上大银行之间相互拆借英镑、欧洲美元及其他货币的利率，拆借期限有 1 个月、3 个月、6 个月等。它是国际金融市场上的基准利率，许多国际间的借贷活动均以此利率作为基准利率。

表 6-1 是 2004 年 5 月 14 日伦敦银行(美元)同业拆借利率。

表 6-1 伦敦银行同业拆借利率(LIBOR)

币种	隔夜	1 周	1 个月	2 个月	3 个月	6 个月	12 个月
瑞郎	—	—	—	—	—	—	0.003 4
欧元	—	—	—	—	0.013 6	0.070 7	0.198 6
英镑	0.48	0.486 9	0.503 5	0.537 6	0.569 5	0.679 5	0.962 1
日元	0.036 4	0.04	0.070 7	0.087 9	0.095	0.140 9	0.259 7
美元	0.121	0.141 5	0.177 8	0.221 5	0.273 1	0.401 9	0.699 9

注：2015 年 1 月 9 日数据。

资料来源：根据新浪财经网(http://finance.sina.com.cn/money)提供的数据整理.

3. 我国的同业拆借市场

1996 年 1 月 3 日，我国的同业拆借市场成立并开始运行。这一市场由两级网络组成：一级网络为中国人民银行总行直接管辖的全国性交易网络，由国有商业银行总行、股份制商业银行总行和省级融资中心组成，总部设在上海，实行计算机联网交易方式；二级网络由各地的融资中心及省、市级的银行分支机构组成。此后，银行同业拆借市场不断发展，现在，除商业银行可在该市场交易外，证券公司、信托投资公司、保险公司等非银行金融机构也可参与其中进行资金拆借活动。目前，利用全国银行同业拆借中心交易系统进行交易的市场成员达到 889 家，成员结构如表 6-2 所示。拆借利率已实现市场化，有 1 天、7 天、20 天、30 天、60 天、90 天和 4 个月七个交易品种。

表 6-2　全国银行同业拆借市场的成员数量与结构

数量	国有独资银行	股份制银行	政策性银行	城市商业银行	商业银行授权分行	外资银行	金融租赁公司	保险公司	证券公司	投资基金	农信社	其他
889	4	11	2	108	125	43	3	21	79	120	266	107

资料来源：中国货币网(www.chinamoney.com).

以下是 2004 年 8 月 27 日我国银行同业拆借市场拆借情况。表 6-3 反映了市场总体的成交情况。表 6-4 反映了 1 天、7 天、14 天、21 天几个拆借品种的成交情况。表 6-5 反映了当天成交的成员情况。

表 6-3　市场成交情况

成交笔数/笔	增减/笔	成交量/亿元	增减/亿元	加权平均利率/%	升降/基点	参与成员数/家
31	+9	52.3301	+32.0601	2.4105	+4.67	47

表 6-4　各期限品种成交情况

品　种	开盘利率/%	收盘利率/%	最高利率/%	最低利率/%	加权利率/%	升降/基点	成交笔数/笔	成交量/亿元	增减/亿元
IBO001	2.2500	2.2000	2.2800	2.1800	2.2490	+224.90	5	11.4500	+11.4500
IBO007	2.2300	2.4000	4.3200	2.0000	2.4592	+11.01	21	39.7101	+24.3401
IBO014	2.2700	2.2000	2.2700	2.2000	2.2209	−5.18	3	0.7700	−3.6300
IBO021	2.3300	2.8000	2.8000	2.3300	2.5650	+256.50	2	0.4000	+0.4000

表 6-5　交易成员分类成交情况

成员类别	拆入笔数/笔	拆入量/亿元	占拆入总量比例/%	拆出笔数/笔	拆出量/亿元	占拆出总量比例/%	净拆入/拆出/亿元
全国性商业银行	4	15.5000	29.62	22	50.3601	96.24	(拆出) 34.8601
外资银行	12	3.3000	6.31	8	1.7700	3.38	(拆入) 1.5300
农村信用联社	1	0.2000	0.38	1	0.2000	0.38	0.0000
其他金融机构	14	33.3301	63.69	0	0.0000	0.00	(拆入) 33.3301

资料来源：中国货币网(www.chinamoney.com).

（二）票据市场

票据市场包括单纯融资性的商业票据市场和票据贴现市场。在我国，票据市场主要是指贴现市场。本节主要介绍贴现市场。

1. 票据贴现的定义与性质

票据贴现是银行的一项古老的业务，指商业汇票的持票人在需要资金时，将其持有的未到期商业票据转让给银行，银行从票面金额中扣除贴息后将余款支付给持票人的行为。贴现又分为一般贴现、转贴现、再贴现三种，具体内容见第四章"商业银行业务"。

票据贴现是票据持有者将票据转让给贴现银行，以取得资金。从表面上看是一种票据转让行为，但其性质是银行买入未到期票据，体现了贴现银行对贴现申请人的授信行为，实际上是将商业信用转化为银行信用。

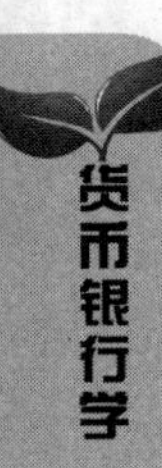

票据贴现属于银行的资产业务，但与一般的银行贷款不同，其主要区别如表 6-6 所示。

表 6-6 票据贴现与银行贷款的主要区别

种 类	法律关系	流动性	融资期限	利率水平	收息方式	资金所有权
贴现	体现贴现银行对票据上债权的买卖关系	在票据到期之前可以转让（转贴现与再贴现），比较灵活	贴现期限短，3～6 个月	贴现利率较低	一般是未用款，先付息，贴现利息在贴现日先从票面金额中扣除	银行用资金买入票据已获取债权
银行贷款	体现贷款银行与借款人的借贷契约关系	必须到期才能收回本息	贷款期限较长，有短期贷款 1 年以下，也有中长期贷款	贷款利率较高	先用款后计算，贷款利息到期收取	借款人只有资金使用权，到期应归还借款资金，资金所有权仍属银行

2. 贴现金额的计算

票据贴现金额是票据贴现时银行支付给贴现申请人的金额，贴现利息是银行从票面金额中扣除的利息。计算公式如下：

$$贴现利息 = 票面金额 \times 贴现率 \times 未到期天数/360 \tag{6-1}$$

$$\begin{aligned}贴现金额 &= 票面金额 - 贴现利息\\ &= 票面金额 \times (1 - 贴现率 \times 未到期天数/360)\end{aligned} \tag{6-2}$$

其中，未到期天数是指从票据贴现之日起到票据到期日为止，贴现率由市场决定。

课堂练习

(1) 某年 5 月 20 日，一企业持有一张 100 万元的银行承兑汇票去银行请求贴现，该票据于该年 8 月 20 日到期，当时的贴现率是 10.2%，求贴现利息与贴现金额。

(2) 持票人持一张面额为 10 万元的票据去银行贴现，年贴现率为 6%，还有 60 天到期，问：银行付的贴现金额为多少？

3. 西方国家票据贴现市场介绍

在西方,不同国家的票据贴现市场的融资规模、结构状况及贴现政策各不相同,因而票据市场也具有不同的运行特点。现在以英国为例加以介绍。

英国票据贴现市场历史悠久,在金融市场中的地位非常重要。20 世纪 50 年代以前,票据贴现市场是英国唯一的短期资金市场。尽管之后货币市场增加了银行同业拆借、欧洲美元、可转让大额定期存单等子市场,但票据贴现市场在英国货币市场中仍居核心地位。

英国票据贴现市场的参与者有票据贴现所、承兑所、企业、商业银行与中央银行——英格兰银行。票据贴现所在贴现市场上起着极为重要的作用,成为英国贴现市场的一大特点。票据贴现所共有 13 家,主要业务是接受客户(主要是企业)的商业票据,为其办理贴现,同时将手中持有的未到期票据拿到商业银行或中央银行那里去办理转贴现与再贴现。由于英格兰银行只对贴现银行所办理再贴现,所以英国中央银行的再贴现政策能否发挥作用,主要靠贴现所这个窗口来实现。

4. 我国票据贴现市场的形成与业务

我国的票据贴现市场最早起步于 20 世纪 80 年代初,1984 年 12 月,人民银行总行下发了《商业汇票承兑、贴现暂行办法》后,商业汇票的贴现业务在全国推开。1986 年中央银行总行正式开办了对商业银行的再贴现业务。1996 年 1 月 1 日开始执行的《中华人民共和国票据法》使票据市场业务有了一定的发展。各商业银行纷纷制定了《商业汇票承兑、贴现办法》及实施细则,人民银行一级分行结合本地实际,制定了《再贴现业务管理办法》及业务操作规程,开办了再贴现窗口。目前,几乎所有的商业银行均开设了票据承兑、贴现、转贴现与再贴现业务。以商业汇票为主要内容的票据贴现市场已达到一定规模。

但总的来说,我国票据贴现市场仍不发达。我国至今没有票据交易市场,企业持有的汇票只能向银行贴现,商业银行也只能向中央银行办理再贴现。当前,票据业务主要集中于经济比较发达、市场化程度高的地区。2013 年,全国金融机构累计贴现达 45.7 万亿元,期末贴现余额达 2 万亿元。

(三) 国库券市场

国库券市场是国库券进行发行、交易和转让的市场。国库券每周每月都有发行,新旧未到期的国库券都能在国库券市场上交易、买卖。由于国库券期限短、安全性好,广受投资者欢迎。在西方国家,国库券市场是最重要的货币市场之一。

1. 国库券的发行

(1) 国库券的发行程序

国库券发行的典型方式是拍卖,即通过公开招标发行。以美国为例,国库券发行由财政部主持,分为竞争性投标与非竞争性投标两部分。非竞争性投标一般是小投资者,只提出购买数量,购买价格按照竞争性价格的平均数从中央银行购买一定数量的国库券。从总拍卖金额中减去非竞争性投标数量后,余额按投标者的竞争性报价从高到低分配给竞争性投标者。按照这种方式,各竞争性购买者的购买价格与收益是不相同的,出价越高的购买者购得的数量越多,最后将出现多个购买价格。

(2) 国库券的发行价格

国库券一般不记名,不附息票,不载明利率,而是以低于票面金额的价格折价发行,到期按票面金额兑付。国库券的发行价格一般采用贴现价格,即发行是以低于票面金额发行,到期按面额兑付发行价格与票面面额之差为国库券的利息。

发行价格的计算公式如下:

$$发行价格 = 面值 \times (1 - 贴现率 \times 发行期限/360) \quad (6\text{-}3)$$

例如:现财政部发行新的国库券,面值为 100 元,票面利率(贴现率)为 3%,期限为 60 天,则其发行价格为:100×(1−3%×60/360)=99.5(元)。

反过来,若已知国库券面值与发行价格,则国库券的票面利率(贴现率)计算公式如下:

$$票面利率 = \frac{面值 - 发行价格}{面值 \times 发行期限/360} \quad (6\text{-}4)$$

投资者陈先生以 98 元的发行价格认购了面值为 100 元的国库券 5 张,期限为 90 天,在 90 天后,他可按面值 100 元兑付。问该国库券的票面利率为多少?

2. 国库券的流通

国库券的流通是指国库券的转让、买卖交易活动。在国库券流通市场上,参与者有证券商、商业银行、中央银行、企业与个人投资者。买卖的国库券都是已发行而未到期的国库券。

国库券在二级市场上的流通仍然按贴现方式进行。转让金额的计算公式如下:

$$转让金额 = 国库券面值 - 贴现利息 \quad (6\text{-}5)$$

$$贴现利息 = 国库券面值 \times 贴现率 \times 未到期天数/360 \quad (6\text{-}6)$$

3. 我国的国库券市场

我国从 1981 年恢复发行国库券。但是在 1994 年以前,我国发行的国库券只是中长期国债,而不是规范意义上的国库券。1994 年年初,为配合中央银行的公开市场操作,我国采用无纸化方式,向银行、证券公司等金融机构发行了两期国库券。1996 年,又发行了期限为 3 个月的国库券品种,同时发行了 6 个月和 1 年期的国库券。自 1998 年开始,我国停止了票面式国库券的发行。2003 年,财政部第一次按年公布国债发行计划。

从 1988 年我国开始建立国库券二级市场,目前已基本形成了交易所交易和柜台交易两种市场交易体系。交易所市场包括上海、深圳证券交易所和十几家省、市证券交易中心(如武汉证券交易中心)。交易所交易的国库券数量大,主要面向机构投资者。柜台交易在银行、证券公司均可进行,主要面向个人。

(四) 回购协议市场

1. 回购协议的性质与交易程序

回购协议(Repurchase Agreements, Repo)是按照交易双方的协议,由卖方将一定数量的证券卖给买方,同时承诺若干日后按照约定价格将该种证券如数买回的协议。其具体业务流程如图 6-5 所示。从图中可见,回购协议的卖方即回购方,实际上是借款人,将一定数量的证券出售以获得资金；回购协议的买方是贷款人。回购方到协议约定的日期时，按约定价格购回证券，卖价与回购价之差就是借款利息。回购实质上是一种以证券为质押品的短期资金融通方式。无论在我国还是在西方国家，国债都是主要的回购对象。

回购协议卖方（又称借款人、回购方） —出售证券获得资金→ 回购协议买方（又称贷款方）
回购协议买方（又称贷款方） —买入证券贷出资金→ 回购协议卖方（又称借款人、回购方）

图 6-5　回购协议业务流程图

回购协议为回购卖方提供了一条有效的筹措资金的方式，使回购方可以避免因急于变现而在市场低迷的情况下放弃优质债券资产的损失。对买方来说，由于有证券作抵押，风险小，是一条不错的短期投资方式。所以，回购是一种安全有效的短期融资工具，投资者和筹资者都愿意利用它来投资或融资。

2. 我国的回购协议市场

我国的国债回购业务开始于 1991 年。最初，国债回购采取场外交易的方式，集中在地方性的证券交易中心进行，如天津证券交易中心、武汉证券交易中心等。自 1995 年起，国债回购的场内交易量迅速增长，越来越多的回购业务在上海证券交易所和深圳证券交易所内进行。1997 年，为了防范金融风险，规范和引导银行资金的流向，中国人民银行规定将回购市场分为两部分：一个是通过两大证券交易所的国债回购市场，参与者主要是券商、机构投资者与个人投资者；另一个是通过全国银行同业拆借市场的国债回购市场，参与者主要是商业银行和其他非银行金融机构。不管是哪个市场，回购主要交易品种是国债，融资期限均为短期，包括 1 天、7 天、14 天、21 天、1 个月、2 个月、3 个月和 4 个月。

（五）大额可转让定期存单市场

1. 大额可转让定期存单的产生

大额可转让定期存单市场是发行和交易可转让大额定期存单的市场。可转让大额定期存单首创于美国，是美国银行界为逃避“Q 条例”而推出的一项具有重要意义的金融创新。20 世纪 50 年代后期，美国货币市场利率上升，而银行存款利率由于受到美联储“Q 条例”的限制，低于市场利率。存款人纷纷把资金从银行撤出，转而投资于金融市场，造成商业银行资金来源急剧下降。为此，一些商业银行开始进行存款金融工具的创新，设计了一些新的类似于货币市场工具的存单，开辟新的资金来源渠道。花旗银行于 1961 年首先推出可转让大额定期存单，在数月之内，这种存单就成为美国货币市场上的重要工具。

1968 年，英国开始发行这种存单；1973 年，日本开始发行这种存单。目前，西方各国的商业银行都开办了这种业务。

2. 我国的大额可转让定期存单市场介绍

我国于 1986 年上半年起由中国银行和交通银行首次发行可转让大额定期存单。中国人民银行颁布的《大额可转让定期存单管理办法》规定：我国可转让存单分为对个人发行和对单位发行两种。对个人发行的存单，面额为 500 元、1000 元和 5000 元三种；对单位发行的存单，面额为 1 万元、5 万元、10 万元、50 万元与 100 万元等。存单期限有 1 个月、3 个月、

6个月、9个月与12个月。存单的利率由人民银行制定出最高限度，各发行银行在这个限度内自行调整，一般比同期定期存款利率上浮1～2个百分点。存单不能提前支取，到期一次还本付息，逾期不计利息。后来因多种原因我国于1996年取消了该项业务。

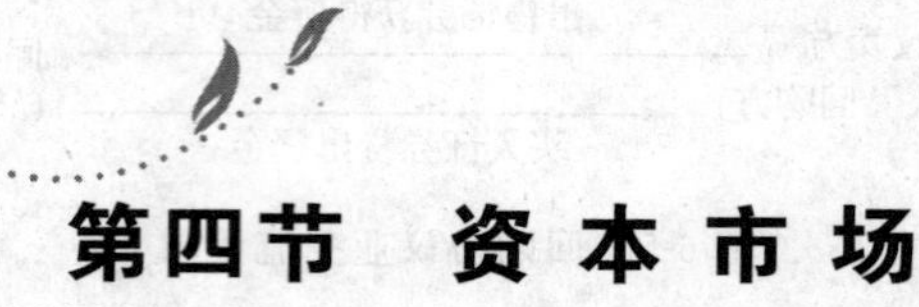

第四节　资本市场

发达的市场经济国家的资金融通主要通过短期资金市场(货币市场)与长期资金市场(资本市场)来完成。资本市场主要包括股票市场、债券市场、投资基金市场等。

一、资本市场的特征

资本市场是融资期限在1年以上的长期资金交易市场，交易的主要金融工具是中长期债券、股票、基金与银行中长期贷款。其主要特征有以下几个：①交易工具期限长，至少在1年以上，最长可达数十年，甚至没有期限(如股票)；②交易的目的主要是解决长期投资性资金供求矛盾，充实固定资产；③融资数量大，以满足长期投资项目的需要；④其交易工具与货币市场交易工具相比收益高，但风险高，流动性相对小。主要交易工具有股票、中长期债券、基金与银行中长期贷款。

二、股票市场

股票市场包括股票的发行与流通市场。

(一) 股票的发行

1. 股票发行地点：发行市场

股票发行市场是通过发行股票进行筹资活动的市场，又称为初级市场与一级市场，它一方面是资本需求者筹集资金的场所，另一方面又是资本提供者的投资场所。在我国，发行一般在各承销商内部完成，因此发行市场不像交易市场那样引人注目，但是它在整个金融市场中的地位却是至关重要的，因为在直接金融中，资金由盈余单位向短缺单位的转移正是通过发行市场来完成的。

发行市场主要由证券发行者、承销机构及投资者组成。

证券发行者又称为发行主体，是指为筹集资金而发行股票的股份公司。它们是资金的需求者。

承销机构即证券承销商，它们是发行市场的媒介人，是经营承销业务的中介机构。由于股份公司发行的股票数量巨大、发行程序复杂，因此一般由某种机构专门代为销售，这类机构是承销商。承销机构在各国不完全一致，主要由投资银行、信托投资公司、证券公司来担任。

投资者即发行股票的购买者。它们是资金的供给者。主要有：社会公众、企业法人单位、投资基金、证券公司与信托投资公司等金融机构、国外投资者等。

2. 发行方式

股票发行的方式有多种,结合我国实际,常见的有以下两种。

(1) 私募与公募

私募与公募是按发行对象不同来划分的。私募(Private Placement)又称非公开发行,即公司向特定的少数投资者发行股票。公募(Public Placement)又称公开发行,是以非特定的广大投资者为发行对象,按统一条件向社会公开发行股票。公开发行所能筹集到的资金数量大,且可以上市流通、转让,因此,虽然手续复杂、费用较高,多数公司还是愿意采用公募发行。

(2) 直接发行与间接发行

直接发行与间接发行是按是否有中介机构协助来划分的。直接发行是指发行人不通过股票发行中介机构直接向投资者销售股票。私募发行的股票通常采用直接发行的方式。间接发行是指通过股票发行中介机构即承销商向社会发行股票。公募发行的股票通常采用间接发行的方式。根据我国《公司法》规定,股票的发行只允许采用间接发行方式,即只要是公开发行的股票,都应当由依法设立的证券商承销。

承销商对股票的承销方式又分为以下三种。

第一,全额承销。承销商以某一承销价格向发行股票的公司买断所有新发行的证券,再以比承销价格高一些的公开发行价格将证券出售给普通投资者,其间的价差,就是承销商的收入。如果证券未能以公开价格全部销售出去,其损失完全由承销商承担。因此,在这种方式下,承销商承担了全部的发行风险。

第二,余额包销。承销商全力进行销售,尽可能地将证券销售出去,未销售出去的余额由承销商自己买进。承销商只承担部分的发行风险。

第三,代销。承销商只是接受公司委托,在一定时期内代理发行股票,承销商尽力推销,但不是包销,发行期满,未发售出去的股票将退还给公司,承销商没有任何发行风险。

我国的情况是,股票发行通常采用"公开发行,承销商全额承销"的方式。

3. 发行价格

股票的发行价格是指股票发行者将股票出售给投资者时的价格。发行价格一般有三种:①平价发行,指发行价格与面额一致;②溢价发行,指发行价格高于面额;③折价发行,指发行价格低于票面金额。根据我国《公司法》规定,股票不能以低于股票面额的价格发行。

以下是某股份公司股票发行时发行价格确定情况。

4. 发行程序

股票发行的程序一般是:制订新股发行计划;形成董事会决议;选定中介机构;申请股票发行,编制股票发行申请书和股票募集书;承销商按协议进行股票发行;投资者认购股票。具体程序如图 6-6 所示。

(二) 股票的交易

1. 股票的交易地点:交易市场

证券交易市场又称二级市场,是已发行的证券在投资者之间进行买卖、转让和流通的市

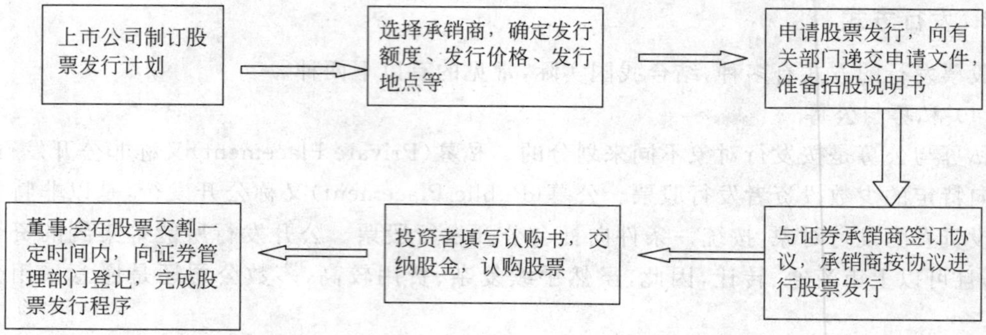

上市公司制订股票发行计划 → 选择承销商，确定发行额度、发行价格、发行地点等 → 申请股票发行，向有关部门递交申请文件，准备招股说明书 → 与证券承销商签订协议，承销商按协议进行股票发行 → 投资者填写认购书，交纳股金，认购股票 → 董事会在股票交割一定时间内，向证券管理部门登记，完成股票发行程序

图 6-6　股票发行程序

场。值得注意的是，在流通市场上销售股票的收入属于出售股票的投资者，而不属于发行该股票的公司。二级市场为一级市场上发行的股票提供流动性，使资金流向价值最优的地方。

证券交易市场一般有两种形式：证券交易所与场外交易市场。

(1) 证券交易所

证券交易所是集中交易已发行证券的场所，又称为场内交易市场，是证券交易市场的核心。目前，发达国家和经济高速发展的国家普遍都设有证券交易所，例如美国主要的证券交易所包括纽约证券交易所、全美证券交易所两大交易所，以及场外交易的纳斯达克证券市场，此外，还有 7 家区域性交易所，其中纽约证券交易所是世界上最大的证券交易所。英国有 7 家证券交易所，其中最大的伦敦证券交易所是世界上最早的证券交易所，成立于 1773 年。其他比较著名的交易所还有东京证券交易所、巴黎证券交易所、香港联交所等。

在交易所进行交易的证券称为上市证券。上市证券必须符合交易所规定的各项上市标准。一般来说，越著名的交易所，对上市证券的限制越是严格。例如，纽约证券交易所对美国国内公司上市的要求包括：公司最近一年税前盈利不少于 250 万美元，社会公众拥有该公司的股票不少于 110 万股，公司至少有 2 000 名投资者，公司的有形资产净值不少于 4 000 万美元等。

需注意的是，证券交易所本身并不参与证券的买卖，它只是一个服务机构与自律机构。交易所的基本职能是：第一，提供一个设施齐全的场所，供买卖双方聚集在一起进行交易，证券交易所是证券交易的中介机构，只为买卖双方创造交易条件，提供各种服务，如电脑系统、交易显示系统、清算系统等；第二，制定各项规章制度，对交易主体、交易对象和交易过程进行严格管理，维持市场稳定与公平；第三，收集和发布各项信息，证券交易所是一个公开的市场，为了使投资者能够做出正确的投资决定，证券交易所要求所有的上市公司必须定期地公布财务状况和经营情况，并编制各种行情表与统计表，向公众公布；第四，仲裁证券交易过程中发生的各种纠纷。

我国目前有两家全国性的证券交易所——上海证券交易所与深圳证券交易所，它们于 1990 年成立，按照国际运行的会员方式组成，为非营利性的事业法人。

(2) 场外交易市场

场外交易市场是在证券交易所大厅以外进行各种证券交易活动的市场的总称。股票交易之所以采取场外交易的方式，主要是因为股票在交易所上市交易必须达到一定要求，而有的股票达不到上市要求。此外，随着新的通信技术的发展，因特网的大量采用，许多交易可以由自营商通过计算机、电话、电传等直接交易。场外交易市场分为以下几种。

第一,柜台交易市场(Over-the-Count,OTC),又称店头市场,是指证券交易不在证券交易所而是在证券公司开设的柜台上进行,交易的证券是已公开发行但还未在证券交易所上市的证券。柜台市场没有统一集中的固定场所,没有像交易所那样严格的入场限制。证券交易所通常被称为第一市场,柜台交易市场通常被称为第二市场。

第二,第三市场。第三市场是"已上市证券的场外交易市场",是指已在证券交易所上市证券却在证券交易所以外的地方进行交易的证券市场。第三市场交易的证券为证券交易所已获准上市的证券。第三市场产生于20世纪60年代,最初由一些不是交易所会员的投资者和证券商,为了交易方便灵活而开辟的一种直接交易形式。后来许多有会员资格的证券商也加入到该市场中来。

第三,第四市场。第四市场是投资者(主要是机构投资者)绕开证券商,彼此通过计算机网络直接进行交易的市场。这是近年来国际上流行的场外交易方式,参与第四市场进行证券交易的都是一些大企业、大公司。在美国,第四市场日益繁荣,成为成长最快的市场。

举例　我国目前的资本市场体系

我国目前的资本市场体系主要由主板市场、二板市场与三板市场构成。

(1) 主板市场(集中交易市场):上海证券交易所与深圳证券交易所,主要为经营业绩优良的大型企业和公司融资服务。

(2) 二板市场(中小企业市场):设于深圳证券交易所,相对于主板市场而言,服务的对象主要是中小型企业和高科技企业。

(3) 三板市场(场外交易市场):包括"代办股份转让系统"和地方产权交易市场。"代办股份转让系统"是根据中国证监会解决历史上遗留问题的既定政策,2001年6月由中国证券业协会对原STAQ、NET系统挂牌公司,在未上市前的股份转让做出的安排。即证券业协会选定6家券商,利用其下属的318家分布在全国各地的证券营业部,每周5次对其股票进行代办转让。2006年1月,中关村科技园区非上市股份有限公司股份报价转让系统("新三板")正式推出,是国内证交所主板、中小板及创业板市场的补充。2006年10月25日,中科软和北京时代正式公告定向增资,这标志着新三板融资大门正式打开。之后,新三板的定向增发大约每年放行1~2家。2009年年底,管理层总结了试点期间的做法,确定三项定向增发原则:新老股东双赢、增资数额根据公司发展需要确定和券商把关,宣告新三板定向增资制度日渐明朗。截至2014年年底,新三板市场挂牌公司达到1 579家,2014年期间,新三板市场的总成交量为22.82亿股,总成交额为130.36亿元,融资金额达到130.92亿元。

2. 股票的交易价格

股票的交易价格是股票在流通市场上的买卖价格。其最大特征是处于不断的变动中,随股票市场的供求关系变化而变化。投资者正是利用股价变动这一特点,通过不停地买卖股票而获得差价收益。

(1) 股票交易的理论价格

从理论上看,股票代表的是持有者的股权,表现为股息和红利收入。股票的理论价格就是为获得这种股息、红利收入而付出的代价。因此,股票的理论价格公式为:

$$股票理论价格 = \frac{股息红利收益}{利息率} \tag{6-7}$$

从式(6-7)可见，股票交易的理论价格取决于两个因素：一是股票的预期股利收益；二是市场利率。理论价格与前者成正比，与后者成反比。现实中，股票的市价一般不等于股票的理论价格，但理论价格是决定股票实际交易价格的一个基本因素，是预测股市价格变动的重要依据。

(2) 影响股票实际价格的若干因素

在现实中，股票的交易价格总是处于不断的波动中，其影响因素具有多样性与复杂性。

- 宏观经济因素。宏观经济因素对股价有着普遍影响。主要包括经济增长率、经济周期、货币供应量大小、利率、投资与消费、物价、国际收支、汇率等。
- 政治因素。政治因素主要包括战争、政局、国际形势、劳资纠纷等，它们直接影响经济环境或对公司经营产生直接影响。
- 行业因素。公司股价与其所在行业的行业生命周期、行业景气变动等密切相关。
- 社会心理因素。投资者的心理状况对股票价格的影响往往举足轻重。在非完全有效的市场上，由于信息的不充分，投资者对市场的判断往往与主观因素不一致，容易出现大量买进或大量抛售的情况(羊群效应)，导致股价的剧烈波动。
- 公司自身的因素。公司本身的经营状况及其发展前景，直接影响到该公司的股价。公司自身因素主要有公司盈利水平、股利分配政策、公司投资决策、产品市场前景、企业竞争能力等。
- 其他因素。

问题

下述观点是否正确？为什么？

既然企业只在发行市场上发行股票获得资金，流通市场上的交易是投资者之间的事，那么，企业管理者就不必为本企业股票在流通市场上的涨落而操心。

3. 股票投资的收益

人们买卖股票主要是为了获取收益。股票能带来的收益有如下两种。

第一，现金股利收益，是指投资者以股东身份，按照持股数量，从公司盈利的现金分配中获得的收益。具体包括股息与红利两部分，合称“股利”。股利不是固定不变的，它由公司经营状况好坏以及公司未来发展规划而定，因此，投资者的股利收益不是固定的。

第二，市价盈利，又称“资本利得”(Capital Gain)，即买卖股票所获取的差价。股票最重要的魅力在于可能获得的巨额的资本利得。

考虑股票的股利收益与市价盈利，投资者买卖股票的收益率计算公式如下：

$$股票收益率 = \frac{股票卖出价 - 股票买入价 + 股利收入}{股票买入价} \times 100\% \tag{6-8}$$

课堂练习

投资者张女士去年投资1万元购买了若干股某种股票，今年以1.5万元将其全部卖出。其间获股利收入0.2万元。假设其他税收不计，计算该投资者投资于该股票的收益率。若她以 0.9 万元的价格卖出呢?

4. 股价指数

在股票交易市场上,有成百上千的股票在进行不断的买进卖出,各种股票的价格各异,因此用一种股票的价格不能反映整个股票市场的价格变动情况。必须有一个总的标准,来全面反映股票市场价格走势,这就是股价指数。

(1) 定义

股票价格指数(Stock Price Index)是用来反映股票市场中股票价格总体水平变动的指标。通常是用报告期的股票价格与选定的基期价格相比,反映报告期的股价总水平相对于基期价格的变动情况。由于股价指数选取的是股票市场上不同行业中最具代表性的重要股票作为样本进行计算,因此它能够客观、灵敏地反映出股票价格的变动情况。

(2) 编制

世界上大多数国家的股票交易所均采用加权平均法来编制股价指数。如美国的标准普尔指数、巴黎证券交易所指数、德国商业银行指数、东京股票交易所指数等。其计算公式如下:

$$I=\frac{\sum P_i \times W_i}{\sum P_0 \times W_i} \times I_0 \tag{6-9}$$

式中: I 表示股价指数; P_i 表示组成股价指数的各种股票的报告期价格; P_0 表示组成股票价格的各种股票的基期价格; i 表示组成股价指数的各种股票种类数; W_i 表示组成股价指数的各种股票的上市总量,即权数; I_0 表示基期股票价格指数。

(3) 世界上几种重要的股价指数

最负盛名的、历史最为悠久的是道·琼斯股票价格平均指数(Dow-Jones Averages, DJA)。该指数分为四组:道·琼斯 30 种工业股价指数,由 30 家有代表性的大工业公司的股票组成,如埃克森石油公司、通用汽车公司和美国钢铁公司的股票;道·琼斯 20 种运输业股价指数,由 20 种运输业中有代表性的大公司的股票,如泛美航空公司、环球航空公司等;15 种公用事业股价指数,由 15 家大的公用事业公司的股票组成,如美国电力公司、煤气公司等;包括上述 65 种股票的综合股价指数。被经常引用的是第一种与第四种。现在的道·琼斯股票价格平均指数以 1928 年 10 月 1 日为基期,基期的平均数为 100。如某一天的道·琼斯指数为 12 000,表示该日的股票平均价格是 1928 年 10 月 1 日的 120 倍。

其次是美国的标准普尔股价指数(The Standard and Poor's Indexes)。它是由标准普尔公司编制的股价指数,以 1941—1943 年为基期,所包含的股票种类比较齐全,是仅次于道·琼斯指数的重要指标。

再次是伦敦金融时报指数(Financial Times Index)。它由伦敦《金融时报》编制,是反映英国股票市场股价变化趋势最为权威的指数。以 1935 年 7 月为基期,基期值为 100。

与中国大陆股票市场联系紧密的股价指数是香港恒生指数(Hong Kong Hang Seng Index)。该指数是香港影响最大、历史最为悠久的指数,以 1964 年 7 月 31 日为基期,基期值是 100。它从香港联交所上市股票中选择 33 种股票作为样本,包括金融类、公用事业类、地产类、工商类,总市值占全部股票总市值的 2/3。

表 6-7 是 2014 年 10 月 6 日至 10 月 24 日道·琼斯股票价格平均指数数据。从第一列

开始，各列分别表示股价指数的交易时间、收盘股价指数值、当日的股票成交量、开盘股价指数值、当日最高股价指数值、当日最低的股价指数值。

表 6-7　道·琼斯股票价格平均指数数据

Date	Close	Volume	Open	High	Low
24-Oct-14	43.5	33 773 500	42.53	43.65	42.4
23-Oct-14	42.6	30 598 710	42.4	42.83	42.26
22-Oct-14	42	68 994 640	42.42	42.88	41.77
21-Oct-14	40.18	39 790 760	39.65	40.48	39.455
20-Oct-14	39.28	17 772 660	38.47	39.4	38.25
17-Oct-14	38.45	24 051 480	38.74	38.98	38.31
16-Oct-14	38.115	26 992 840	36.95	38.5	36.92
15-Oct-14	37.82	41 953 860	37.27	38.08	36.2
14-Oct-14	37.97	37 040 470	38.66	39	37.71
13-Oct-14	38.38	38 720 450	39.52	40.07	38.29
10-Oct-14	39.6	36 704 910	40.73	41.07	39.59
9-Oct-14	41.1	33 515 270	40.9	41.25	40.42
8-Oct-14	41.08	26 569 990	41	41.29	40.1
7-Oct-14	40.93	22 457 460	41.06	41.29	40.78
6-Oct-14	41.52	23 104 860	41.2	41.73	41.04

资料来源：雅虎网站(www.yahoo.com).

(4) 我国证券市场的股价指数

我国证券市场的股价指数包括上海证券交易所的上证指数与深圳证券交易所的深证指数。上证指数中具有代表性的包括上证综合指数、上证 30 指数等。上证综合指数于 1991 年 7 月 15 日由上海证券交易所开始公布，基期为 1990 年 12 月 19 日，基期值为 100，以在上交所上市的全部股票为样本，采用市值加权平均法。上证 30 指数是上海证券交易所编制的一种成份股指数，是从上市的所有 A 股股票中抽取具有市场代表性的 30 种样本股票为计算对象，并以流通股数为权数计算得出的加权股价指数，综合反映上海证券交易所全部上市 A 股的股价走势。深证指数主要有深证股价指数与深证成份股指数。前者由深圳证券交易所于 1991 年 4 月 4 日开始编制，以 1991 年 4 月 3 日为基期，基期值为 100，以所有深市上市股票为样本，采用市值加权平均法。后者是从深交所上市的所有股票中抽取具有市场代表性的 40 家上市公司的股票作为计算对象，并以流通股为权数计算得出的加权股价指数，综合反映深交所上市的 A 股和 B 股价格走势，基期值为 1 000。

5. 股票交易程序

以我国证券交易所内的交易程序为例，说明股票交易程序。

(1) 开户。个人投资者和机构投资者要投资证券，必须首先开设股票交易账户与资金账户，前者记录买卖股票的数量与种类，后者记录买卖股票的资金交易情况。

(2) 委托。一般的投资者不能直接进入交易所进行交易，只能委托经纪公司来完成。经纪公司接到委托指令后，立即传递到场内，将委托内容报入交易所。

(3) 成交。若干的证券买卖双方在场内公开竞价，通过交易所的电子计算机自动撮合成交。即买卖双方的报价自动输入计算机，按价格优先、时间优先的原则排序并撮合成交。

成交顺序为：价格优先——较高价格买进申报优先于较低价格买进申报，较低价格卖出申报优先于较高价格卖出申报；时间优先——买卖方向、价格相同的，先申报者优先于后申报者。先后顺序按交易主机接受申报的时间确定。

（4）清算。成交后，买卖双方要对资金和股票进行结算。

（5）交割。股票买方将资金交付卖方，同时将股票划在自己名下；卖方将股票交付买方，同时获得资金。

股票交易程序如图 6-7 所示。

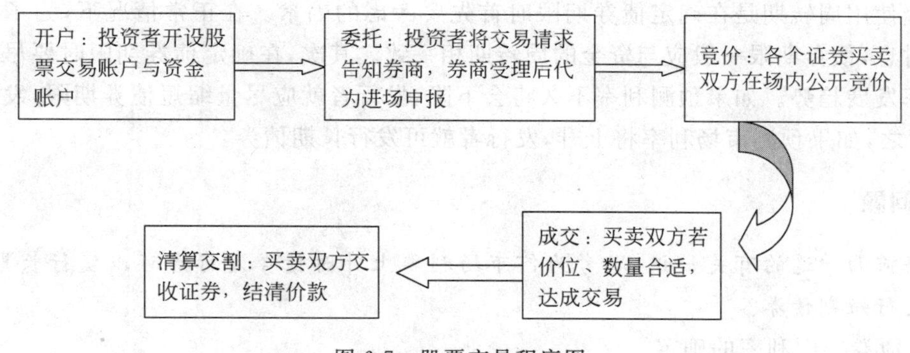

图 6-7　股票交易程序图

三、债券市场

（一）债券的发行

1. 债券发行的场所：发行市场

债券的发行市场又称一级市场，是指新发行各种债券以包销或承购等方式易手的市场。债券发行市场是债券市场的基础环节，它与债券流通市场共同组成了统一的债券市场整体。

2. 债券发行的方式

债券发行的方式分为直接发行与间接发行两种。直接发行是指债券的发行者自己完成发行工作，进行资金募集。间接发行是指债券发行主体通过中介人完成债券的发行工作，其优点是可以通过专业中介机构，使债券发行稳定而且数量大。

现代债券的发行，特别是国债的发行大部分采取间接发行方式，包括集团认购、招标发行、非招标发行等。

（1）集团认购。由若干家银行、证券公司或养老保险基金等组成承销团包销全部债券，德国和日本长期以来采用此种方式发行国债。我国从 1991 年来采用过的承购包销的形式发行国债也属于集团认购的方式。

（2）招标发行是债券的发行者通过招标的方式来决定债券的承销商。美国和大多数欧洲国家发行国债和其他债券基本上是采取招标的方式。我国自 1996 年以来多次采用招标方式发行国债。

3. 债券发行的基本条件——债券的期限与票面利率

债券发行的条件是指债券发行者在发行债券时所必须考虑的有关因素，包括发行金额、偿还期限、票面利率、付息方式等。如果债券发行人对这些因素考虑不周全，就会影响到发行的效果，降低发行收入，增大融资成本。

在债券发行的基本条件中，债券的偿还期限和票面利率是首要考虑的因素。在这两项确定之后，再确定债券的发行价格。

(1) 债券偿还期限的确定

从债券发行之日起到还本付息完毕止这段时间称为债券偿还期限。决定债券期限的因素有资金使用周转期、市场利率发展趋势等。

资金使用周转期是在确定债券期限时首先要考虑的因素。在正常情况下，为了做到按时还本付息，债券期限一般应与资金的周转期相一致。其次，在确定债券期限时要尽量考虑市场利率发展趋势。如果预测利率不久将会下降，发行者就应尽量缩短债券期限，发行短期债券；反之，如果预测市场利率将上升，发行者就可发行长期债券。

问题

根据前面学过的有关知识，思考为何市场利率上升时债券发行者可以发行长期债券？反之则发行短期债券？

(2) 债券票面利率的确定

债券的票面利率是债券发行和转让中最重要的因素。不同种类的债券具有不同的利率，相同种类但不同期限的债券也有不同的利率。那么，决定债券票面利率的因素有哪些呢？

决定债券票面利率的第一个因素是债券期限的长短。债券的偿还期越长，债券的票面利率就越高；债券的偿还期越短，债券的票面利率就越低。

决定债券票面利率的第二个因素是债券的信用等级。一般来说，在期限相同的情况下，债券的信用等级越低，债券的购买者(投资者)面临的风险越大，投资者要求的回报越高，债券的票面利率越高；债券的信用等级越高，投资者面临的风险越小，债券的票面利率可低一些。根据国际惯例，债券只有经过信用评级后才能发行，没有经过评级的债券或者是低等级的债券往往不被投资者所接受。

目前国际上最有名的债券评级机构是美国的标准普尔公司(Standard & Poor's Co.)和穆迪氏投资者公司(Moody's Investments Service)。两个公司的债券评级标准有所不同，但都是把债券分为两类：投资级与投机级。以标准普尔公司为例，AAA、AA、A 和 BBB 四个级别的债券定义为投资级；BB 级及以下的债券定义为投机级，有时也称为垃圾级债券。标准普尔公司的债券评级标准如表 6-8 所示。

表 6-8 美国标准普尔公司评定公司债券等级划分

级别	内 容	利息支付能力与本金偿还能力
AAA	最高级	还本付息能力非常雄厚
AA	高级	还本付息能力很强，仅次于 AAA 级
A	中上级	还本付息能力较强，但易受环境和经济条件变化等不利因素的影响
BBB	中级	有充足的还本付息能力，但不利的经济条件会改变这一能力
BB	中低级	有投机因素，经济条件变化会使本息偿还缺乏保障
B	半投机级	投机性债券，不能保证按期还本付息

续表

级别	内　容	利息支付能力与本金偿还能力
CCC	投机级	本息尚能支付，但有可能拖欠、停付
CC	较强投机级	投机性强，一旦出现不利条件，有重大风险
C	充分投机级	信誉不佳，无利息支付能力
D	最低等级	违约债券，不会履行债务

资料来源：朱新蓉. 金融概论[M]. 北京：中国金融出版社，2002：199.

决定债券利率的第三个因素是同期银行储蓄存款利率。债券的利率应高于同期银行存款利率，这样才能吸引投资者投资于债券。

决定债券利率的第四个因素是市场上债券的供需情况。如果发行债券时市场债券供小于求，债券利率可适当高一些；如果发行时市场债券供大于求，债券利率就应低一些。

4. 债券的发行价格

债券的发行价格是指在发行市场上，投资者购买债券时实际支付的价格。与股票发行不同的是，债券在发行时很少采用溢价发行，一般为按面值平价发行和折价发行。按面值平价发行指债券按面值发行，到期时按照票面利率一次性还本付息；折价发行指以低于面值的价格发行，到期按面值偿还，面值与发行价之间的差额，即为债券利息。目前我国发行的债券都采用了这两种形式。

（二）债券的流通转让

1. 债券流通交易的场所

债券买卖、交易的场所是二级市场，又称流通市场。与股票交易一样，债券交易的场所也可以分为场内交易（在证券交易所内交易）与场外交易两种。具体内容不再多述，见本章第三节。

2. 债券交易的价格

债券发行后，大多数都可以在流通市场上交易转让，由此形成债券的交易价格。债券的交易价格不是债券的票面金额，而是市场价格，它以债券或票面金额为基础，根据当时市场行情上下浮动。表 6-9 是 2014 年 10 月 27 日在上海证券交易所交易的部分债券的成交价格。从表中可清晰看出债券的实际交易价格不是其票面金额。

表 6-9　债券的交易价格

名　称	代　码	最新价/元	涨跌/元	涨跌幅/%	成交金额/万元	成交量/手	开盘价/元	最高价/元	最低价/元
隧道转债	110024	135.08	−1.04	−0.76	9 566.10	70 965	137.00	137.10	133.50
同仁转债	110022	126.39	−0.06	−0.05	1.65	13	127.00	127.00	125.83
国金转债	110025	125.00	−1.90	−1.50	4 590.64	36 716	125.30	126.50	124.00
歌华转债	110011	124.29	−0.15	−0.12	275.22	2 226	124.01	125.40	123.05
东方转债	110027	121.50	−0.29	−0.24	4 985.97	41 033	121.18	122.46	121.05
冠城转债	110028	120.90	−0.10	−0.08	1 505.37	12 441	121.00	121.50	120.30
恒丰转债	110019	117.06	−1.12	−0.95	204.71	1744	118.08	118.08	116.05

续表

名　称	代　码	最新价/元	涨跌/元	涨跌幅/%	成交金额/万元	成交量/手	开盘价/元	最高价/元	最低价/元
吉视转债	113007	115.48	−1.02	−0.88	4 487.60	38 752	116.00	116.00	115.00
海运转债	110012	114.50	−0.05	−0.04	499.28	4 358	114.86	114.86	114.00
国电转债	110018	114.41	−0.27	−0.24	1 562.60	13 665	113.36	114.94	113.36
13 武续债	124999	111.84	0.04	0.04	1 946.58	17 429	111.60	111.99	111.56

资料来源：金融界网站（www.jrj.com.cn）。

3. 债券交易的程序

以证券交易所的债券交易为例，债券交易的一般程序如图 6-8 所示。

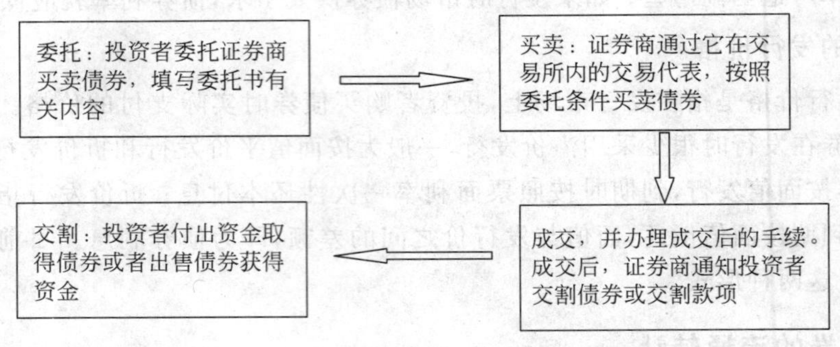

图 6-8　债券交易程序

4. 债券交易的收益

投资者购买转让债券是为了获得收益。债券收益大小可用债券收益率来衡量。债券收益率是投资者在债券上的收益与其所投入的本金之比。具体来说有如下几种收益率指标。

(1) 票面收益率，又称名义收益率，是金融工具票面收益与票面金额的比率，一般在债券票面上注明。用公式表示如下：

$$票面收益率 = \frac{票面收益}{票面金额} \tag{6-10}$$

如某债券面值 100 元，10 年偿还期，年息 8 元，则该债券的名义收益率就是年利 8%。

票面收益率越高，利息收入就越高，投资者获利就越大；反之，投资者获利就越少。但是，由于大多数债券都是可以转让流通的，其转让价格是市场价格，不断变化，所以，投资者在流通市场上购买债券的实际价格通常并不等于债券面值，因此，票面利率难以反映出债券投资的实际收益水平。

(2) 持有期收益率，是指投资者在买进债券到卖出债券的整个持有期内所获得的年均收益率。投资者可能并不是在债券发行时就买进债券，也可能不是一定要将债券持有至到期日。因此，投资者持有债券的期限不一定是债券的整个有效期限。持有期收益率公式如下：

$$持有期收益率 = \frac{年息收入 + (卖出价 - 买入价)/持有年数}{买入价} \tag{6-11}$$

持有期收益率考虑到了债券买卖的资本损益，能反映投资者在整个投资期间的收益情况。继续上面例子。若某投资者于 2012 年 5 月 5 日以 102 元价格购进面值 100 元债券，此后于 2014 年 5 月 5 日卖出，卖出价是 120 元，假设该债券利息是到期一次性给付，不是每年给付利息，因此该投资者在卖出债券时没有年息收入。所以，该投资者的持有期收益率为[(120－102)/2]/120＝8.82%。

(3) 到期收益率，是指投资者购买债券并一直持有至到期为止的债券年均收益率。对于我国的情况是，我国债券基本上是一次还本付息，不会每年给出年息，因此到期收益率的计算公式为：

$$\text{到期收益率} = \frac{(\text{到期本息和} - \text{购买价格}) / \text{剩余年数}}{\text{购买价格}} \tag{6-12}$$

仍以上述例子。若该投资者于 2012 年 5 月 5 日以 102 元的价格购入面值 100 元的债券，此后一直持有到期满，到期日是 2016 年 11 月 5 日。已知该债券的票面利率是 8%，则到期本利和为 100×(1＋10×8%)＝180(元)，而该投资者持有的年数为 5.5 年，所以到期收益率为[(180－102)/5.5]/102＝13.9%。

(4) 贴现收益率，有的债券发行时不按票面价值，而是以低于票面价值的发行价格发行，到期再按本金兑付，这称为贴息债券。贴现收益率实际上是贴息债券的票面收益率，是一种特殊的收益率。其计算公式如下：

$$\text{年贴现收益率} = \frac{\text{债券面值} - \text{发行价格}}{\text{发行价格} \times \text{期限}} \tag{6-13}$$

如投资者以 70 元的发行价格认购了面值为 100 元的 5 年期国债，那么，在 5 年到期后，投资者可兑付到 100 元的现金，其中 30 元的差价即为国债的利息，年息平均为 8.57%，即[(100－70)÷(70×5)]×100%＝8.57%。

四、投资基金市场

(一) 投资基金的含义及特点

证券投资基金(Investment Funds)是一种集合投资方式，它通过发行一种份额(称为基金单位)，集中若干投资者的资金，交由基金托管人托管，由基金管理人管理和运用资金，从事股票、债券、外汇、货币等金融工具的投资，以获得投资收益和资本增值。根据我国《证券投资基金管理法》，基金托管人必须是由商业银行担任，基金管理人必须是专业的基金管理公司。基金投资者即基金的购买者享受证券投资基金的收益，也承担亏损的风险。

投资基金产生于英国，在美国得到迅速发展，并向世界扩展。在美国，投资基金又称为共同基金或互助基金。在英国和我国香港地区，被称为单位信托基金。

证券投资基金的主要特点如下。

(1) 证券投资基金是由专家运作、管理并专门投资于证券市场的基金。基金资产由专业的基金管理人负责管理。基金管理人配备了大量的投资专家，他们不仅掌握了广博的投资分析和投资组合理论知识，而且在投资领域也积累了相当丰富的经验。

(2) 证券投资基金是一种间接的证券投资方式。投资者是通过购买基金而间接投资于证券市场的。与直接购买股票相比，投资者与上市公司没有任何直接关系，不参与公司决策和管理，只享有公司利润的分配权。

(3) 证券投资基金具有投资小、费用低的优点。在我国，每份基金单位面值为人民币

1 元。证券投资基金最低投资额一般较低，投资者可以根据自己的财力，多买或少买基金单位，从而解决了中小投资者“钱不多、入市难”的问题。基金的费用通常较低。

(4) 证券投资基金具有组合投资、分散风险的好处。证券投资基金通过汇集众多中小投资者的小额资金，形成雄厚的资金实力，可以同时把投资者的资金分散投资于各种股票，使某些股票跌价造成的损失可以用其他股票涨价的盈利来弥补，分散了投资风险。

因此，投资基金对于那些在资金、时间、专业知识方面不能兼备的投资者来说，是一种较理想的选择。可以将零散的资金聚集起来，交由专业的投资公司(基金公司)投资于金融市场，可以是股票、债券、外汇、货币等，以取得投资收益。投资基金的主要运作流程如图 6-9 所示。从图中可以发现，投资基金的一个重要特征是它是一种间接投资方式。即基金投资者并不是直接购买股票、债券产生收益，而是购买基金单位，再由专业的基金管理者将基金筹集到的钱在金融市场上购买股票、债券等，基金投资者分享由基金增值带来的收益。

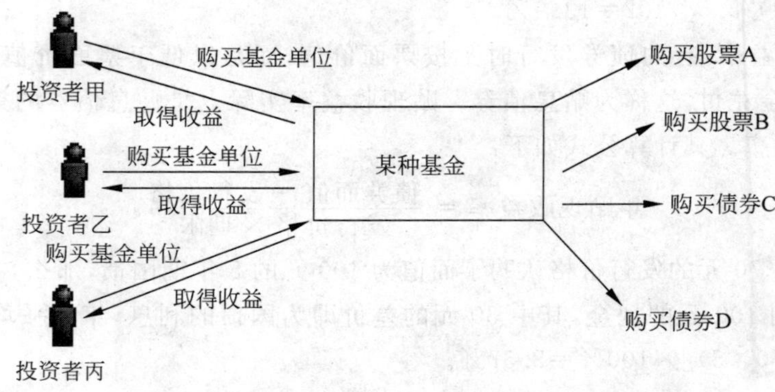

图 6-9 投资基金运作示意图

(二) 投资基金的类型

投资基金有多种分类，结合我国实际，常见的分类有如下几种。

1. 按基金单位是否可以赎回分类，可分为封闭式基金与开放式基金

封闭式基金(Close-end Type Funds)是事先确定基金的发行总额，在封闭期间，基金规模不再扩大或缩小，投资者只有在证券交易市场上买卖基金单位。

开放式基金(Opened-end Type Funds)的基金单位总数可以随时增减，投资者可以随时购买基金单位，并随时将其持有的基金单位卖回给基金公司，以赎回现金。由于开放式基金的开放性，基金总规模在不断变化中。

2. 按基金投资对象的不同分类，可分为货币市场基金、股票基金、债券基金、指数基金与对冲基金等

货币市场基金是投资于货币市场，以短期金融工具如国库券、商业票据等为投资对象的基金。

股票基金是投资于股票市场，以各种股票为投资对象的基金。

债券基金是投资于债券市场，以各种中长期债券为投资对象的基金。

指数基金是以某种证券市场股价指数为投资对象的基金。

对冲基金是在金融市场上进行套期保值交易，利用现货市场与衍生市场对冲的基金。

（三）投资基金的买卖

开放式基金与封闭式基金的买卖有所不同。

对于开放式基金而言，购买首次发行的基金称为认购，以后的基金买卖称为申购（基金单位的买入）和赎回（基金单位的卖出）。开放式基金的申购和赎回手续十分简便，申购时投资者只需填写有关申请表格，连同购买基金的款项（当时每基金单位净值×购买的基金单位数）交给基金销售机构（如委托发行的银行、证券公司等），当基金托管人复核无误后，将相应的基金单位划在该投资者账户下。投资者在赎回基金单位时，只需填写赎回申请，交于基金销售机构，即可售出基金赎回款项。

封闭式基金在封闭期间不能向基金管理公司提出赎回，封闭式基金一般在证券交易所挂牌交易，其价格随行就市，买卖方式类似股票买卖。投资者可根据适当的价格买卖基金。

举例　购买某种开放式基金

投资者陈先生于2014年2月18日购买了某基金公司发行的某种开放式保本增值基金。该基金按面值1元/份发行，认购费为认购金额的1%。该基金赎回费率按持有年数逐年递减：如果持有年数在1年以内，赎回费率为赎回金额的1.8%；持有年数在1～2年，赎回费率为1%；持有年数在2～3年，赎回费率为0.5%；持有满3年免收赎回费。

陈先生用10 000元按1元面值认购了10 000元基金，在扣除1%的认购费后，实际持有9 900份基金单位（10 000－10 000×1%）。半年后，该基金净值上涨到1.03元，陈先生决定赎回该基金。那么，他实际得到的现金是9 900×1.03－9 900×1.03×1.8%＝10 013.45（元）。

（四）股票、债券和投资基金的区别与联系

股票、债券与投资基金都是资本市场上主要的投资工具。它们的相同之处在于三者都是有价证券，对它们的投资均是证券投资。另外，股票、债券是证券投资基金的投资对象，有专门的股票基金与债券基金。

但是，它们三者又有明显的区别。具体如表6-10所示。

表6-10　股票、债券、投资基金的区别

项　目	股　票	债　券	投资基金
投资者地位不同	投资者是公司股东，对公司经营决策有表决权	持有人是公司的债权人，有权到期收回本金，但无经营决策权	持有人有权分享基金收益，也承担亏损风险
风险程度不同	风险大	风险小	风险介于股票、债券之间
收益不同	收益相对不固定，收益波动最大	收益相对固定	收益相对不固定，但比股票波动小
投资方式不同	投资者直接购买股票，是直接的证券投资方式	投资者直接购买债券，是直接的证券投资方式	投资者直接购买基金，再由基金管理者去投资购买金融工具，是间接投资方式

续表

项　　目	股　　票	债　　券	投资基金
投资回收方式不同	投资无期限，一般不能收回股票，只能在证券市场上转让	投资有期限，期满收回本金	开放式基金没有期限，投资者可以随时向基金管理人要求赎回基金；封闭式基金有期限，期满后，投资者可按持有的份额获得相应的剩余资产

问题

以下说法是否正确？为什么？

投资于股票、债券有风险，投资于基金就没有风险了。

第五节　金融衍生工具市场

金融衍生工具市场是相对于基础市场（如商品市场、证券市场、外汇市场）而言的，是交易金融衍生工具的市场，它主要包括金融期货市场、金融期权市场、远期合约市场与互换市场等。本节主要介绍金融期货市场与金融期权市场。

一、金融期货市场

（一）金融期货市场的产生与发展

期货交易产生于19世纪中叶，在相当长时间里，期货交易仅限于具体商品，如农产品、矿产品等。20世纪70年代初期，随着国际货币体系布雷顿森林体系的崩溃，世界主要资本主义国家放弃了固定汇率制，实行浮动汇率制。浮动汇率制的实行加剧了各国的汇率风险，再加上当时世界性通货膨胀的局面，利率与汇率剧烈变动，经济活动中风险很大，人们需要新的保值避险手段。在这种背景下，金融期货应运而生。1972年，美国芝加哥的国际货币市场（IMM）首先开办了外汇期货，获得很大成功。随后，英国、新加坡、中国香港、日本等国家和地区也于20世纪80年代纷纷成立金融期货交易所，开展金融期货交易。目前，金融期货市场已成为金融市场的重要组成部分。

（二）金融期货市场的交易规则

金融期货是以金融商品（外汇、利率、股票价格指数等）为交易对象而签订的期货合约，具体交易的是金融期货合约。它是一种标准化合约，在合约上载明买卖双方同意在将来某个约定时间买进或卖出一定数量的某种金融商品。金融期货交易的市场是金融期货交易所。金融期货市场的主要交易规则有如下几个。

1. 标准化的期货合约

在金融期货交易中，期货合约必须标准和规范，包括合约的品种、交易数量及单位、交割期限等条件必须按照交易所的规定，买卖双方不得私下增减内容。比如，芝加哥国际货币市

场规定外汇期货交易的是美元对加元、美元对日元、美元对欧元、美元对澳元等货币的期货。每种合约金额固定，如英镑期货为 25 000 英镑、日元期货为 12 500 000 日元、加元期货为 100 000 加元。如果某个投资者要买入 35 000 英镑的期货，市场就不能完全满足他的要求。

2. 保证金制度

交易双方只需要按照买卖合约的金额的一定比例交纳保证金即可进行交易。但是由于市场行情的变化，每天都要进行保证金的结算，因此，买卖双方都必须在交易所的清算机构中存入足够的保证金。

3. 交割期制度

每种金融期货合约都有规定的交割月份、交割日期。以 IMM 为例，通常交割月份为每年的 3 月、6 月、9 月和 12 月。金融期货交易很少有真正在交割日进行实物交割的，一般都是在交割日之前，买卖双方通过对冲交易结束其期货头寸。

（三）金融期货市场的类型

金融期货市场主要有外汇期货、利率期货、股票期货和股票指数期货四种类型。

1. 外汇期货市场

外汇期货市场是进行外货期货交易的场所。外汇期货交易就是买卖双方签订一份期货合约，规定持有者可以在将来日期获得一定金额按事先商定汇率结算的外币。目前，外汇期货交易的主要是美元、英镑、欧元、日元等货币。

举例 外汇期货交易

在 IMM 市场上，每份日元期货合约的初始保证金为 1 500 美元。投资者只需要有 1 500 美元就可以买卖价值为 12 500 000 日元的期货合约。5 月份某投资者以 1JPY＝0.008 125USD 的价格买入一份 9 月到期的日元期货，到 8 月 6 日，该种期货价格变为 1JPY＝0.008 206USD，该投资者卖出期货合约，盈亏为(0.008 206－0.008 125)×12 500 000＝1 012.5(美元)。

2. 利率期货市场

利率期货市场是现在确定利率，允许在将来某一特定时间交割一定数量的金融工具的市场。利率期货交易的合约主要有短期国库券期货合约、中长期国债期货合约、欧洲美元期货合约、商业票据合约等。

以短期国库券利率期货合约为例。该期货交易于 1976 年 1 月由芝加哥国际货币市场首先开办，随后，其他交易所也开办了这种期货交易。按照国际货币市场的规定，该期货交易的标的物是面值为 100 万美元的 3 个月期国库券，交割月份为每年的 3 月、6 月、9 月和 12 月，买卖者在到期前可以转让对冲。国库券价格按照 IMM 指数报价交易，IMM 指数按国库券的年利率与 100 之间的差额计算，如年利率是 8%的 100 万美元国库券的指数报价为 92，若卖方叫价为 93，表示卖方希望的利率为 7%；买方出价 91.5，表示要求的是 8.5%的利率。

举例 买卖利率期货

某投资者于 1 月份以 92 的价格买入一份 3 月到期的国库券期货合约，则买入时年利率为(100－92)×100％＝8％,合约总值为100×(1－8％×3/12)＝98(万美元)。在3月份到期之前,该投资者以94价格卖出该合约,则卖出时年利率为(100－94)×100％＝6％,合约总值为100×(1－6％×3/12)＝98.5(万美元)。

通过这次利率期货买卖,该投资者共获利98.5－98＝0.5(万美元)。

3. 股票期货市场

股票期货市场是以期货合约方式买卖股票的场内交易市场。与股指期货不同,股票期货的标的物不是反映股市总体变动的股价指数,而是某一种股票。进行股票期货交易的双方在签订合同成交后,不是立即交割股票,而是在约定的未来某天(30天、60天、90天后),按照双方合约规定的价格进行交割。

4. 股票指数期货市场

股票指数期货市场是以股票价格指数为交易基础的金融期货市场。股票指数期货的主要特点是:它不以某种特定的金融工具为交易标的,而是以股价指数作为交易标的。由于指数是一个抽象的数字,并无实际的东西,所以股指期货合约到期时没有实物交割,而是每日以现金结算,每张合约价格是股价指数乘以一个固定金额。比如,恒生股指期货合约的价格是恒生指数×50港币,标准普尔股指期货的价格是标准普尔500指数×500美元等。目前,期货市场上交易的股指期货主要有:标准普尔500指数期货、价值线指数期货、纽约证交所综合指数期货、恒生股指期货等。

二、金融期权市场

(一) 金融期权的含义

期权(Option)又称为选择权,是一种合约,它赋予期权购买者(买方)在规定的期限内,有权决定是否按照合约规定的价格和数量买入或者卖出一定数量的金融资产(股票、外汇、国债等)。期权买方为了获得这种权利,需向期权的卖方支付一定的期权费用。对于期权的买方只有权利而没有义务,他既可以行使权利,按照合约规定买进或卖出该种金融资产,也可以放弃这个权利。当期权买方行使权利买进(或卖出)时,期权卖方必须依照合约卖出(或买进)。当期权买方放弃其权利时,最大的损失是购买期权的费用。由此可见,期权交易实际上是对权利的买卖。

(二) 期权交易的类型

1. 按照期权的性质来划分,期权可分为看涨期权与看跌期权

看涨期权又称为买权(Call Option),是指期权买方支付给卖方期权费,取得在合约期限内按照协议价格买进一定数量金融工具的权利。看跌期权又称为卖权(Put Option),是指期权买方支付给卖方一定的期权费,取得在合约期内按照协议价格卖出一定数量金融工具的权利。

预计某种金融资产的价格将上涨,就应该买进买权。如果其价格真的上涨,买权的买方就可以按照合约规定的价格买入资产,实现盈利。若预计某种资产的价格将下跌,就应该买进卖权。如果其价格真的下跌,卖权的买方就可以按照合约规定的价格卖出资产,实现盈利。

2. 按照行使权利的条件不同，期权分为欧式期权与美式期权

欧式期权的期权买方只有在合约到期日才能行使权利。而美式期权的买方可以在合约到期前的任何时候行使权利。美式期权比欧式期权更加灵活。

举例　美式期权交易

某投资者预期英镑的汇率将升高，他就在目前以 1GBP＝0.014 8USD 的期权费买入英镑期权，协议价格为 1GBP＝1.450USD。如果将来市场上英镑汇率升高，超过协议价格达到 1GBP＝1.480USD，期权的买方就可以要求行使期权，以协议价格 1GBP＝1.450USD 买入英镑，再在即期市场上卖出，不计交易成本，每英镑可获利 0.030 0－0.014 8＝0.015 2(美元)。如果将来英镑汇率走势和预测的相反，低于协议价格，买方就可以放弃行使期权，最大损失费为每英镑 0.014 8 美元。

操　作　题

(1) 根据本章所学，进一步查阅资料，试编制一个金融工具的概览表，列举我国主要有哪些金融工具，有何特征，还有哪些不足。

(2) 具体分析某只股票的价格变动情况。

案例分析　我国第一只货币市场基金的发行及其对金融市场的影响

2003 年 12 月 14 日，我国第一只货币市场基金：华安现金富利投资基金终于公开发行了。该基金的发行人为华安基金管理公司，从 2003 年 12 月 14 日至 2004 年 1 月 12 日通过该基金公司在全国的网点直销，也通过中国工商银行的全国网点代销。该基金的购买者可以是中华人民共和国境内的个人投资者、机构投资者(法律法规禁止投资证券投资基金的除外)及合格境外机构投资者。基金单位面值为每份 1.00 元，首次的最低认购金额为 5 000 元。

该基金的特征是：契约型开放式投资基金，提供投资者于短期资金市场获取投资报酬的机会。主要投资于价格波动幅度和信用风险低并具有高度流动性的短期金融工具，如银行定期存款、协议存款或大额存单、剩余期限不超过 397 天的短期债券、中央银行票据、期限在一年以内的债券回购、银行承兑汇票、经银行背书的商业承兑汇票或中国证监会认可的其他具有良好流动性的金融工具。其投资目标是在资本保全的情况下，确保基金资产的高流动性，追求稳健的当期收益，并为投资者提供暂时的流动性储备。

截至 2004 年 3 月 31 日，华安现金富利投资基金资产净值为 5 122 022 443.28 元，基金份额为 5 122 022 443.28 份，基金单位资产净值为 1.00 元。2004 年第 1 季度每万份基金单位共实现收益 49.698 00 元，按公告期实际天数 91 天，折算的年收益率为 1.993%。剔除闰年 2 月 28 日不计提债券利息对本季度收益的影响，折算的年收益率为 2.014%。

基金投资的前五名债券名称如表 6-11 所示。

表 6-11　基金投资的前五名债券

序号	名　称	面值/元	摊余成本/元	占净值比例/%
1	03 国开 30	1 020 000 000	1 013 664 866.98	9.79
2	04 央票 02	660 000 000	655 463 682.57	12.80
3	04 央票 04	440 000 000	436 754 044.36	8.53
4	04 央票 11	300 000 000	293 087 888.83	5.72
5	03 央票 09	200 000 000	199 296 639.19	3.89

问题：

(1) 分析该基金的特征，为何它是货币市场基金？

(2) 分析货币市场基金大量推出对我国金融机构如银行有什么影响。

练　习　题

1. 判断题

(1) 直接融资与间接融资在不同时期具有不同的作用。随着商品经济的发展，以金融机构为中介的间接融资将占主导地位，而直接融资比率越来越小。（　）

(2) 扩大直接融资，可以弥补银行贷款的不足，因此，其规模越大越好。（　）

(3) 政府拥有财政作为后盾，因此在金融市场上是主要的资金提供者。（　）

(4) 再贴现是指银行以贴现购得的没有到期的票据向其他商业银行所做的票据转让。（　）

(5) 优先股的特点之一是在影响企业决策的发言权上比普通股优先。（　）

(6) 公司债券的收益取决于债券的风险，债券的风险越大则收益越多。（　）

(7) 一般而言，金融工具的风险性与收益性呈正比，与流动性呈反比。（　）

2. 什么是直接金融与间接金融？两者有何主要区别？

3. 金融市场有哪些构成要素？其中交易主体包括哪些？

4. 货币市场有哪些主要特征？包括哪些子市场？

5. 简述股票市场的发行程序、流通程序。

6. 比较股票、债券与基金的区别及联系。

7. 试述金融工具的特征及其相互关系。

第三篇

基础货币理论

第七章 基础货币理论

内容提要与学习要求

货币理论是研究货币对经济影响的理论。本章阐述了基础的货币理论，包括货币需求、货币供给与货币均衡理论。通过本章学习，学生应掌握货币供给、货币需求与货币均衡的基本概念，熟悉凯恩斯的货币需求理论，熟悉货币供给的创造过程，掌握基础货币与货币乘数的含义。

第一节　货币需求

一、货币需求及其相关概念

各个经济主体从事经济活动必然需要一定数量的货币，如居民日常开支、购买房屋、支付上学费用、外出旅游；企业购买原材料和设备、支付职工工资；政府机构进行外交活动，发放救济金等。各经济主体持有的货币主要是满足两种需求：第一，满足流通和支付的需要；第二，价值储藏。如果将这些需求综合起来，就是全社会的货币需求问题。什么是货币需求呢？货币需求是在一定时期内全社会各经济主体为满足经济活动所持有的那部分货币量。

货币需求概念是货币理论中最重要的概念。为了准确理解，必须区分以下三对概念。

（一）主观货币需求与客观货币需求

主观货币需求是指人们在主观上所要占用的货币量，而客观货币需求是指人们由各种客观因素决定的“不得不”占有的货币量。经济学中研究的货币需求是客观货币需求，因为主观需求是一种无约束的需求，它可能为无限大，基本上是无效需求。而客观货币需求是一种由客观环境所决定的对货币的持有需求，它指在一定时期内各经济主体究竟需要多少货币才能满足商品生产和交换的需要。因此，要研究的货币需求应该是客观货币需求。

（二）微观货币需求与宏观货币需求

货币需求有微观货币需求与宏观货币需求之分。前者是指微观经济主体个人、企业在一定时期内，因生活和生产需要而保有的货币量。后者是指一个国家在一定时期内因经济发展和商品流通需要而保有的货币量。值得注意的是，微观货币需求的总和并不等于宏观货币需求，微观货币需求总和往往大于宏观货币需求。货币理论中主要关注的是宏观货币需求。

（三）名义货币需求与实际货币需求

名义货币需求是指不考虑通货膨胀因素下，按现行价格计算的各经济主体对货币的需求量，一般计为 M_d，而实际货币需求是扣除了通货膨胀因素后各经济主体实际对货币的需求量，一般计为 M_d/P。由于名义货币需求包含有价格因素在内，不能准确反映经济主体对货币的真实需求，所以更注意考察的是实际的货币需求。

综上所述，经济学中研究的货币需求是宏观上的货币需求，是客观的、实际的货币需求。

问题

(1) 现实生活中，人们除了持有货币外，是否还持有其他的金融资产？货币需求是否是人们对财富的唯一需求？

(2) 人们的货币需求状况是否固定不变？为什么？

二、影响货币需求的因素

考察影响货币需求量的因素是什么，是货币需求的理论分析与实践研究的核心内容。结合我国的实际情况，影响货币需求量的因素主要有收入水平、价格水平、利率水平、货币流通速度、消费倾向与预期因素等。

（一）收入水平

在经济生活中，微观经济主体的收入大多以货币的形式获得，其支出也是以货币支付。收入越高，支出越大，交易需求就越大，就需要更多的货币作为商品、劳务交易的媒介。因此，货币需求量与收入水平成正比关系。

（二）价格水平

在商品和劳务量既定的情况下，价格越高，社会商品流转额就越大，用于交易和周转的货币需求量增加。因此，价格与货币需求量之间成正比关系。

（三）利率水平

在市场经济中，利率是一种价格，是一定时期内使用资金的价格。在正常情况下，利率与货币需求成反比，即市场利率越高，货币需求越少；利率下降，货币需求增加。利率对货币需求的影响主要表现在利率决定人们持有货币的机会成本上。在现实生活中，人们除了持有货币这种资产以外，还可以持有其他各种资产，如证券、房产等。市场利率上升，意味着其他形式资产收益的上升，这时人们会减少货币的持有（货币需求量下降）转而持有其他形式的资产。相反，若利率水平下降，意味着其他形式资产收益下降，人们对货币的需求就会上升。

（四）货币流通速度

货币流通速度是指一定时期内货币的周转次数。一定时期货币总需求就是该时期的货币流量，而货币流量是货币平均存量与货币流通速度的乘积。在商品与交易总额一定的前提下，货币流通速度越快，对货币的需求量越少；反之，若货币流通速度越慢，对货币的需求量越大。因此，货币流通速度与货币需求成反比。

（五）消费倾向

消费倾向是指消费在收入中的比例。消费倾向与货币需求成正比关系，即消费倾向越大，货币需求越大；消费倾向越小，货币需求越少。人们为了实现消费，必须以货币作为购买手段。因此，人们计划消费的越多，持有的货币就越多，货币需求量就越大。

（六）人们对未来利润和价格的预期

除了上述客观因素外，货币需求还在相当程度上受到人们主观意志的影响，特别是人们对未来利润和价格的预期。如果企业预期未来利润将上升，将会增加投资扩大生产，对货币的需求量将上升。如果人们预期物价将上涨，即未来通货膨胀较高，人们会担心货币贬值，不愿再持有货币转而购买其他资产，因此对货币的需求将减少。

（七）其他因素

除了上述因素外，影响货币需求大小的因素还有：第一，信用发达程度，信用程度越发达，金融市场越完善，可供选择的金融工具就越多，人们对货币的需求就越小，反之，对货币的需求量就越大；第二，制度因素，体制、政策规定、行政干预、金融抑制、市场的不完善等都会影响货币需求量。

三、货币需求理论

货币需求理论是金融理论中最基础、最重要的部分，研究货币需求最终是要找出保证经济增长的最合适的货币数量，为中央银行实施货币政策、组织货币供给提供依据，最大限度地使货币供应量与货币需求量相一致，保持货币、物价的稳定，为经济发展创造一个良好的货币环境。西方经济学家从货币持有的动机和货币需求的决定因素的角度来研究货币需求问题，主要的理论流派有传统的货币数量理论、凯恩斯学派的货币需求理论和货币学派的货币需求理论。货币需求理论发展脉络如图 7-1 所示。

（一）传统的货币数量论——现金交易说与现金余额说

传统的货币数量论是 20 世纪初古典经济学家们发展起来的一种货币需求理论。该理论最重要的特点是认为总收入是决定货币数量的重要因素，商品价格水平与货币数量成反

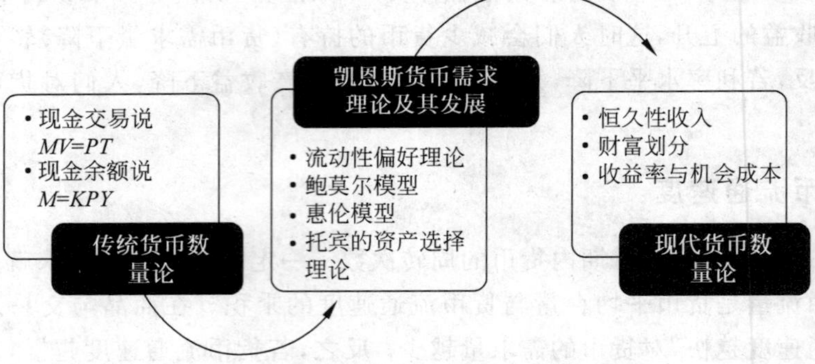

图 7-1　货币需求理论发展脉络图

比变化，而利率对货币需求无影响。持这种理论的学者很多，其中最著名的是费雪的现金交易说与剑桥学派的现金余额说。

1911 年美国耶鲁大学教授欧文·费雪在他所著的《货币购买力》一书中对货币数量理论做出了清晰的阐述。费雪在书中提出了著名的交易方程式，即费雪方程式：

$$MV = PT \quad 或 \quad M = PT/V \tag{7-1}$$

式中：M 为流通中的货币量；V 为货币流通速度；P 为商品价格；T 为不同商品的实际交易总量；PT 是一定时期内的国民总收入。

费雪认为，受社会惯例和交易方式等影响，货币流通速度 V 在短期内相当稳定，可视为不变量，因此流通中所需货币量 M 取决于一定时期的总收入 PT，货币量 M 的变动引起物价水平 P 的变动。

在费雪发展他的货币数量论的同时，英国剑桥大学的一些经济学家也在研究同样的问题，其中最著名的是马歇尔和庇古等人。他们在费雪现金交易说的基础上，着重研究了在不同环境中人们愿意持有的货币数量，提出了剑桥学派的货币需求理论，也称为现金余额说。现金余额说的主要公式如下：

$$M = KPY \tag{7-2}$$

式中：M 为货币需求量；P 为一般物价水平；Y 为实际收入水平；K 为常数代表以货币的数量与国民总收入的比例。

上式即是著名的剑桥方程式。剑桥方程式表明，货币需求取决于 P、Y 和 K。PY 是总收入，表示货币需求取决于国民收入。K 也是影响货币需求的重要因素，K 在短期内可视为常数固定不变。影响 K 的因素主要有两个：一是人们对持有货币的利弊得失的权衡和比较；二是人们对未来价格水平的预期。

从形式上看，剑桥方程式与费雪方程式没有什么区别，K 相当于 $1/V$。但两个方程式存在着显著的差异。主要体现在以下两点。

(1) 两者对货币需求分析的侧重点不同。费雪方程式强调的是货币的交易手段功能，着重分析货币支出的数量与速度；而剑桥方程式强调货币的财富储藏功能，着重分析的是货币的保有量，从货币作为一种资产占总收入的比例的角度考虑货币需求。所以，费雪方程式又称为现金交易说，而剑桥方程式则称为现金余额说。

(2) 两者强调的货币需求决定的因素不同。费雪方程式强调货币流通速度对货币需求的决定因素，忽视人的作用；而剑桥方程式强调人们持有的货币存量占其总收入的份额是决定货币需求的重要因素。与前者相比，后者更重视人的意识及其对经济形势的判断。

在实践中，剑桥方程式更具有说服力，因为它将人们持有货币的动机引入货币需求的分析中，更符合实际情况：人们为什么愿意持有货币？愿意持有多大数量的货币？在什么情况下，哪些因素会引起货币需求的变化？以下将要讲述的现代西方货币需求理论都是受此启发发展起来的。

（二）凯恩斯的货币需求理论

凯恩斯(1883—1946 年)是一位对西方经济理论做出巨大贡献的英国经济学家，是当代最著名的经济学家，被称为"西方经济学之父"。其代表作是 1930 年发表的《货币理论》和 1936 年发表的《就业、利息和货币通论》(简称《通论》)，后者几乎是经济学者的必修科目，它的出版引起了西方经济学界的一场凯恩斯革命。凯恩斯对经济学的最大贡献在于创立了宏观经济学，并且将货币金融理论引入经济学体系中，奠定了货币经济学基础。

凯恩斯的货币需求理论又称为流动性偏好理论，该理论最显著的特征是在借鉴剑桥学派的结论基础上，注重对货币需求的动机分析。那么，人们持有货币的动机究竟是什么呢？凯恩斯认为，人们的货币需求动机有三种，即交易动机、预防动机和投机动机。由此，货币需求由三部分组成：货币的交易需求、货币的预防需求与货币的投机需求。

1. 交易动机(Transaction Motive)

交易动机是指人们为了应付日常交易活动而产生的持有货币的愿望。在现代社会中，几乎所有的交易行为都需要通过货币来完成。当居民购买日用品时需要支付货币；厂家进行生产活动更是离不开货币。任何经济主体为了完成交易都要保有一定数量的货币。这种出于交易的动机而产生的对货币的需求称为货币的交易需求。一般来说，经济越发展，交易的规模就越大，货币的交易需求越大。所以，货币的交易需求是国民收入的增函数。

2. 预防动机(Precautionary Motive)

预防动机是指人们为应付紧急或意外情况而产生的持有货币的愿望。任何的经济体都保存一定数量的货币以防意外支出。比如，一个家庭除日常开支所需货币外，必须留有一定量货币以防万一(比如失业、患病等)；商店为了应付未来收入和支出的变化也总需持有一定量的货币。这种出于预防动机而产生的对货币的需求就构成了货币的预防需求。一般来说，国民收入越高，风险程度越大，货币的预防性需求就越大。所以，货币的预防需求也是国民收入的增函数。

3. 投机动机(Speculative Motive)

投机动机是指人们为了在未来的某一适当时机进行投资活动而产生的持有货币的愿望。投机动机的提出是凯恩斯货币需求理论中最具创新的部分。

凯恩斯认为，人们需要持有一定量的货币以随时在市场上买卖证券获取收益，这种出于投资的目的而产生的货币需求称为货币的投机需求，买卖证券主要是买卖债券。债券价格与市场利率成反比关系，即市场利率上升，债券价格将下降；而市场利率下降，债券价格将上升。货币的投机需求主要受利率的影响：当市场利率处在高水平时，证券的价格较低，这时人们预测利率将会下降而证券的价格将会上升，人们就会更多地持有证券而减少货币的持有以期在证券价格上升中获利；相反，当利率处在低水平时，证券价格较高，这时人们预测利率将会上升而证券价格将会下降，人们会卖出证券以防在其价格下降中受到损失，因此人们会更多地持有货币而减少对证券的持有。因此，货币的投机需求与利率水平成反比，利率越高，货币的投机需求越小；利率越低，货币的投机需求越大。

交易动机产生的货币交易需求与预防动机产生的货币的预防需求都与货币的流通手段职能有关，可以合二为一，统称为交易性货币需求，它与国民收入成正比，是国民收入的增函数；由投机动机产生的货币的投机需求与利率水平成反比，是利率的减函数。货币需求总量即是由交易性货币需求与投机性货币需求组成。公式如下：

$$L = L_1(Y) + L_2(r) \tag{7-3}$$

式中：L 为货币需求总量；L_1 为交易需求函数；L_2 为投机需求函数；Y 表示国民收入；r 表示利率。

凯恩斯的货币需求理论认为货币总需求等于交易需求与投机需求之和，货币需求的变动主要受国民收入与利率水平的影响，其最大的创新是认为投机性需求和利率成反比关系，在货币需求分析中引入并强调资产性的货币需求，进而强调了利率在货币需求中的重大作用。所以，在社会总需求不足的情况下，可以通过扩大货币供应量来降低利率，通过利率的降低刺激投资，进而增加就业，增加产出。

（三）凯恩斯货币需求理论的发展

1. 交易性货币需求的发展

凯恩斯以后，很多经济学家对此问题做了深入的研究。早在 20 世纪 40 年代末，美国著名经济学家汉森就提出，当利率上升到相当的高度时，货币的交易余额也会具有利率弹性。20 世纪 50 年代初美国经济学家鲍莫尔第一次深入分析了交易性货币需求与利率的关系。后来，耶鲁大学的詹姆斯·托宾也论证了货币的交易需求同样受到利率变动的影响，形成了有名的“鲍莫尔—托宾模型”（又称“平方根公式”）。

该模型认为，人们没有必要将收入中用于日常开支的部分全部以现金形式存在，现金不会给其持有者带来收益，而可以把其中的大部分转变为非现金的生息资产（比如债券），然后再逐渐将生息资产兑现，以供日常支付之用。当然，将非现金生息资产变现，需要一定的手续费。但只要利息超过手续费，这样做就是有利可图的。而利率越高，利息超过手续费的机会就越多，由非现金资产转变为现金的次数也就可以越多，从而保持在身边的现金就会越少。与企业为了生产的延续性必须保有一定量的库存货物一样，为满足交易动机而持有的现金余额也可以当作一种存货。与存货要耗费一定的成本一样，持有现金也会发生成本。其成本一是机会成本，即由于持有现金放弃以其他生利资产持有交易余额所产生的收益；二是获取现金（出售债券）的交易成本（包括佣金费用、税金以及所需时间等）。

2. 预防性货币需求的发展

凯恩斯认为预防性货币需求不受利率变动的影响。20 世纪 60 年代，美国经济学家唐·帕廷金、惠伦、奥尔、温罗贝等人先后发表文章，论证了预防性货币需求也同样为利率的递减函数。下面以温罗贝的分析为主，综合其他人的观点对此加以表述。

他们认为，预防性货币需求来自事物的不确定性。一个人无法保证他在某一时期内的货币收入和货币支出同事前预料的完全一致，也不可能排除实际支出超过实际收入或发生不测之事以致临时需要现金的可能性，因此，人们实际保持的货币往往比预期所需要的多一些。由于预防性的动机，一个人必须决定在收入所得期内，他的财富如何在货币与债券之间进行分配。持有货币，能够弥补任何入不敷出的短缺，应付各种意外的支付需要，避免丧失各种本可以取得的盈利机会而蒙受损失。但持有货币却要丧失利息收入。相反，持有债券可避免利息损失，但一旦意外需要出现，他必须将债券换成货币，为此，他必须承担佣金费用等交易成本。究竟应持有多少预防性货币余额，可根据持有货币余额的边际收益与边际成本加以确定。持有预防性货币余额的目的是为了防备不确定性事项，应付各种意外的支付，因而在某些时候也许就不会加以使用。如若动用，就为持有者赢得了盈利机会，节约了因未持有现金而必须承担的交易成本（债券变现的佣金费用）。因此，从持有预防性货币余额中获得的收益，就等于实际动用这种余额的可能性乘以一旦意外情况发生可免于支付的交易成本。但由于持有货币除了蒙受利息损失外，不可能获得任何收益。若收入所得期内利率水平为 r，那么货币持有增加的边际成本就为 r。因此，当某人为了应付收入支付方式的不确定性而使付出的总成本最小时，他必须增加他的预防性货币需求，直到增加货币持有所节约的佣金费用恰好补偿由此而放弃的利息收入时为止。这就是说边际收益等于边际成本决定着最佳的货币持有额。

3. 投机性货币需求的发展

凯恩斯在其投机性货币需求分析中认为，投机者通过对利率的预期，会在货币和债券之间选择能带来最大收益的资产。但是，凯恩斯的分析却无法解释在现实经济生活中投机者为什么既持有债券又持有货币。那么，投机者如何决定持有债券的比例？在存在许多不确定因素的情况下，他们既要考虑持有债券能够获得利息收入，同时也必须考虑将要冒多大的债券价格下跌的风险。正是由于风险的存在，人们在决定以何种资产作为自己财富存在形式时，不能只考虑预期收益的最大化，而必须考虑收益与风险的替代效应，以预期效用最大化作资产选择的原则。这样，凯恩斯投机性货币需求理论发展成为多样化资产组合选择理论。

（四）弗里德曼的货币需求理论

弗里德曼是美国芝加哥大学著名的经济学教授，“货币主义”的创始者，1976 年诺贝尔经济学奖获得者。弗里德曼货币需求理论基本上继承了传统货币数量论的结论，即非常看重货币数量与物价水平之间的因果关系，并在此基础上进行了改进。他认为决定货币需求量的大小有四个关键因素：一是总财富，也称为恒久性收入；二是人力财富与非人力财富的比例；三是货币与其他资产的预期收益率；四是多种因素的综合变数。其货币需求公式：

$$M_d = f(Y, W; r_m, r_b, r_e, 1/P \cdot dP/dt; U) \tag{7-4}$$

式中：M_d 表示货币需求；f 表示函数关系；Y 表示恒久性收入；W 表示非人力财富与人力财富的比例；r_m, r_b, r_e 分别表示货币的预期收益率、固定收益的债券利率和非固定收益的债券利率；$1/P \cdot dP/dt$ 表示预期物价变动率；U 是反映主观偏好、风尚及客观技术与制度等因素的综合变数。

1. 恒久性收入

强调恒久性收入对货币需求的影响是弗里德曼货币需求理论的重要特色。所谓恒久性收入，表示一个人在一个较长时期的平均收入水平而不是当前的收入水平。弗里德曼非常强调恒久性收入对货币需求的重要作用，他认为当期收入不能反映财富水平，人们的恒久性收入是影响货币需求最重要的变量。恒久收入越高，货币需求越大，即 M_d 与 Y 成正比。

2. 财富在人力与非人力之间的划分

弗里德曼把财富分为人力财富与非人力财富两类，人力财富即"人们赚钱的能力"，非人力财富是货币、金融资产等财富，用货币、债券、股票作为代表。货币需求取决于两种财富的比例关系。在一般情况下，人力财富向非人力财富转化会受到许多限制，因此在总财富中，人力财富占的比例越大，则人们对货币的需求越大；反之，非人力财富占的比重越大，则对货币的需求越小，即 M_d 与 W 成反比。$r_m, r_b, r_e, 1/P \cdot dP/dt$ 是机会变量，即持有货币的机会成本，收益率越高，持有货币的机会成本越大，对货币的需求就越少。

3. 持有货币的收益率与机会成本

持有货币的收益率可用银行存款利率表示，它与货币需求成正比。持有货币的机会成本主要是各种有价证券的收益率，如债券、股票收益率，它们与货币需求成反比。

4. 其他因素

其他因素包括主观偏好与风险以及客观技术与制度因素的综合变数。比如人们的兴趣、爱好、习惯等。节俭的人和注重享受的人对货币需求就有很大不同。

第二节　货币供给

一、什么是货币供给与货币供给量

货币供给与货币供给量是两个有联系的概念。货币供给是一个动态概念，指银行体系通过业务向整个社会提供货币的过程，是一个流量概念。通常所指的货币供应量是一个存量概念，即一个国家，在一定时点上，由其政府、企事业单位和居民所持有的现金和银行存款的总和。货币供应理论是研究货币供给量由哪些因素决定，货币供给量如何形成，货币管理当局应如何控制货币供给量大小等，是研究货币供给量的形成、运行和调控的理论。

在市场经济条件下，货币通过中央银行发行出来，再通过商业银行的存款机制扩大货币供给量。下面来分析一下商业银行的存款货币创造以及中央银行的货币供给体制。

二、商业银行存款货币的创造

商业银行是货币供给形成机制中的一个重要层次，是整个货币运行的最主要载体。商业银行通过活期存款业务、贷款业务等创造存款货币。考察商业银行存款货币的创造过程，对理解商业银行的信用创造具有重要作用。

（一）原始存款与派生存款

商业银行在存款货币创造中首先有两个重要概念：原始存款与派生存款。所谓原始存款是指银行以现金形式吸收，能增加其准备金的存款。从来源上看，原始存款是由银行体系外流入的存款，如居民存入现金到银行。

派生存款是指银行以转账方式来发放贷款或从事其他资产业务时所创造出来的存款。从前面可知，社会成员将现金存入银行后，并不会全部提用，总有一部分存款停留在银行系统里，银行可将此贷放出去以产生收益。而在贷款中，商业银行往往不需要直接支付现金，而是把贷款额直接转入客户在本行开立的存款账户中，这样银行就会因放款的转账而增加了新的存款货币，即产生了派生存款。

（二）存款创造的前提条件

商业银行派生存款的创造主要有两个前提条件：一是部分准备金制度；二是非现金结算制度。

1. 部分准备金制度

商业银行在将原始存款贷放出去以前，总需要保留一部分现金，以应付存款人日常的提款和自身业务的开支，它不能将全部现金贷款出去。商业银行究竟要保留多少现金呢？在现代各国，这由各国中央银行决定，中央银行规定各商业银行必须保留其存款额的一定百分比，这个百分比称为法定存款准备金率，金融机构只要按这个规定保持一定的准备金，其余部分均可以用于放款和投资，这就是部分准备金制度。

部分准备金制度是相对于全额准备金制度而言的。在全额准备金制度下，银行必须保持100%的现金准备，即每增加1元存款，银行必须增加1元的准备金，因此在全额准备金制度下银行没有余款可以贷放出去。在部分准备金制度下，银行每增加1元存款，只需要再增加小于1元的现金准备，其余部分可贷放出去。

部分准备金制度的建立是商业银行存款创造的基础，准备金率越高，银行交存于中央银行的现金就越多，银行可运用的资金越少，派生存款量就越小，反之，就越多。

举例　法定存款准备金率

目前，我国中央银行规定大型金融机构的法定存款准备金率是20%。某商业银行有存款100万元，则必须保留20万元的准备金，其余款项可用于贷款和投资。

2. 非现金结算制度

非现金结算制度是相对于现金结算制度而言的。现金结算是指直接用现金支付，用现金来了结债权债务关系，这样的结果是现金流出银行体系外。而非现金结算又称为支付结算，是指通过汇票、本票、支票等票据、以银行转账的方式来了解债权债务关系。在非现金结算制度下，货币只是从一个银行账户转移到另一个银行账户，资金并不流出银行体系外。

一般来说，商业银行进行存款货币的创造需要同时具备上述两个条件，缺一不可。

（三）存款货币的创造过程

为了说明存款货币的创造过程，先作如下假定：第一，商业银行只持有法定存款准备金，没有超额准备金，除法定准备金外的资金都用于贷款；第二，实行完全非现金结算，没有现金流出银行体系外，即所有的债权人和债务人都通过银行转账来了结债权债务；第三，中央银行规定的法定存款准备金率为20%。

现有甲企业将现金100万元存入A银行。A银行在提取法定准备金20(100×20%)万元后，将余下的80万元贷放给乙企业，其资产负债的变化如表7-1所示。

表7-1　A银行的T字账户　　单位：万元

资产		负债	
法定准备金	20	存款	100
贷款	80		

乙企业将这80万元贷款存入B银行。B银行在未获得此存款时资产负债情况如表7-2所示。B银行在提取法定准备金16(80×20%)万元后，将剩余的64(80－16)万元贷放出去给丙企业，其资产负债变化如表7-3所示。可见，即使没有现金存入B银行，通过转账支付B银行也增加了存款80万元。这80万元就是派生存款。

表7-2　变化前B银行的T字账户　　单位：万元

资产		负债	
法定准备金	10	存款	50
贷款	40		

表7-3　变化后B银行的T字账户　　单位：万元

资产		负债	
法定准备金	26	存款	130
贷款	104		

丙企业获得了64万元的贷款，将此贷款存入C银行中。C银行在未获得该笔存款前资产负债情况如表7-4所示。C银行在获得64万元存款后，按20%的准备金率提取12.8万元的法定准备金，将余款51.2万元贷放出去，给丁企业。变化后的资产负债情况如表7-5所示。同理，即使没有现金存入C银行，C银行通过转账仍然获得了64万元的派生存款收入。

表7-4　变化前C银行的T字账户　　单位：万元

资产		负债	
法定准备金	30	存款	150
贷款	120		

表7-5　变化后C银行的T字账户　　单位：万元

资产		负债	
法定准备金	42.8	存款	214
贷款	171.2		

贷款给丁企业的 51.2 万元又会产生下一个银行的派生存款。这个过程就这样持续下去,情况如表 7-6 所示。在最初 100 万元现金流入银行体系基础上,通过银行的存贷款机制和转账制度,整个银行体系的存款总额增加了,如表 7-6 所示。

表 7-6 银行体系存款货币的创造过程 单位:万元

银行	存款增加	贷款增加	准备金增加
A	100	80	20
B	80	64	16
C	64	51.2	12.8
D	51.2	40.96	10.24
⋮	⋮	⋮	⋮
合计	500	400	100

注:法定准备金率为 20%。

表 7-6 表明,各银行创造出的派生存款呈递减趋势。如果以 S 表示整个银行产生的存款总量,r 表示法定存款准备金率,R 代表原始存款量,D 表示派生存款量,则有公式:

$$S = R \times 1/r \tag{7-5}$$

$$D = S - R \tag{7-6}$$

公式(7-5)和公式(7-6)是银行存款货币创造的公式。表示在部分准备金制度和非现金结算下,整个银行创造出的存款(包括原始存款与派生存款)与法定准备金率的倒数成正比,其中,派生存款数额等于总的存款数减去原始存款数额。以本例来看,整个银行体系创造出的存款总额为 500(100×1/20%)万元,其中原始存款 100 万元,派生存款 400 万元。银行信用能力扩大了。

总之,商业银行存款货币创造能力(银行信用扩张能力)的大小与两个因素有关。一是原始存款额的大小。原始存款额与银行最终创造的存款额大小成正比关系:原始存款额越大,银行创造的存款额也越大。二是法定存款准备金率的大小。法定存款准备金率与银行最终创造的存款额大小成反比关系:准备金率越大,银行创造的存款额越小;反之,就越大。

课堂练习

根据上述存款货币的创造,写出存款货币的削减过程。假定有 50 万元存款流出银行体系,法定准备金率为 20%。

(四) 影响存款货币创造的其他因素

从上述总结中知道,影响银行存款货币创造能力的基本因素有原始存款的大小和法定准备金率的大小,这个结论的前提条件是假定没有现金流出银行外和没有超额准备金。但实际情况并非如此简单。在实际经济生活中,存款货币的创造还会受到以下一些因素的制约。

1. 现金漏损

现金漏损是指现金流出银行体系外。在现实生活中,客户总会从银行提取部分现金,使一部分现金流出银行体系。显然,出现现金漏损时,整个银行的存款准备金数额将减少,银行存款创造能力下降。并且,现金漏损越多,银行存款创造能力就越小。如果现金漏损的大小用现金漏损率 c 衡量,则 c 等于提取的现金量与活期存款之比。

2. 超额准备金

银行在实际经营中,为了安全或应付意外情况,一般不会将所有的准备金都贷款出去或投资出去,银行实际持有的准备金除了法定准备金外,总会持有一定的超额准备金。超额准备金会减少银行存款货币的创造能力,超额准备金越大,银行存款创造能力越小。如果超额准备金的大小用 e 衡量,则 e 等于超额准备金与存款总额之比。

3. 活期存款转化为定期存款的比例

在银行存款货币创造过程中,总有一些客户的活期存款转化为定期存款。由于定期存款与活期存款的准备金率不同,因此银行的准备金总额就有所不同,这也影响到银行存款的货币创造能力,活期存款转化为定期存款比例越大,银行存款的货币创造能力越小。

如果用 t 表示活期存款转化为定期存款的比例,r_d 和 r_t 分别表示活期存款和定期存款法定准备金率,则公式(7-5)可修正为:

$$S = R \times 1/(r_d + c + e + r_t \times t) \tag{7-7}$$

上式中的 $1/(r_d + c + e + r_t \times t)$ 称为货币乘数,它是存款总额的最大扩张倍数。

影响货币乘数的各种变量可用表 7-7 表示。

表 7-7　影响货币乘数的各种变量

变量名称	变量自身变动	货币乘数的变动	银行存款货币的创造
法定存款准备金率(活期存款准备金率)	上升	下降	下降
现金漏损率	上升	下降	下降
超额准备金率	上升	下降	下降
活期存款转化为定期存款的比例	上升	下降	下降

三、中央银行与货币供给

上面从商业银行角度分析了存款货币的创造过程,下面再从中央银行货币发行角度来考察货币供给量是如何创造的。

(一) 基础货币

1. 基础货币的含义

基础货币(B)又称为货币基数(Monetary Base),或强力货币、高能货币,它是货币理论中一个十分重要的概念,指具有使货币总量倍数扩张或者收缩能力的货币。基础货币从中央银行发行出来,流入商业银行体系就会增强银行信用创造能力。为了更好地掌握这个概念,可以从两个角度来学习。

第一,从其来源来看,基础货币是中央银行的负债,即是由中央银行投放并为中央银行所能控制的那部分货币。需注意的是,基础货币并不是全部的货币供给量,它只是货币供给量的一部分。

第二，从其运用来看，基础货币由公众持有的现金和商业银行的准备金构成，这二者实际上都是中央银行对社会公众的负债。

基础货币常用以下公式表示：

$$B = R + C \tag{7-8}$$

式中：B 表示基础货币；R 为商业银行的准备金（包括银行库存现金和商业银行存放于中央银行的存款）；C 为流通于银行体系外的现金。

基础货币的构成又可以用公式(7-9)表示。

基础货币 ＝商业银行的准备金＋流通于银行体系外的现金
＝商业银行库存现金＋商业银行存放于中央银行的存款
＋流通于银行体系外的现金 (7-9)

基础货币是中央银行能够直接控制的这部分货币（包括控制现金的发行和商业银行的存款准备金），基础货币的改变对商业银行的信用规模的影响直接而且巨大，它直接决定了商业银行存款的货币创造能力。基础货币是商业银行借以创造存款货币的源泉。从这个意义上说，它是基础货币。从实践上看，中央银行对全社会货币供给量的调控很大程度上都是通过调节基础货币来实现的。

2. 基础货币的形成

货币供给的全过程，就是中央银行供应基础货币，基础货币形成商业银行的原始存款，商业银行通过存贷款产生派生存款，最终形成货币供给量的过程。中央银行投放基础货币主要有三条渠道：一是对商业银行等金融机构政府的再贷款和再贴现；二是通过收购金、银、外汇等储备资产投放货币；三是通过公开市场业务等投放货币。

3. 影响基础货币投放的因素

基础货币是中央银行可以控制其投放量的货币。基础货币的投放受以下几个因素的影响。

(1) 财政收支状况。当财政出现赤字并且通过向中央银行透支借款弥补时，基础货币投放增加；若财政出现节余，则基础货币投放减少。

(2) 向金融机构贷款和公开市场业务。中央银行无论采取再贷款还是再贴现的方式，只要是向商业银行等金融机构注入资金，则基础货币投放增加；反之，则基础货币投放减少。中央银行从公开市场上买进证券，基础货币的投放增加；若从公开市场上卖出证券，则基础货币投放减少。

(3) 国际收支状况。国际收支的变动会引起中央银行金、银和外汇储备的变动。如果中央银行在本国国际收支顺差时增加黄金和外汇储备，则基础货币投放增加；如果本国出现国际收支逆差，中央银行减少黄金和外汇储备，则基础货币投放减少。

（二）货币乘数

由基础货币可知，货币供给量是在基础货币基础上扩张的结果，由此引出货币乘数的概念。货币乘数是指货币供给的扩张倍数，也就是货币供给量与基础货币的比值，它表示每1元基础货币的变动所能引起的货币供给量的变动。用 M_s 表示货币供给量，m 表示货币乘数，B 表示基础货币，则货币供给量可用公式表示如下：

$$M_s = mB \tag{7-10}$$

货币乘数模型为：

$$m = M_s / B \tag{7-11}$$

从公式(7-10)和公式(7-11)可知，货币供给量是由基础货币和货币乘数共同决定的。基础货币 B 可以由中央银行决定，通过现金发行和货币政策来实现对基础货币的控制。而影响 m 的因素有活期存款准备金率、定期存款准备金率、超额准备金率、现金漏损率等，其中中央银行只能控制前两个，而后两个因素不由中央银行决定。由此可得出结论，中央银行并不能完全控制货币乘数 m，因而货币供给量并不是完全由中央银行决定的外生变量，它是一个内生变量，由中央银行、政府部门、商业银行及社会公众的行为共同决定。

通过本节学习，知道了货币供给的过程：中央银行发行基础货币，通过商业银行存款创造机制形成了全社会的货币供给量，它等于基础货币乘以货币乘数。

问题

参与货币供给的主体有哪些？

根据本节学习，思考在货币供给过程中，有哪些主体参与其中？它们分别是怎样参与的？

课堂练习　货币乘数的计算

某时期中央银行规定商业银行活期与定期存款准备金率分别为 20%与 3%。假定银行体系准备金为 18 000 亿元，公众持有现金为 400 亿元。根据以往经验，银行体系现金漏损率为 5%，超额准备金率为 15%，活期存款转化为定期存款的比例为 30%。

问题：

(1) 求货币乘数与基础货币。

(2) 求该时期全社会货币供给量。

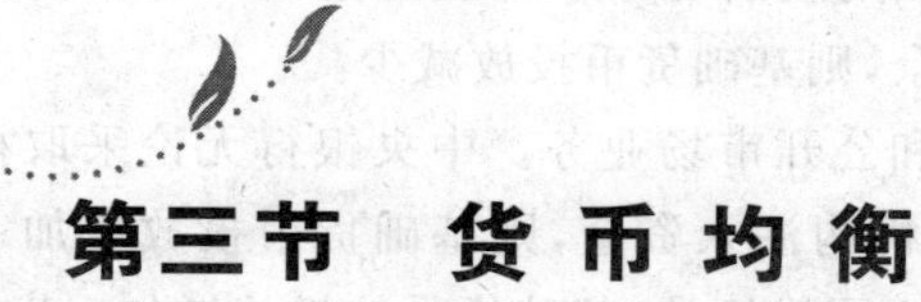

第三节　货币均衡

研究货币供给与货币需求的目的是在实际经济中尽量使货币供给与货币需求相一致，促使经济持续稳定发展。这就是货币均衡问题。

一、货币均衡的含义

均衡(Equilibrium)是经济生活中人们追求的目标。货币均衡是指货币供求作用的一种状态，指货币供给与货币需求大致相当。若以 M_d 表示货币需求，以 M_s 表示货币供给，则货币均衡可以表示为：

$$M_d = M_s \tag{7-12}$$

正确理解货币均衡的概念需注意以下两方面。

第一，货币均衡是一个动态概念，它并不要求在某一具体时点上货币供给等于货币需求，只是要求在长期内货币供求大体上一致。

第二，货币均衡在一定程度上反映了国民经济的总体均衡状况，两者互相影响。货币供求不均衡必然导致国民经济的失衡，反过来，国民经济的运行状况势必要反映为货币的均衡或不均衡。

与货币均衡相对应的是货币失衡。在实际经济中，货币失衡比货币均衡更加普遍。当货币供给量与货币需求量不一致时，就会出现货币失衡。货币失衡一般有两者情况：货币供给量大于货币需求量；货币供给量小于货币需求量。两种货币失衡都会导致国民经济失衡，前者导致经济出现通货膨胀，后者导致经济出现通货紧缩。关于这部分内容见第八章“通货膨胀与通货紧缩”。

二、货币均衡与社会总供求平衡

货币均衡是国民经济总体均衡的一个前提条件，而国民经济均衡具体表现为社会总供求平衡，因此货币均衡是实现社会总供求平衡的重要条件。研究货币均衡必须要研究社会总供求平衡。

（一）社会总供求平衡

社会总供求是社会总需求与社会总供给的合称。所谓社会总需求 AD(Amount Demand)，是指在一定时期内，一国社会的各方面实际占用或使用的全部产品之和，也就是社会各阶层所有需求之和。它通常包括消费需求(C)、投资需求(I)、政府需求(G)和净出口需求(X)。同货币需求一样，社会总需求也有现实需求与潜在需求之分。现实需求是指有现实购买力的需求，而潜在需求是社会节余的购买力，是尚未实现的需求。经济学研究的社会总需求也是指现实需求。社会总供给 AS(Amount Supply)是指在一定时期内，一国所有的生产部门供应给社会的全部产品与服务的总和。经济学研究的社会总供给也是现实的总供给。

社会总供求平衡就是指在一定时期内社会总需求与社会总供给大体相当，它是宏观经济的最终平衡。从市场角度来看，社会总供求平衡包括商品市场的平衡与货币市场的平衡，其中，货币市场的平衡起着关键作用。

（二）货币供求与社会供求的关系

1. 社会总供给决定货币需求

社会总供给具体体现为商品供给，在商品经济条件下，任何商品都需要用货币来衡量其价值，并通过与货币的交换来实现其价值。因此，有多少商品供给，就必然要求有多少货币与之对应。由此，社会总供给决定着货币需求，有多大规模的社会总供给就要求有多大的货币需求与之适应。

2. 货币供给量决定社会总需求

我们知道，社会总需求的四个方面均表现为有货币支付能力的需求，任何需求的实现都必须通过货币，只有通过货币的支付，需求才得以实现。因此，在一定时期内，货币供给总量实际上决定了当期的购买力水平，决定了社会总需求水平。在政策运用上，通过调节货币供给量水平就能影响社会总需求，从而对经济产生影响。

社会总供求与货币总供求的关系，可用图 7-2 反映。

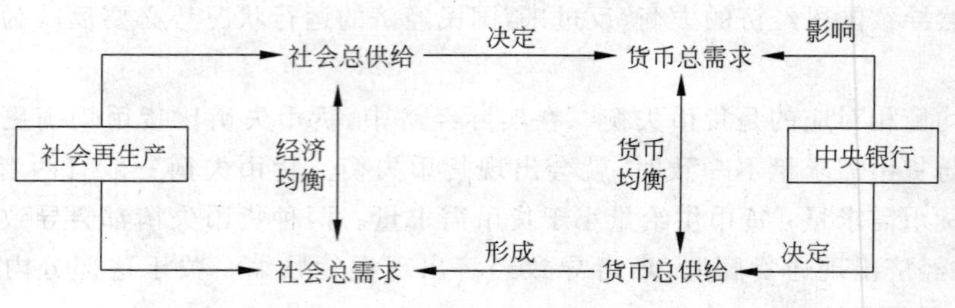

图 7-2 货币均衡与经济均衡示意图

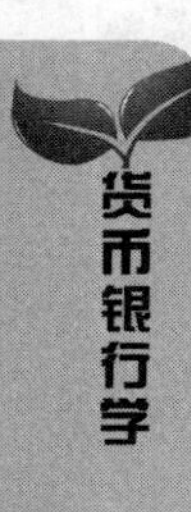

三、货币均衡的评定标准

从理论上看，货币均衡表现为货币供给量大致与货币需求量相等。但在实际操作中，由于货币需求量难以准确测定，因此难以用此公式来衡量货币是否均衡。一般情况下，都是通过一定的经济指标来分析和把握。

判断货币是否均衡可以从商品市场均衡和金融市场均衡两方面进行。

从商品市场上看，如果货币均衡，则表现为货币流通与商品流通相适应，不存在由于购买力不足(货币过少)而引起的商品积压现象，也不存在购买力过剩(货币过多)而引起的商品供不应求现象，即商品供求大致平衡，而衡量商品供求平衡的经济指标是商品物价是否稳定。因此，商品物价是否稳定就成为商品市场上判断货币是否均衡的主要指标。

从金融市场上看，货币均衡表现为货币资金的价格——利率是否稳定。在第二章，货币是一种特殊商品，利率是这种商品的价格。当货币不均衡，比如，货币供大于求时，引起其价格下降，即利率降低；当货币供不应求时，其价格上升，即利率升高。因此，金融市场上的利率水平就成为判断货币是否均衡的重要标志。

四、货币均衡的实现机制

货币均衡是实现社会总供求均衡的关键因素。只有货币基本达到均衡，才能保证经济持续、稳定发展。货币均衡的实现实际上是货币从失衡到均衡的调整。这种调整有两种方式：一是自动调整；二是政策调整。

（一）货币均衡的自动调整

货币均衡的自动调整是指在假定政府不改变货币供给量，中央银行继续执行既定的货币政策前提下，依靠市场本身的力量和货币供求的内在机制使货币失衡恢复到货币均衡。

1. 自动调整的条件

由于自动调整主要依靠货币供求规律，而供求规律主要通过资金价格——利率来反映。因此，依靠市场来自动调节货币均衡的重要条件是健全、市场化的利率体系，使利率作为资金的价格，能够及时、灵敏地反映货币供求情况。市场化利率使利率能随着货币供求关系变化自由波动，以此来反映货币是否失衡以及失衡程度。除此以外，还需要有健全发达的金融市场和种类众多的金融工具，使各种金融工具和货币之间能有效地相互转化，促进货币供求的平衡。

2. 自动调整的过程

货币均衡的自动调整过程可通过图 7-3 来说明。M_s 表示货币供给曲线，它显示货币供给量与利率水平成正向变化。M_d 表示货币需求曲线，它显示货币需求与利率水平成反向变化。E 点是均衡点，与 E 点对应的利率 i_e 与货币量 M_e 是货币均衡时所决定的均衡利率与均衡的货币量。

当货币供求变化时，比如货币供给提高，这会导致货币供给曲线 M_s 向右移至 M_s'，这时货币供给大于货币需求，引起利率水平从 i_e 下降。由于货币需求与利率成反比关系，利率下降必然导致货币需求上升，使货币需求曲线从 M_d 上移至 M_d'，这样，货币需求与货币供给又会重新达到均衡，货币供给的增加使均衡利率由 i_e 变为 i_1，均衡货币量由 M_e 上升至 M_1。

从上述分析可见，自由浮动的利率在货币均衡的自动调整中起到关键作用。

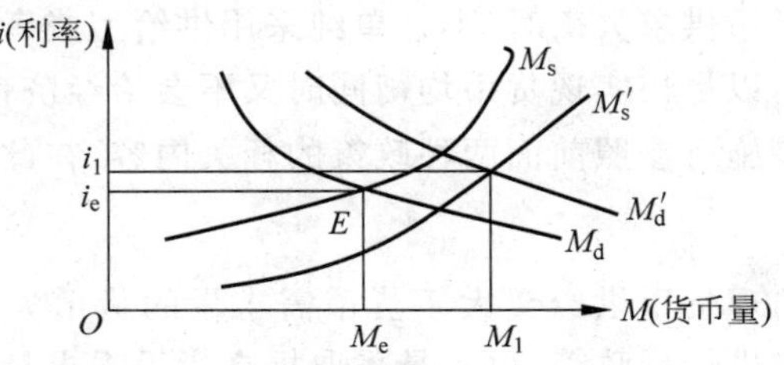

图 7-3　货币均衡的自动调整

课堂练习

根据上述货币供给大于货币需求的自动调整过程，画出图形表示当货币需求大于货币供给时的调整过程，并做出解释。

（二）货币均衡的政策调整

依靠经济自身规律实现货币均衡的自动调整，需要的时间较长，付出的代价比较大。所以，当货币出现失衡时，政府一般都不会袖手旁观，而是积极干预，运用各种政策使货币尽快达到均衡状态。政府对货币失衡的调整主要有四种方式。

1. 供给型调整

供给型调整是指在货币供给量与货币需求量不适应时，以货币需求为标准，改变货币供给量使之与货币需求量相适应。具体来说，当货币供应量大于货币需求量时，紧缩货币供给量以适应货币需求量；当货币供给量小于货币需求量时，扩张货币供给量以适应货币需求量。以货币供给量大于货币需求量为例，供给型调整的主要内容如下。

(1) 从中央银行角度来说，当货币供给量大于货币需求量时，采取紧缩型货币政策，包括：①在公开市场上卖出有价证券回笼货币；②提高法定存款准备金率、再贴现率以紧缩商业银行的信用扩张能力；③减少基础货币投放量。

(2) 从商业银行角度来说，①停止向客户发放新贷款；②在贷款利率浮动前提下，提高贷款利率以紧缩信用；③提前收回部分贷款。

(3) 从财政角度来说，实行紧缩型财政政策。采取的措施主要有：①减少对部门的拨款；②增发政府债券，将社会公众手中的资金转移到政府上，减少社会持有的货币量；③提高税率，增设新税种，减少社会各界持有的货币量。

2. 需求型调整

需求型调整是与供给型调整相对应的一种政策，它是指当货币供求失衡时，调整货币需求量以适应货币供给量。具体来说，当货币供给量大于货币需求量时，增加货币需求量使之适应货币供给量；当货币供给量小于货币需求量时，减少货币需求量以适应货币供给量。以货币供给量大于货币需求量为例，需求型调整采取的具体措施如下。

(1) 增加市场上商品供给。本节前面讨论过，社会总供给决定货币需求，通过商品市场上供给增加以引导货币需求增加。

(2) 中央银行动用外汇储备，同时积极扩大进口，从而扩大国内商品的供给。

3. 混合型调整

混合型调整是指在货币供求失衡时，不是单纯采用供给型或者需求型政策，而是将两者结合，同时从两方面入手，以尽快实现货币均衡同时又不会给经济带来大的振荡。

混合型调整的具体措施可参照前面两种政策的相关内容，在此不再多述。

4. 逆向型调整

逆向型调整是指当出现货币供给量大于货币需求量的货币失衡情况时，中央银行并不是采取压缩货币供给量的供给型政策，也不是采取提高货币需求量的需求型政策，而是增加货币供给量来促使货币供需达到均衡。这种政策具体的经济内涵是：如果货币供给量大于货币需求量，同时，经济生活中又存在着尚未充分利用的生产要素(如闲置的劳动力、厂商开工不足等)，另外还存在着某些“短缺产品”，社会需求大而供给不足，那么，银行就可以对这类产品追加投资和发放贷款，以促进产品供给的增加，并以此来消化过多的货币供给，使货币失衡转向货币均衡。

第四节　中国货币需求理论的发展概述

新中国成立以来，以马克思货币理论为指导基础，中国学术界对货币需求的问题展开了集中研讨。虽然没有形成十分鲜明的学术流派，但在许多观点和方法上也存在激烈的争论。从时间跨度上分，我国货币需求理论的发展大致可以分为三个阶段。

第一阶段是新中国成立初期至20世纪50年代末。这一时期货币需求的研究主要是诠释马克思的有关理论，反映了我国1950—1952年国民经济恢复时期的货币制度和货币现象，以及1953—1957年“一五”计划时期的中国货币金融政策的实践状况。货币需求理论研究的重点是我国人民币的性质、职能以及它的价值基础，探讨我国过渡时期的货币流通规律。讨论的焦点集中于货币的本质和阶级性，例如骆耕漠认为“由于货币被其他商品推崇为共同的交换对象，它就成为一般等价物”[①]，而郑伯彬则认为“货币就是具有一般等价物作用

① 骆耕漠.我国人民币本位和流通问题[M].上海：上海人民出版社，1958.

的特殊商品"[①]。另外,不少学者探讨了货币的阶级性,认为货币是资本主义的产物。货币需求理论的第一次大讨论终结于1958年陈伯达等人提出"货币无用论",认为货币在生产资料所有制的社会主义改造基本完成以后会失去其历史作用,从而使中国货币理论的探索开始走入第一次低潮。

第二阶段从1962年到1966年。当时正处于"二五"计划与经济调整时期,国民经济严重困难,货币发行过多,商品供给严重不足,物价上涨。为此,中共中央和国务院在进行经济调整中做出了《关于加强银行工作的集中统一,严格控制货币发行的决定》,采取高度集中的金融管理制度,目的是稳定人民币的购买力,力争财政与金融的综合平衡。经过调整,1962年年末整个国民经济开始好转。1965年,中国人民银行提出:在市场货币流通正常的情况下,随着国民经济的增长,可以相应增加货币发行量。在这样的历史背景下,我国经济学界开始注意从国民经济发展中考察货币流通问题。这一时期关于货币流通的基本概念、流通范围和货币需求量的计算等研究都得到进一步深入,还形成了所谓的"经验公式",即货币流通量对社会商品零售额保持1∶8的比例,对商品库存要保持1∶5的比例,对农副产品收购要保持1∶4的比例。这一经验数据在传统体制下较长时间成为管理层控制货币供给的重要依据。

这一阶段对货币需求理论研究的深度和广度比过去又前进了一步。但好景不长,十年动乱期间,我国出现了第二次否定货币作用的逆流。这一时期有关货币需求的研究实质上已经停滞了。

第三阶段从十一届三中全会至今,在改革开放的背景下,关于货币需求的研究更加广泛、深入。改革与建设实践的不断探索既对理论研究提出了挑战,同时也为理论研究提供了大量新素材。特别是对西方经济学理论的借鉴吸收,拓宽了中国货币需求研究的视野和思路,新的观点不断涌现。

首先,在对货币流通规律的认识上,提出分层次研究我国的货币需求;利用简单的货币需求公式($M=Y+P$)[②]代替已经过时的1∶8经验公式;还有学者认为货币需求必要量是具有一定弹性的区间量而非确定量,形成了关于"适度货币量"的共识,同时也深化了对货币流通速度[③]、货币均衡[④]等问题的认识。其次,随着价格管制的放开,通货膨胀成为不可回避的经济现象。对通货膨胀的成因和对经济的作用,经济学家展开了广泛的讨论。理论研究的结果是1995年《中国人民银行法》确定了"保持币值稳定,以此促进经济增长"货币政策单一目标,为中国经济持续增长提供了保障。最后,借鉴西方的货币金融理论及其分析方法,对我国货币需求结构,如个人和企业等主体的货币需求和交易、投机、灵活偏好等需求动机进行了较深入的研究[⑤]。

展望我国货币需求理论的未来发展,有两点应引起重视:其一是利率和货币需求的关系,由于我国利率未实现市场化,这一问题还有待于在实践中继续研究。其二是我国货币需求函数模型的建立,虽然已经有很多学者对此进行研究,但距建立一个成熟完善的理论模型

---

① 郑伯彬.货币的本质与机能[M].北京:中国财政金融出版社,1955.

② M是货币需求的增长率,Y为经济增长率,P为预期的物价上涨率。

③ 丁鹄.扑朔迷离的货币流通速度[J].金融研究,1986(8):18-22.

④ 黄达.财政信贷综合平衡导论[M].北京:中国金融出版社,1984.

⑤ 周业升,曾康霖.货币银行学[M].成都:西南财经大学出版社,1993:338.

还有很长一段路要走。

练 习 题

1. 判断题

(1) 费雪认为 $MV=PT$ 中的 V 是固定不变的常数。 ( )

(2) 现金交易学说强调了人们对货币的主观需求。 ( )

(3) 交易方程式 $MV=PT$,剑桥方程式 $M=KPT$,其中,$K=1/V$。因此,剑桥方程式是交易方程式的变形,两者是一致的。 ( )

(4) 根据凯恩斯的"流动性偏好"理论,货币需求的动机之一投机需求与利率水平成正比关系。 ( )

(5) 凯恩斯的货币需求理论认为货币需求由交易性需求与投机性需求组成。 ( )

(6) 弗里得曼的货币需求理论的一个重要特点是以"恒久收入"来代替当前收入作为财富的代表。 ( )

(7) 在影响我国 20 世纪 80 年代的货币乘数变动的因素中,现金漏损的影响最大。 ( )

(8) 社会总供给决定货币总供给,有多大的社会商品供给就需要多少的货币供给量。 ( )

(9) 货币均衡就是指货币供给一定要等于货币需求。 ( )

(10) 依靠经济自身规律,货币能从失衡恢复到均衡。因此,不需要政府干预经济。 ( )

2. 比较现金交易方程式与现金余额方程式的相同与不同。

3. 试述凯恩斯货币需求理论的主要内容。

4. 试述弗里得曼货币需求理论的主要内容。

5. 什么是基础货币? 它对货币供给量有什么重要影响?

6. 什么是货币乘数? 影响货币乘数的因素有哪些?

7. 举例说明货币均衡与货币失衡。

8. 为什么在货币均衡的自动调节过程中市场化利率是关键因素?

9. 论述题

如果中央银行规定的法定存款准备金率为 10%。某一客户将 10 000 元现金存入银行。假定没有现金漏损、超额准备金,也不考虑活期存款转为定期存款。请用 T 字账户写出商业银行存款货币的扩张过程(包括过程与结论)。

10. 计算题

假设商业银行体系准备金为 16 000 亿元,公众持有现金为 400 亿元。该时期中央银行规定的活期存款与定期存款法定存款准备金率分别为 10%与 3%。现金漏损率为 20%,商业银行超额存款准备金率为 20%。活期存款转为定期存款的比例为 30%。

试求:

(1) 基础货币与货币乘数。

(2) 该时期全社会货币供给量。

(3) 分析基础货币、货币乘数、货币供给量的关系。

第八章

通货膨胀与通货紧缩

内容提要与学习要求

通货膨胀是现代经济生活的一大难题。特别是20世纪60年代以后，通货膨胀更是成为一种常规性、世界性的现象。20世纪末，一些国家在经历了长期艰苦的反通胀后，又出现了物价水平持续下降、经济增长率下降的通货紧缩现象。因此，通货膨胀与通货紧缩一直是经济金融界研究的主要课题，它已成为当代西方货币金融理论的重要组成部分。通过本章学习，使学生掌握通货膨胀与通货紧缩的概念，熟悉通货膨胀与通货紧缩的主要类型，并能结合我国实际分析、认识通货膨胀与通货紧缩的成因与主要治理措施。

导入案例

津巴布韦通胀迷局：从天堂国到1亿元1个鸡蛋

津巴布韦曾经号称“南非粮仓”，然而2 200 000%的通货膨胀率已经彻底击溃了该国经济。现在有近1/4的人口处在严重饥饿当中。在津巴布韦经济最为富裕的20世纪八九十年代，不到1津元就可以兑换1美元，而现在的津巴布韦，津元兑换美元的黑市价格是4 000万津元兑换一美元，实际上1亿元也仅够买1个鸡蛋。

资料来源：凤凰网(http://phtv.ifeng.com/pngram/xlksj/200807/0728_1760_679063.shtml).

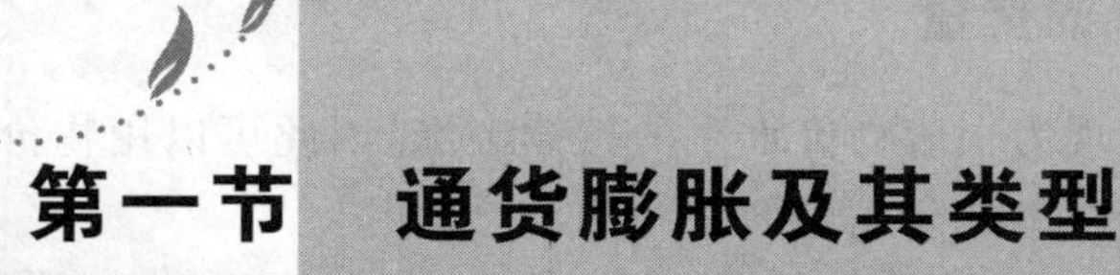

第一节 通货膨胀及其类型

一、通货膨胀及其度量

(一) 通货膨胀的定义

通货膨胀(Inflation)是一个常见的经济术语，究竟什么是通货膨胀？很多时候人们将它与物价上涨视为同一概念。比如，本月物价上涨率为2%，人们会说本月的通货膨胀率是2%。但是，在经济学中，通货膨胀并不等于物价的上涨。

对通货膨胀来说，不同的经济学流派有不同的解释。比较常见的一种定义是：通货膨胀是由于货币供应量超过了商品流通的客观需要量，从而引起货币不断贬值的一般物价水平持续上涨的经济现象。理解这一定义必须注意以下几个要点：第一，通货膨胀的原因是货币供应量超过了经济中所需要的货币量所引起的物价上涨，即著名经济学家弗里得曼所说的“通货膨胀无论如何都是一种货币现象”；第二，通货膨胀是一般物价水平（全社会所有的商品与劳务的平均价格水平）的普遍上涨，个别的商品和劳务的价格上涨不能视为通货膨胀；第三，通货膨胀表现为物价水平的持续上涨，季节性、暂时性的物价上涨也不能视为通货膨胀。

举例　国民党统治时期的恶性通货膨胀

1935 年，国民党政府将货币制度由金属货币制度改为纸币管理制度，开始发行“法币”，从此走上了依靠通货膨胀来为巨额的政府财政赤字融资的道路。从 1935 年到 1949 年短短的十几年，法币经历了一个加速持续不断贬值的过程，最后完全等同于废纸。100 元法币的购买力变化如下。

1937 年，可买牛两头；

1941 年，可买猪一头；

1945 年，可买鱼一条；

1946 年，可买鸡蛋一个；

1947 年，可买油条 1/5 根；

1948 年，可买大米两粒。

如此严重的通货膨胀有着深刻的政治和经济背景。首先，连年的战争使得国民党政府陷入严重的财政危机中。1945 年以后的内战更使得财政支出急剧扩大，而巨额的财政赤字只能通过发行更多货币来弥补。其次，连年的战争使物资供应严重不足，社会总需求大大超过社会总供给，导致了物价飞涨。再次，法币从诞生之日起就不断贬值，使得普通百姓存在很高的通货膨胀预期，对法币的不信任加速了其贬值过程。

从 1946 年至 1949 年，国民党政府曾多次采取措施，试图缓解失控的物价上涨现象，但都以失败告终。

（二）通货膨胀的度量

既然通货膨胀表现为一般物价水平的持续上涨，因此可以用物价上涨率来衡量通货膨胀大小。计算通货膨胀率的公式如下：

$$\text{当期通货膨胀率} = \frac{\text{当期价格水平} - \text{上一期价格水平}}{\text{上一期价格水平}} \times 100\% \qquad (8\text{-}1)$$

在实际中，通常用各种物价指数来衡量通货膨胀率。常用的物价指数有如下几个。

（1）消费者物价指数（Consumer Price Index）

消费者物价指数被视为通货膨胀的经济晴雨表，是使用得最为广泛的物价指数。它主要反映了与人们生活直接相关的消费品，如衣服、食品、住房、水、电、交通、医疗、教育等商品和劳务价格的变动。由于消费物价指数与社会公众的生活密切相关，所以其上涨率深受公众与政府的关注。但是，该指标包括的范围较窄，没有反映生产资料的价格变动。

(2) 生产者价格指数(Producer Price Index)

生产者价格指数又称为批发物价指数,是根据企业而不是消费者所购买的商品的价格变化状况编制的。它反映了包括原材料、中间品及资本品在内的各种商品批发价格的变化。由于生产者价格指数反映了企业经营成本的变动,所以企业更加关注该指标。同时,由于企业的生产成本最终要在消费品的价格中表现出来,所以批发物价指数变化预示着消费者物价指数的变化。两者呈同方向变化。

(3) 国民生产总值平减指数(GNP Deflator)

国民生产总值平减指数又称为国民生产总值缩减指数,是一个涵盖更为广泛的指标,反映了一国生产的各种最终产品(包括消费品、资本品以及劳务)的价格变化状况。它等于按现行价格计算的国民生产总值与按不变价格计算的国民生产总值的比率。

$$\text{国民生产总值平减指数} = \frac{\text{按报告期价格计算的报告期国民生产总值}}{\text{按基期价格计算的报告期国民生产总值}} \times 100\% \qquad (8\text{-}2)$$

该指数最大的优点是所包括的范围广,能够全面反映社会总体物价水平的趋势。但是,编制这一指数需要收集大量的资料,难以经常性地公布,一般只能一年公布一次。

表 8-1 是我国 2001 年以来的商品零售价格指数、居民消费价格指数和固定资产投资价格指数的有关数据。从数据上显示,我国在 2000—2006 年期间物价波动不大,基本保持温和上涨,仅仅 2002 年下跌了 0.8%,其他年份的涨幅为 1.2%~3.9%;居民消费价格上涨幅度 0.7%~3.9%;固定资产投资价格上涨了 0.2%~5.6%。而从 2007 年开始到 2008 年金融危机来临之前,各个指标突然膨胀,例如物价上涨幅度 3.8%~5.9%,投资固定资产投资价格涨幅最高达 8.9%,居民消费价格上涨 4.8%~5.9%,显示了危机来临之前的价格预警作用。

表 8-1　2001 年以来我国各类物价指数(以上年为 100)

年份	居民消费价格指数/%	商品零售价格指数/%	固定资产投资价格指数/%
2001	100.7	99.2	100.4
2002	99.2	98.7	100.2
2003	101.2	99.9	102.2
2004	103.9	102.8	105.6
2005	101.8	100.8	101.6
2006	101.5	101.0	101.5
2007	104.8	103.8	103.9
2008	105.9	105.9	108.9
2009	99.3	98.8	97.6
2010	103.3	103.1	103.6
2011	105.4	104.9	106.6
2012	102.6	102.0	101.1

资料来源:《中国统计年鉴》(2013),http://www.stats.gov.cn/tjsj/ndsj/2013/indexch.htm.

二、通货膨胀的类型

通货膨胀可以从多个角度进行分类,如图 8-1 所示。

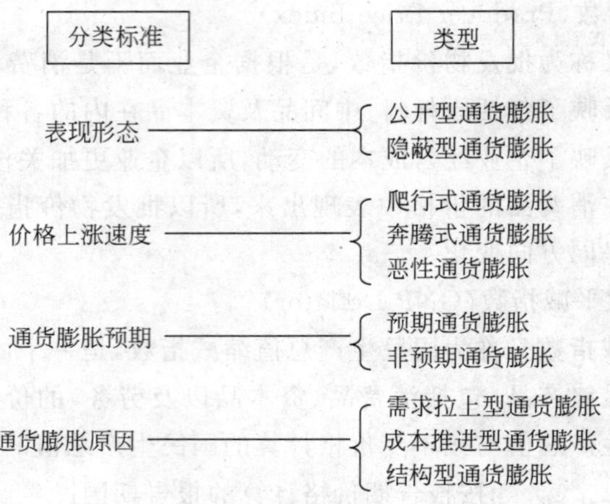

图 8-1 通货膨胀类型

(一) 根据通货膨胀的表现形态,可分为公开型通货膨胀与隐蔽型通货膨胀

公开型通货膨胀是指在物价普遍放开、自由升降的情况下,完全通过价格上涨反映出来的通货膨胀。在本节第一个问题讨论的"通货膨胀及其度量"就是公开型通货膨胀。

隐蔽型通货膨胀是指虽然存在着通货膨胀,但由于政府实行严格的价格管制,不允许物价自由变化,通货膨胀通过其他非价格的形式表现出来的类型。例如,我国在改革开放以前,政府对物价实行严格管制,有的年份出现了较严重的通货膨胀,但往往不能反映为物价的上涨,而以其他形式反映出来,如市场商品供应紧张,凭票限量供应商品,黑市活跃等。据统计,在 1959 年至 1962 年间,官方的零售物价指数只上涨了 24.4%,而市场的消费物价指数却上涨了 168.6%。[①] 黑市如此活跃,说明当时我国存在着严重的通货膨胀。随着经济体制改革的深入,价格逐渐放开,我国的通货膨胀由隐蔽型开始转为公开型,到 20 世纪 90 年代以后,由于绝大多数物价已完全市场化,我国的通货膨胀已转为公开型。

(二) 根据通货膨胀的严重程度,分为爬行式通货膨胀、奔腾式通货膨胀与恶性通货膨胀

爬行式通货膨胀是指年物价上涨率在 10%以下的通货膨胀。这也是大多数国家普遍经历的通货膨胀。一般来说,这种通货膨胀不会引起经济活动的严重失衡,不会发生大规模抢购和提现,经济能够正常运行。

奔腾式通货膨胀是指年物价上涨率在两位数字以上,人们对物价上涨有明显感觉,不愿保存货币,而是抢购商品或寻找其他保值方式。许多拉美国家,如巴西和阿根廷,在 20 世纪 70 年代和 80 年代就经历过通胀率高达 50%~70%的奔腾式通货膨胀。

恶性通货膨胀一般是指物价连续暴涨,且已失去控制。在这种情形下,人们对本国货币已完全失去信心,不愿再保留货币。但是,这种类型的通货膨胀一般不会持续很长时间,因为它破坏力极大,会严重影响经济生活,甚至会使一国货币体制崩溃。

---

① 易纲,吴有昌.货币银行学[M].上海:上海人民出版社,2014.

（三）按通货膨胀预期来划分，分为预期通货膨胀与非预期通货膨胀

预期通货膨胀是指政府有意识地实行通货膨胀政策，使人们能据此预期未来的通货膨胀。

非预期通货膨胀是指政府当局采取很隐蔽的方式增加货币供应量，由此造成的通货膨胀人们预先并不知道，也很难预测今后的通货膨胀趋势。

（四）按通货膨胀产生的原因来划分，分为需求拉上型通货膨胀、成本推进型通货膨胀与结构型通货膨胀

具体内容详见本章第二节。

第二节　通货膨胀的成因及治理

一、通货膨胀的成因

通货膨胀的直接原因是货币供应量超过了客观的需要量。然而，由于通货膨胀是一种非常复杂的现象，经济学上有很多流派都研究其成因，由此形成不同的关于通货膨胀的理论。在众多解释通货膨胀成因的理论中，较为流行的有三种：需求拉上说，成本推进说和结构型通货膨胀说。通货膨胀据此也分为三类：需求拉上型通货膨胀、成本推动型通货膨胀与结构型通货膨胀。

（一）需求拉上型通货膨胀（Demand-Pull Inflation）

需求拉上型通货膨胀是凯恩斯主义的通货膨胀理论。该理论认为通货膨胀的原因在于经济发展中社会总需求大于社会总供给，从而引起一般物价水平持续上升，认为物价上涨是由需求过多拉动起来的。总需求增长的速度大于总供给增长的速度，太多的货币去追求太少的商品和劳务而引起的一般物价水平的持续上升。

图 8-2 表现了需求拉上型通货膨胀的形成。横轴 Y 代表总产出或国民收入，纵轴 P 代表物价水平，AS 是总供给曲线，AD 是总需求曲线，AD_1、AD_2、AD_3、AD_4 分别代表不同水平的总需求曲线。总供给曲线 AS 分为二段，AB 段总供给曲线向上倾斜，是正常的总供给

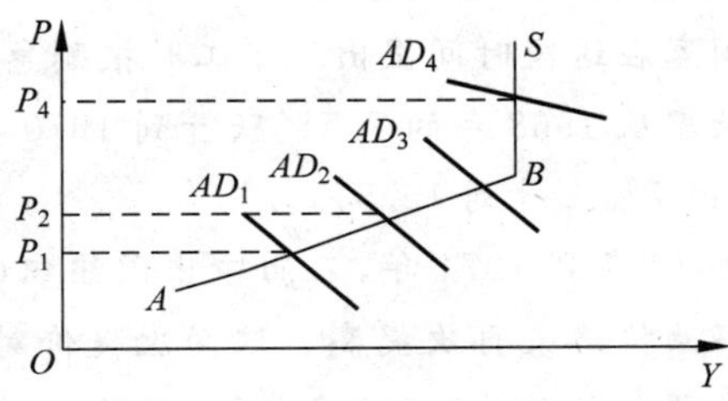

图 8-2　需求拉上型通货膨胀

曲线，意味着国民收入随价格水平的上升而上升。这时如果总需求增大，比如从 AD_1 增加到 AD_2 再到 AD_3 时，一方面国民收入增加，另一方面物价水平也在上升。当经济处于 BS 阶段，总供给基本变为一条垂直线，表示社会的生产资源已经达到充分利用的状态，这时总需求再增加只会导致物价上涨，而不会使国民收入增加。

（二）成本推进型通货膨胀（Cost-Push Inflation）

成本推进型通货膨胀理论认为通货膨胀的原因在于生产成本上升引起了物价水平的上涨，从而引发通货膨胀。导致成本升高的原因主要有以下几个。①工资的提高。按照西方经济学家的观点，在一些国家中工会的力量强大，工人有可能获得高于均衡水平的工资，这时企业会因为付给工人的工资过高，加大其产品的人力成本而提高商品的价格，从而引发物价上涨。②利润的推动。一些垄断性组织控制了某些重要的原材料的生产和销售，这些垄断性组织为了获得高额的垄断利润而提高垄断产品的价格，导致通货膨胀。③原材料成本的推动。进口原材料价格的上升以及原材料、能源等生产成本的提高也会引起成本推进型通货膨胀。

成本推进型通货膨胀具有较强的攀升惯性。成本上升推进物价上涨，物价上涨又引发新一轮的成本上升，再次推动物价上涨。

图 8-3 表示了成本推进型通货膨胀的过程。横轴是国民收入 Y，纵轴是物价水平 P，AD 线与 AS 线分别表示总需求与总供给。由于工资（或某些垄断原材料）等价格的上升，使得总供给曲线从 AS_1 上移至 AS_2，使国民收入减少，同时物价水平上升。这就是成本推进型通货膨胀的原理。

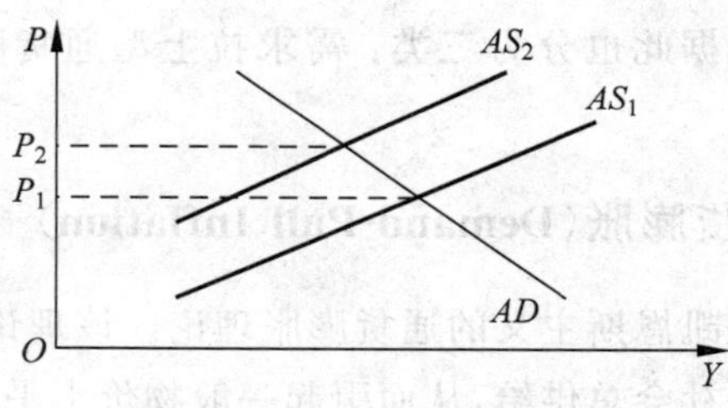

图 8-3　成本推进型通货膨胀

举例　成本推进型通货膨胀

20 世纪 60 年代末到 70 年代中期，大多数西方国家普遍经历了一次较典型的成本推进型通货膨胀过程。

在工资推动方面，许多国家在这段时间里出现了工时报酬急剧增加的情况。例如，在前联邦德国，工时报酬的年增长率从 1968 年的 7.5%跃升到 1970 年的 17.5%。在同一时期，美国的工时报酬年增长率也由 7%上升到 15.5%。

在原材料价格方面，从 1973 年到 1974 年，石油输出国组织（OPEC）历史性地将石油价格提高了 4 倍，到 1979 年，石油价格又再次提高。这两次提价对西方发达国家的经济产生了强烈影响，由此导致的经济萧条被称为“石油危机”。除去石油这一重要的原材料价格上涨以外，20 世纪 70 年代初期世界各国出现了粮食歉收的情况，世界粮价暴涨。

工资的大幅度提高和原材料价格的大幅度攀升使主要西方国家物价上涨，引发通货膨胀现象。

（三）结构型通货膨胀(Structural Inflation)

即使在总需求与总供给平衡的条件下，某些结构性因素也可能导致通货膨胀，产生结构型通货膨胀。结构型通货膨胀是指由于社会经济结构方面的因素，而并非因为社会总供给和总需求的不平衡所引起的物价总水平的持续上涨。引发通货膨胀的结构性因素包括以下几种。

1. “瓶颈制约”

在有的国家，由于缺乏有效的资源配置机制，有的行业如农业、交通、能源等发展严重滞后，形成经济发展的“瓶颈”。当这些部门因供不应求而价格上涨时，便引起其他部门的连锁反应，形成一轮又一轮的价格上涨。

2. 需求移动

社会对不同部门的产品和服务的需求不是固定不变的，它会不断地转移，而劳动力及其他生产要素从一个部门转移到另一个部门则需要时间。因此，原先处于均衡状态的经济结构可能因为需求的移动而出现新的失衡：那些社会需求增加的行业，价格应该上升；但需求减少的行业，价格本应该下降，但由于价格和工资向下调整困难，未必会出现价格降低。因此，社会需求的移动导致了物价的上升。

3. 部门差异

同一个国家不同的经济部门如第二产业部门与第三产业部门，工业部门与农业部门之间的劳动生产率总是有差别的，而各部门之间的工资的增长却存在着互相看齐的倾向。当发展较快的行业提高工资时，其他部门由于看齐也会增加工资，从而引发工资成本推进的通货膨胀。

结构型通货膨胀理论标志着人们对通货膨胀成因认识的进一步深化，特别是在许多发展中国家，经济结构的失衡和部门间劳动生产率的差异确实是通货膨胀的主要原因。

除了上述三种常见的理论以外，关于通货膨胀成因的理论还有理性预期(Rational Expectation)说。理性预期说主要通过对通货膨胀的预期心理作用的分析来解释通货膨胀的发生。当消费者与生产者形成了对未来通货膨胀的预期后，即人们相信未来物价会进一步上升时，就会在各种经济活动中将预期的通货膨胀因素考虑进去，如消费者不愿意持有货币争相购买商品，生产者为维持利润水平则会提高商品价格，工人要求增加工资，从而导致社会物价水平的上升。

二、通货膨胀对经济的危害

世界各国经济发展的实践证明，从长期来看，通货膨胀对经济的危害程度远大于其对经济的促进程度。主要体现在以下几个方面。

（一）对生产领域的危害

首先，通货膨胀使得物价普遍上涨，生产者难以区分物价上涨的真正原因，常常错误地做出生产决策。大量资金流入价格较高的生产部门，造成资源的不合理配置，导致经济结构失调。

其次，在通货膨胀期间，商品价格不稳定、生产成本不容易核算、利润难以预期使得企业生产经营的难度增大，而投资于商业流通部门则资金周转相对较快，风险小，获利容易，由此促使生产者将生产资金从生产部门抽调到商业流通部门。因此，通货膨胀使大量资金流向流通领域，造成生产资金短缺而导致生产萎缩。

最后，通货膨胀导致企业技术革新成本上升，使企业不愿意或不能进行技术改造，其结果必然影响技术进步，降低劳动生产率，影响产品的升级换代。

（二）对流通领域的危害

在通货膨胀时期，由于物价上涨不均衡，使得商品流向价格上涨较快的领域，扰乱了商品正常的流通秩序。

物价持续上涨，使人们不愿意积蓄货币，出现提前消费、增加消费的倾向。投机者趁机哄抬物价、囤积居奇，使本来供需不平衡的市场更加不平衡，加剧市场供需矛盾，导致流通领域更加混乱。

（三）对消费领域的危害

在通货膨胀情况下，物价上涨、货币贬值，与原来同等数量的货币不能买到与原来相等的生活资料。人们的实际收入水平下降，消费水平下降。

（四）对分配领域的危害

在通货膨胀时期，虽然人们的名义货币收入可能提高，但由于社会各阶层收入来源不同，各种所得来源受通货膨胀的影响各不相同，因此，有的人实际收入会提高，有的人实际收入下降。通货膨胀最大的受害者是固定收入者与低收入者，比如依靠固定的工资、固定的退休金和福利救济金生活的人。而浮动收入者、国家等通常是受益者。这种不公正的国民收入再分配，易引起社会不稳定。

总之，通货膨胀对社会再生产的各个环节都有很大破坏作用，世界各国经验都证明了通货膨胀不利于经济的稳定协调发展和社会安定。所以，一旦发生了通货膨胀，必须及时治理。

三、通货膨胀的治理

根据各国的反通货膨胀实践，治理通货膨胀的主要措施有以下几种。

（一）控制需求

通货膨胀的一个基本原因在于总需求超过了总供给。因此，治理通货膨胀首先是控制需求，实行紧缩型政策。紧缩型政策是当前各国对付通货膨胀的传统手段，是迄今为止运用得最多、最为有效的政策措施。其主要内容包括紧缩型财政政策、紧缩型货币政策、紧缩型收入政策等。

1. 紧缩型财政政策

紧缩型财政政策主要是通过削减财政支出和增加税收的办法来治理通货膨胀。削减财政支出的目的是通过限制支出而减少政府的需求，从而缩减总需求。其措施主要有：减少国家基本建设和投资支出，限制公共事业投资；削减政府各部门的经费支出；减少社会福利支出等。增加税收主要是增加企业与个人的税收，增税以后，企业与个人收入减少，从而降低投资水平与消费水平。

2. 紧缩型货币政策

紧缩型货币政策又称为"抽紧银根"，通货膨胀的直接原因是货币供应量过多，因此要降低通货膨胀率，中央银行可以通过减少流通中货币供应量的办法来实现。具体措施包括：①通过公开市场业务出售政府债券，回笼货币，减少经济体系中的货币存量；②提高利率，如提高再贴现率、贴现率、法定存款准备金率、银行存贷款利率等，利率的上升促使人们将更多的钱用于储蓄，从而使消费需求减少，利率的上升使投资成本上升，对投资需求也有抑制作用；③直接控制信贷规模。

紧缩型货币政策与财政政策都是从需求方面加强管理，通过控制社会总需求，实现抑制通货膨胀的目的。这种政策对需求拉上型通货膨胀比较有效。但是，它容易导致就业与产出的下降，经济衰退。于是，一些国家又将紧缩型的收入政策作为治理通货膨胀的重要手段。

3. 紧缩型收入政策

紧缩型收入政策是应对成本推进型通货膨胀的有效方法。其主要内容是采取强制性或非强制性的手段，限制提高工资和获取垄断利润，抑制成本的提高，从而控制物价的上涨。具体来说包括以下内容。

(1) 工资管制。工资管制的办法有：第一，道义规劝和指导。即政府制定出一个工资增长的指导线，供企业参考，但政府只能规劝、建议，不能直接干预。第二，协商解决。即在政府干预下使工会和企业就工资问题达成协议。第三，开征工资税，对增加工资过多的企业征收特别税款。第四，冻结工资。即政府强制性地将全社会工资或增长率固定，不能随便上涨。

(2) 利润管制，是指政府以强制性手段对可能获得暴利的企业利润实行限制措施。利润管制的办法有管制利润率，对超额利润征收较高的所得税等。此外，有的国家还通过制定反托拉斯法限制垄断利润，以及对公用事业产品直接实行价格管制等。

（二）增加供给

造成通货膨胀的原因是社会的总需求大于总供给，治理通货膨胀一方面要通过紧缩型政策减少总需求，另一方面要增加总供给。主要措施有：减税以提高劳动者的工作意愿和劳动生产率，增加企业的投资愿望，从而带动总供给的增加；减少政府对企业的限制，让企业更好地扩大商品供给；鼓励企业采用新技术，更新设备和调整产业结构。

（三）调整经济结构

由于引起通货膨胀的一个原因是经济结构的失调，治理通货膨胀的一个方案是调整经济结构，各产业部门之间保持一定比例，避免某些产品，如粮食、原材料等供求因结构性失调而推动物价上涨。

（四）其他反通货膨胀措施

1. 强制性的行政干预

强制性的行政干预措施主要为一些经济不太发达国家所采用。其内容主要有：强制性停建一些工程项目，整顿市场流通，实行部分商品的经营垄断，实行某些产品的配额和限制管制，实行消费品的凭票供应等。

2. 保持经济低速增长

由于经济的高速增长往往伴随着通货膨胀，近年来，各国政府面临两种选择：或保持较高的经济增长速度，但同时保持较高的通货膨胀率；或降低经济增长速度，甚至以经济的衰退来压低通货膨胀率。不少发达国家往往选择后者。

举例　改革开放以来我国通货膨胀的原因及治理

从1978年改革开放到2004年为止，我国共发生了两次明显的通货膨胀：一次是1988—1989年，当时物价上涨率达到18.5%和17.8%；另一次是1993—1996年，当时的物价上涨率分别为13.2%、21.7%和14.8%。

造成我国通货膨胀的原因是多方面的，既有总需求的扩张，也有成本推进因素，还有体制方面的原因。

第一，总需求的扩张。首先，财政支出有扩张趋势。在我国，国家财政具有明显的公共财政功能和促进经济增长的职能，即使财政收入弥补不了财政支出，也要通过赤字财政或者发行国债的方式实现对经济较高的投入。财政支出的扩张造成政府需求始终存在扩张趋势。其次，企业投资需求扩张。在我国，由于体制原因，投资主体——国有企业不承担投资风险，不自负盈亏。由于借钱可以拖欠，甚至可以不还，造成企业投资需求膨胀。再次，银行信贷扩张。由于企业投资需求膨胀，导致银行信贷扩张，迫使中央银行不得不采取放松的货币政策。

第二，生产资料、工资等成本推动。从20世纪80年代开始，我国逐步放开价格管制，所有价格均由市场供求决定，导致价格水平迅速上升，例如，在1993年，许多生产资料价格上升40%。另一方面，工资水平大幅增长。成本的升高，推动了物价水平的上涨。

第三，结构性转换引发价格上涨。首先，工资攀比引发价格上涨。在体制转换时期，我国存在着多种类型的企业，有国有企业、集体企业、个体企业、三资企业等。但是由于工资攀比，致使各种企业的职工工资有趋同的现象。工资的攀比最终引发价格上涨。其次，产品结构转换引发物价上涨。由于生产方面的原因，我国产品供给结构无法完全满足我国居民的消费需求，造成某些产品供不应求，这些产品的价格上涨从而引发整体物价水平的上涨。

治理通货膨胀，我国主要采用以适度从紧货币政策为主的一系列措施，收到了明显成效，物价上涨率逐年回落。在抑制通货膨胀中，中国的经验是不宜"急刹车"，而是要"软着陆"。即不要使货币供给量一步降到希望的水平，而是要稳步地、逐步地降低货币供应量。

第三节　通货紧缩

一、通货紧缩的定义及其表现

通货紧缩(Deflation)是与通货膨胀相对应的概念。如果通货膨胀定义为“物价水平的持续、普遍上涨”现象，通货紧缩就是“物价水平的持续、普遍下跌”，在西方经济学教科书中，通货紧缩一般被定义为一段时期内价格总水平的持续下降。

自 1997 年东南亚爆发金融危机以来，我国经济逐渐出现通货紧缩状态，国内经济学界对通货紧缩的研究也逐渐深入。对通货紧缩的概念定义如下：通货紧缩是指由于货币供应量相对于经济增长和劳动生产率增长等要素减少而引起有效需求严重不足，一般物价水平持续下跌、货币供应量持续下降和经济衰退的现象。通货紧缩的根源是社会的总需求小于总供给。当总需求持续小于总供给时，就会出现通货紧缩现象。

准确理解通货紧缩的定义，需要把握其特征。通货紧缩具有以下两个特征。

(1) 商品和劳务价格持续下跌。这是通货紧缩最基本的特征。通货紧缩是一个持续的、长期的物价下跌过程，而不是物价偶然的、短暂的下跌；是一般物价水平的下降，而不是局部性和结构性的物价下跌。经济学家普遍认为，物价持续半年以上的下降才能算是通货紧缩。

(2) 通货紧缩通常伴随着生产下降和经济的衰退。在通货紧缩时期，消费需求疲软、投资意愿低迷、企业开工不足。随着市场的萎缩，产品价格下降，企业的订单减少，利润降低，企业不愿扩大再生产，不愿再投资，从而失业人数增加，工资收入降低，而这反过来又进一步制约了有效需求，使总需求更加小于总供给。

二、通货紧缩的类型

对通货紧缩通常可以按照其持续时间、严重程度和形成原因等进行分类。

(一) 按通货紧缩的持续时间分类

按通货紧缩的持续时间不同，可分为长期性通货紧缩、中长期通货紧缩与短期性通货紧缩。一般将 10 年以上的通货紧缩称为长期性通货紧缩；5～10 年为中长期通货紧缩；5 年以下为短期性通货紧缩。例如，美国 1866 年到 1896 年长达 30 年的通货紧缩是长期性通货紧缩。

(二) 按通货紧缩严重程度分类

按通货紧缩严重程度不同可划分为轻度通货紧缩、中度通货紧缩与严重通货紧缩。如果物价指数持续下跌的时间不超过两年即出现转机，可视为轻度通货紧缩负增长；如果通货紧缩超过两年仍未见好转，但物价指数下降幅度在两位数以内，则可视为中度通货紧缩；

如果通货紧缩超过两年并继续发展，且物价下降幅度超过两位数，或者伴随着比较严重的经济衰退，则应视为严重的通货紧缩。例如美国在20世纪30年代大萧条时期物价下降幅度达30%以上，并伴随着严重的经济衰退，就属于严重通货紧缩。

（三）按通货紧缩的形成原因分类

按通货紧缩的形成原因不同，可分为需求不足型与供给过剩型两类。

由于总需求不足，使得正常的总供给显得相对过剩，由此而引发的通货紧缩是需求不足型通货紧缩。总需求由消费需求、投资需求、政府购买需求与净出口需求构成，所以总需求不足可能是由消费需求不足、投资需求不足、政府购买需求不足或净出口需求不足等一个或多个因素引起。由于新技术采用与劳动生产率的提高使得产品相对过剩而导致的通货紧缩称为供给过剩型通货紧缩。值得注意的是，产品供给过剩并非是指社会产品极大地满足了人们的需求，出现了绝对过剩，而是指社会的消费已升级，而产品的升级换代未能及时跟上，某个层次的产品供给过剩了，比如低档消费品，而新产品正处于开发、研制中，出现了产品断层。

三、造成通货紧缩的原因

同通货膨胀一样，造成通货紧缩的原因是比较复杂的，往往是多个原因共同作用的结果。这些因素主要有以下几个方面。

（一）货币供应量不足

与通货膨胀一样，通货紧缩也是货币现象：当货币供应量减少，不能满足社会上货币需求量时，商品过多而货币过少，必然会导致物价水平的下降。

而造成货币供应过少的主要原因是一国政府采取过度紧缩的财政与货币政策，大量减少货币发行或削减政府开支，导致货币供应的严重不足，社会需求的过分萎缩，使市场出现疲软。

（二）有效需求的不足

从实体经济来看，通货紧缩的根源是社会总需求小于社会总供给。当总需求持续小于总供给时，就会出现通货紧缩。社会总需求各构成部分的不足都有可能形成通货紧缩。

(1) 消费需求不足。造成消费需求不足的原因有很多，比如居民收入降低，旧的消费需求已满足，没有新的消费热点使居民不愿意消费，对未来前景的不乐观，失业压力增加等都会导致消费需求的不足。

(2) 企业投资需求的不足。如果经济不景气，企业的投资回报低，企业对未来的扩大再生产效果预期不乐观，也会造成企业投资动力不足，使投资需求不足。

(3) 政府支出的减少。根据凯恩斯的有关理论，当居民消费需求与企业投资需求不足时，通过扩张型财政政策，即扩大政府支出是带动需求的重要手段。但是，在很多时候，政府支出由于各种原因也会减少，政府支出的减少造成有效需求的下降，严重时引起通货紧缩。

(4) 出口减少。出口需求是总需求的构成部分之一，尤其对出口导向型国家，出口减少将直接导致对本国出口产品需求的减少，使本国的生产出现供过于求的情况，进而造成出口产品价格下降,引起通货紧缩。

(三) 生产能力相对过剩

生产能力相对过剩,使某些产品(如低档商品)供过于求,产品的价格必然下降。有些企业就会被迫减产甚至停产,裁员和降低员工工资,而这又会使企业投资需求和居民的消费需求减退,反过来又加剧了市场需求的不足。当一国经济中的大多数产业部门都出现了生产能力过剩时,通货紧缩就不可避免。

第四节　通货紧缩的危害及治理

一、通货紧缩对经济的危害

从表面上看,通货紧缩引起的物价持续下跌导致人们的购买力有所提高,给消费者带来一定的好处。实际上,通货紧缩与通货膨胀一样,都会对经济造成不利影响。通货紧缩对经济的最大危害是促使经济持续衰退。主要体现在以下几个方面。

(一) 通货紧缩造成经济的衰退

物价的持续普遍下跌使得厂商生产的产品价格下降,从而减少厂商利润甚至可能出现亏损。而这会严重挫伤生产者的积极性,使厂商减少生产或不愿生产,从而放慢经济增长步伐。厂商减少生产或不愿生产,一方面会裁员以减少劳动者从而使失业增加,另一方面会降低在职员工的工资水平,使其收入下降。而这又进一步加重了社会总需求不足的状况,总需求的严重不足最终导致经济衰退。

(二) 通货紧缩使社会财富大大缩水

社会财富由居民财富、企业财富与政府财富组成。通货紧缩使社会财富收缩,主要体现在以下几个方面。

(1) 企业财富的缩水。企业财富用企业的资产价格来反映。在通货紧缩情况下,一方面全社会物价水平普遍下降,企业产品价格也下跌,减少了企业的资产价格;另一方面加重了企业债务,减少了其净资产,甚至使企业陷入债务的泥潭。

(2) 居民财富的缩水。居民财富由货币收入(如工资等)、金融资产(如股票、债券等)、实物资产(如商品房等)组成。在通货紧缩情况下,劳动力市场供过于求,失业人数增加,居民的工资收入降低。长期的价格下降使股票市场、债券市场、外汇市场、房地产市场等持续低迷,居民拥有的金融资产和实物资产价格下降,造成居民的财富缩水。

(3) 政府财富的缩水。政府财富分为存量与流量两部分,其存量部分可视同前面的企业资产的分析,在通货紧缩下是缩水的。其流量部分为政府的收入与支出,在通货紧缩时期,财政赤字显著增长,使政府财富的流量部分也缩水。

（三）通货紧缩加剧失业现象

通货紧缩意味着企业投资需求的减少，生产开工不足，企业减产甚至停产，失业人员必然增多。特别是在劳动力资源丰富的国家，通货紧缩使投资、生产、消费低迷，劳动力供给远大于需求，劳动力供求失衡的矛盾十分突出。

二、通货紧缩的治理

通货紧缩对一国经济会产生多方面的负面影响，它的危害程度绝不亚于通货膨胀。因此当发生通货紧缩时，必须积极寻找有效的治理途径。

通货紧缩原因的多样性决定了其治理措施的多样性。一般来说，治理通货紧缩有以下三种措施。

（一）扩张型需求政策

根据通货紧缩的原因之一是社会总需求小于社会总供给，因此治理通货紧缩的重要措施之一就是采取种种方式扩大总需求。包括以下两个方面。

(1) 实行扩张型的财政政策。扩张型财政政策意味着增加政府支出需求，在居民消费需求不足和企业投资需求不足的情况下通过扩大政府需求来增大总需求，这是凯恩斯主义的主张。

(2) 实行扩张型的货币政策。扩张型货币政策通过增加货币供应量，降低利率水平等来刺激有效需求的增加。

（二）产业结构的调整

无论是扩张型财政政策还是扩张型货币政策，其作用都有限。对因生产能力过剩等结构因素造成的通货紧缩，必须进行产业结构的调整，才能从根本上解决问题。

产业结构的调整主要是推进产业结构的升级，培育新的经济增长点，形成新的消费热点。除此以外，产业结构调整也包括同一产业中不同企业的兼并与重组，即产业组织结构的调整。如果一个行业生产能力过剩，很多情况下会出现恶性的市场竞争：为了争夺市场，价格战不断出现，整个行业的价格越来越低，利润越来越少，这时进行产业结构的组织调整，使一些企业退出市场，另一些企业并购重组形成新的具有优势的企业，就会抑制恶性竞争，从而避免价格的不断下降。

（三）其他措施

除了上述措施外，对工资和物价的管制政策也是治理通货紧缩的手段之一。比如，在通货紧缩时期增发工资，限制价格的下降，这与通货膨胀时期的限制工资增加与物价上涨的措施作用方向相反，但原理相同。此外，还可以采取各种措施如制定更完善的社会保障体系，增加福利，努力促进就业水平提高等来增强人们对未来的信心，形成对未来的良好预期，使人们愿意并且敢于在现在多消费，以提高消费需求水平。

总之，引发通货紧缩的原因较多，治理的难度也很大，绝不是实行货币、财政政策双扩张就能完全解决问题的，必须配合其他政策，如收入政策、产业政策、就业政策等，才能奏效。

三、我国通货紧缩的原因及治理

从 1996 年开始，我国的国民经济出现了前所未有的变化：经济增长放缓、物价水平持续走低、市场上商品供大于求、失业人数增加。种种迹象表明，中国已进入通货紧缩时期。总的来说，我国通货紧缩的形成和发展，既有深远的全球经济形势背景，又有国内多种因素的影响。

（一）通货紧缩的表现

1. 物价水平持续下降

以零售物价指数和消费物价指数为例，中国居民消费价格上涨率自 1994 年达到 24.1% 的高峰后便呈持续下降之势。从 1997 年 10 月开始，全国商品零售价格出现负增长。进入 1998 年后，价格下降速度明显加快，1998 年商品零售价格和居民消费价格分别比 1997 年下降 2.6% 和 3.6%。1999 年通货紧缩局势进一步恶化，2000 年物价总水平有所回升，但从 2001 年开始物价水平重又走低，截至 2002 年 5 月，居民消费价格自 2001 年11 月以来又已连续 7 个月负增长，中国人民银行编制的企业商品价格指数已连续 12 个月下降。从物价走势情况来看，中国自 1997 年以来，确实进入了通货紧缩时期。

2. 经济增长趋缓

中国经济增长率从 1992—2001 年也一直呈下滑趋势，其中只有 2000 年比上年提高 0.9%，与 1992 年的经济增长率相比，1999 年的经济增长率只及其一半。

3. 社会需求严重不足，商品供大于求局面严重

根据中国国内贸易局商业统计信息管理办公室对全国 600 多种主要商品的市场供求分析，1998 年年初调查约有 25% 的商品供过于求，5 月调查约有 27.4% 的商品供过于求，1999 年年初约有 2/3 的商品供过于求，例如，纺织品、日用百货商品供过于求的比例为 100%，电器、家电商品、化工商品供过于求超过 90%，此外农副特产品和农业生产资料供过于求的比重也明显上升，其余 1/3 的商品是供求平衡，只有一种粮油商品供不应求。

4. 城镇失业人口急剧增加，创新中国成立以来最高纪录

城镇登记失业人员迅速上升，由 1993 年的 420 万人升至 1998 年的 620 万人，增长 47.6%；是下岗职工大幅度增加由，1993 年的 300 万人，升至 1997 年的 1 435 万人，其中国有企业下岗职工为 929 万人，创新中国成立以来的最高纪录。

（二）通货紧缩的原因

1. 货币供应减少是通货紧缩的货币原因

为了治理前一阶段的通货膨胀，我国从 1993 年开始实行"适度紧缩"的货币政策，各类货币供应量增长速度明显降低。这和 1994 年前的情况有很大不同。改革开放以来，我国货币化速度加快，货币供应量增长也很快。1983 年到 1993 年，货币供应量 M_2、M_1、M_0 的年均增长速度分别为 26.48%、21.96%、27.17%。但 1994 年到 1998 年，货币供应量增幅一直下降，M_2 的增长率从 1994 年的 34.4% 下降为 1998 年的 15.3%；M_1 的增长率从 26.8% 下降为 11.9%；M_0 由 24.3%下降为 10.1%。M_2 增长率和 GDP 增长率之间的差距日益缩小。1993 年，广义货币 M_2 的增幅比 GDP 的增幅高出 23.8 个百分点，1994 年，两者差 21.9 个百分点，其后逐年下降，到 1997 年，M_2 增幅与 GDP 增幅的差距缩小到 8.5 个百分点。当货币供应量不能满足货币需求量时，过多的商品会追逐数量有限的货币，因此从 1993 年到 1998 年的紧缩型货币政策是造成通货紧缩的货币性原因。

2. 亚洲金融危机是通货紧缩的导火索

1997 年爆发的亚洲金融危机使我国承受了出口减少和进口商品价格上升的双重压力。改革开放以来，我国经济的对外依存度越来越高。爆发东南亚金融危机后，处于危机中的各个国家，如泰国、菲律宾、印度尼西亚等国本币大幅度贬值，出口商品因价格降低而增强了国际竞争力，导致我国商品的出口受到很大影响。出口需求的下降直接导致了总需求的减少。

3. 生产能力严重过剩是通货紧缩的内在原因

根据当时内贸部对所监测的 680 多种商品供求情况的统计，市场上基本没有供不应求的商品，90%以上的商品属于供大于求，少数部分供需平衡。供给相对过剩是通货紧缩的主要原因。然而这种过剩不是绝对过剩而是相对过剩。生产能力过剩一般集中在传统工、农业，是低技术含量、低附加值产品生产能力的过剩。高新技术产业的发展却十分缓慢，其生产能力严重不足。生产能力过剩造成大量农、工业产品的绝对过剩，而高技术产品供不应求。随着人民消费水平的不断提高，对高科技产品的需求日益增多，但在供求相当过剩时，造成了消费品销售不足。这样一方面使得传统产品价格下跌不止，另一方面又缺乏带动经济回升的高新技术产品。

造成生产能力过剩的根源是长期以来的盲目投资和重复建设。在计划经济向市场经济转轨过程中，各地区、各行业的盲目投资与重复建设问题始终存在，形成了各地区产业结构相同、资源浪费严重、库存大量增加的局面。

生产能力的过剩必然导致市场供过于求，价格下降。生产者还进行恶性的价格竞争，引起物价进一步下跌。

4. 消费需求和投资需求不足是造成通货紧缩的最直接原因

(1) 居民即期消费减少导致消费需求不足。近些年来，我国推出了一系列重大的改革措施，包括精简机构、国企改革、医疗制度、住房制度和教育制度的改革等。这些改革为经济长期健康稳定发展提供了制度保障。但同时，随着改革的深入，社会福利市场化步伐加快。原来许多由国家支付的福利费用，如医疗和住房等，逐步转为由居民个人支付。下岗待业人员的增多，子女教育费用增大等，在一定程度上降低了居民的即期收入。即期收入的减少和对未来预期收入的不确定使居民“捂紧钱袋”，不愿多消费。

(2) 投资需求不足。由于经济的不景气，导致投资者对未来投资收益预期悲观，不愿意增加投资，投资欲望降低，引起投资需求不足，生产资料价格下降。

5. 商品供给的结构失衡及购买力结构的失衡加剧了通货紧缩局面

随着我国经济的迅速发展，居民的消费需求、消费层次发生了很大变化，这就要求生产企业能迅速调整生产结构以适应这种需求变化。由于多种原因，我国生产企业未能完全调整生产结构，造成了有的产品供不应求，而有的产品供过于求。但是，在整体市场供过于求的情况下，供不应求的产品价格上升也不快，而供过于求的产品价格下跌幅度则很大。供过于求产品的生产企业会减产或者裁员，而裁员的结果是使得全社会收入下降，购买力下降，价格进一步走低。目前的市场供给结构不适应需求结构，主要表现在以下两个方面：一是供给结构未能适应不同收入水平和富裕程度的消费群体的需要，住房、汽车等尚未形成新的消费热点。二是产品开发与创新步伐不快，供给对需求的带动作用不强。进入 20 世纪90 年代中期以来，居民消费需求呈现新的升级趋势：由追求质量转向追求品种、档次和质量，由追求一般产品转向追求名、优、新、特产品，由主要追求生存资料转向追求享受资料、发展资料。而供给结构呆滞，新产品少，旧的产品消费已经饱和，而新的消费热点尚未形成，影响和抑制了供给创造需求的作用，加剧了通货紧缩的局面。

（三）通货紧缩的治理

从 1998 年开始，我国采取了一系列以扩张性政策为主的政策来治理通货紧缩。具体措施如下。

1. 积极的财政政策

从 1998 年开始，我国政府采取了积极的财政政策，扩大财政支出。扩大财政支出的渠道主要是以发行国债的方式，用于基础设施建设。1998—1999 年，政府共发行了 2 100 亿元长期国债。2000 年又发行了 1 000 亿元国债。国债资金大部分用于基础设施建设、环境和生态保护、科学技术发展与技术升级。在民间投资需求愿望不强的情况下，通过政府投资来拉动经济增长。

2. 积极的货币政策

积极的货币政策措施有降低存贷款利率、取消贷款规模限制、降低商业银行的存款准备金以及发展个人消费信贷等。可以说，这一时期的货币政策是新中国成立以来我国政府力度最大的一次扩张性货币政策。但最终效果并非很理想。如降低存款利率，目的是要居民减少银行存款，多进行消费。但实际情况是，连续 8 次降息后居民储蓄仍然高居不下。又比如，取消商业银行贷款规模限制，允许商业银行根据自身情况确定贷款规模大小。但商业银行出于降低风险考虑，不愿意多发放贷款，出现“惜贷”现象。

3. 加快产业结构调整

我国通货紧缩有深刻的产业结构失调的因素。从 1997 年我国大力调整产业结构。一方面减少对煤炭、纺织、制糖等传统行业的投入，同时运用先进技术来改造传统行业，加速传统产业向现代产业的转化，不断提高产品的档次；另一方面加大电子、计算机、新材料、航空、生物等高新技术领域的投资力度，加快产业结构升级。除此以外，我国还大力调整所有制结构，以收缩国有企业战线。通过所有制结构的调整，减轻了市场积压产品压力，减少了一部分无效供给。

4. 大力改善消费环境

采取的措施有以下几种。

(1) 加快农村道路、电网、通信、自来水供应等公共设施建设，改善农村的市场流通环境和商品售后服务环境。

(2) 加快了城市道路建设,取消许多对居民使用汽车的限制。

(3) 鼓励商业银行大力开展消费信贷业务,对城镇居民实行以住房为抵押的消费信贷服务。

(4) 采取多种方式改变居民预期收入下降的状况,以促进消费需求的增长。为此,国家几次增加公务人员工资,同时加快社会保障制度的建立健全,设立了职工最低工资标准以及城镇居民最低保障线,加强再就业工程,尽量安置下岗失业人员。

操作题

将全班同学分成若干组,每组3~4名同学。每组根据下面提供的背景材料和问题,并查阅相关资料,分组讨论并写出发言提纲,在班上对所在组的意见进行陈述。

美国"新经济"——无通货膨胀经济

根据传统的经济学理论,通货膨胀、经济增长与就业水平是矛盾体:要获得较高的经济增长必须以一定的通货膨胀为代价;而要实现低通货膨胀,必须牺牲一定的经济增长幅度。因此,低通货膨胀伴随的是低的经济增长与低的就业水平。但美国在20世纪90年代出现的经济现状却与这个理论相反。

进入20世纪90年代,美国经济出现了增长势头持续不败与通货膨胀率持续走低的局面,如表8-2所示。从GDP的增长率来看,自1992年起,一直在2%以上,1997年的增长幅度更是达到3.7%,而通货膨胀自1992年以来一直未超过3%。1997年的经济增长率达到最高,而通货膨胀率竟然出现最低水平。低的失业率对应的是高的就业率,而高的就业率并没有像传统的经济理论和实践证明的那样,给通货膨胀带来压力。

表8-2　20世纪90年代美国经济主要指标

年份	GDP增长率/%	消费物价指数	失业率/%
1990	1.2	5.4	5.6
1991	−0.9	4.2	6.7
1992	2.7	3.0	7.4
1993	2.3	3.0	6.8
1994	3.5	2.6	6.1
1995	2.0	2.8	5.6
1996	2.8	2.9	5.4
1997	3.7	2.4	5.0以下

问题:

(1) 分析美国经济出现上述情况的原因。

(2) 对我国经济建设具有什么借鉴意义?

案例分析　20世纪90年代的日本通货紧缩①

自20世纪90年代初日本经济泡沫破灭后，日本经济陷入了衰退的困境：股票市场和房地产市场长达十多年的持续下跌，银行系统坏账如山、运转失灵，政府债务居高不下，物价持续下跌。在这些问题中，通货紧缩是困扰日本经济的最大难题之一。

从经济增长速度来看，1990年至1994年经济一直处于下滑状态，GDP增长速度从1990年的5.5%下降到0.7%。1997年至1998年，日本首次出现了连续两年的经济负增长，经济增长率分别为－0.4%和－1.9%。在物价方面，1992—1995年间，日本的批发物价指数每年都在下降，1996年、1997年转为上升，但从1998年开始又转为下降，1998—2001年分别比上年下降了1.6%、3.3%、0.1%和0.9%，2002年1～3月和4～6月又分别比上年同期下降了1.4%和1.1%。

越演越烈的通货紧缩，严重影响了日本经济。它使得企业经营环境日趋恶化，企业利润降低，破产公司数量大增，失业率升高。同时加重了财政赤字危机。据统计，从1997—2000年度，日本的国税收入由539 415亿日元减少为456 780亿日元，3年净减少了15.2%，产生经济增长情况和物价水平变化的实际情况表明，日本自1992年以来开始出现通货紧缩，1997年后半年以来通货紧缩局势进一步恶化。

1. 日本出现通货紧缩的主要原因

日本泡沫经济的破灭对其通货紧缩的形成产生了重要影响，其对经济最直接的负面影响是使日本资产价格大量缩水。仅在1990年以后的5年间，日本全国资产损失达800亿日元，其中土地等资产减少了379亿日元，股票减少了420亿日元，两者相加接近当时日本两年的GDP。

(1) 资产的缩水降低了居民个人拥有的金融资产财富，对其消费需求产生了巨大的负财富效应，国民消费意识由热转冷，个人消费趋于不振。

(2) 金融机构的资产大量缩水，银行自有资产急剧下降。大量的贷款无法收回，造成了银行出现巨额不良债权。不良债权的产生，一方面严重影响了整个金融体系的安全，另一方面使金融机构大量压缩贷款，导致社会的货币供应量更加不足，给日本经济带来严重冲击。

(3) 企业投资需求不足。资产的缩水使企业的股票资产大大减少，同时企业在泡沫经济膨胀时期也存在着盲目投资、重复建设，生产能力大量过剩，企业被迫调整存量资产。这一切都导致企业的投资裹足不前。

2. 日本治理通货紧缩的对策

针对通货紧缩情况，日本政府采取多种措施以刺激经济增长。

(1) 扩张性财政政策

为了刺激经济增长，抑制物价下跌，从1992年起，日本政府连续10次推出以减税和增加公共事业投资为主要内容的扩张性财政政策，涉及财政收支规模达130万亿日元之巨。

---

① 林毅夫．通货紧缩的理论与现实[M]．北京：中国经济出版社，2000．胡乃红．货币银行学习题集[M]．上海：上海财经大学出版社，2003．

例如,1998年4月,日本政府宣布了一项历史上规模最大的、价值16.6万亿日元的综合经济对策,包括的内容如下:1998—1999年度减少4.6万亿日元的所得税和其他税收;增加各类公共工程开支7.7万亿日元;增加各种政府开支4.3万亿日元。

(2) 扩张性货币政策

在货币政策方面,日本政府也在不断推出以降息为中心的扩张性货币政策,力图通过降低利率来扩大货币发行量,刺激民间消费和投资的增长,达到抑制通货紧缩,促进经济增长的目的。从1991年7月起,日本银行连续下调官方利率。到1995年9月,日本的再贴现率降到了0.5%,并一直维持了5年之久。此后,日本银行又于1999年至2000年实行了"零利率"政策,到2001年2月又两次下调再贴现率,目前再贴现率为0.25%,处于历史上的最低水平。

(3) 通过立法,整顿金融秩序

在运用财政和货币政策刺激经济增长的同时,日本政府采取了一些金融体制改革和结构调整措施。在1998年12月,日本国会相继通过了《金融重建关联法》和《金融功能早期健全法》,对濒临破产和已破产的金融机构由政府注入资金,取得控股权,由政府主导来处理金融机构的不良资产。截至1999年3月末,日本政府已对15家主要银行投入7.5万亿日元的资金,加上银行自身获得的2.2万亿日元,补充资本近9.6万亿日元。政府出面对金融机构进行整顿,可以保护存款人的利益,稳定民心,防止出现挤兑行为,同时也避免了这些金融机构的破产对日本经济和国际金融市场造成的危机。

问题:

(1) 对比日本与我国,分析两国通货紧缩的相同与不同之处。

(2) 日本通货紧缩情况给我国什么启示?

练 习 题

1. 判断题

(1) 通货膨胀就是物价上涨。 ( )

(2) 在通货膨胀的度量指数当中,消费物价指数与批发物价指数是应用最为广泛的。 ( )

(3) 恶性通货膨胀一般发生在遭受战争、内乱和出现重大社会动乱的国家,平时极少出现,治理起来复杂。而大多数国家所经历的是比较温和的通货膨胀,治理起来比较简单。 ( )

(4) 普遍、持续的物价下降意味着单位货币购买力不断上升,对投资者来说,意味着生产成本的降低;对消费者来说,意味着单位货币能购买到的商品数量上升。因此,对经济的发展是有利的。 ( )

2. 什么是通货膨胀?试述通货膨胀的主要类型。

3. 试分析通货膨胀的成因并提出相应的治理措施。

4. 什么是通货紧缩?试述通货紧缩的类型。

5. 评价通货紧缩的社会经济效应并提出相应的治理措施。

6. 试述我国20世纪90年代出现的通货紧缩原因及其治理措施。

第四篇

金融风险与金融创新

金融风险与金融监管

内容提要与学习要求

金融是现代经济的核心，同时也是高风险行业。随着金融业的迅速发展，经济全球化步伐的加快，金融风险日益凸显，一旦爆发会波及经济生活各个领域，给经济生活带来严重影响。本章主要阐述金融风险与金融监管的问题。通过本章学习，学生需掌握主要的金融风险种类与防范措施，熟悉金融监管的内容、模式，了解目前我国金融监管的构架。

第一节　金融风险及其防范

一、金融风险的含义与类型

（一）金融风险的含义

风险，指发生损失的不确定性。不确定性是风险的基本特征。这种不确定性包括三个方面：①风险是否发生不确定；②风险何时发生不确定；③风险发生的程度及损失大小不确定。

金融风险是指在资金融通过程和货币资金的经营过程中，由于事先无法预料的不确定因素带来的影响，使资金经营者的实际收益与预期收益发生一定偏差，使其资产蒙受损失的可能性。简单地说，金融风险是指各经济实体从事金融活动中遭受损失的可能性。

（二）金融风险的类型

金融风险可能因多种因素综合影响而形成，金融风险多种多样，从不同角度可以划分为不同种类。

1. 信用风险（Credit Risk）

信用风险也称为违约风险，是指由于信用活动中存在不确定性而使信用活动主体遭受损失的可能性。它是金融机构面临的主要风险。比如，一企业从银行取得贷款后，由于客观经济条件、经营环境的变化，或者由于企业经营管理不善等因素的影响，使得企业到期不能还本付息，银行作为债权人将面临损失的风险。这种由于信用活动中存在不确定性而遭受损失的可能性，就是信用风险。

举例　信用风险

信用风险是金融业所面临的一个主要问题。许多国家的银行都被坏账、呆账所困扰。20 世纪 80 年代末，日本的"泡沫经济"破灭形成了巨额坏账。据日本大藏省 1998 年公布，按日本统计标准，该国 146 家银行的不良债权总额为 76.6 万亿日元。巨额坏账问题已严重威胁着日本银行体系的安全与稳定。

资料来源：施兵超.金融风险管理[M].上海：上海财经大学出版社，1999：52.

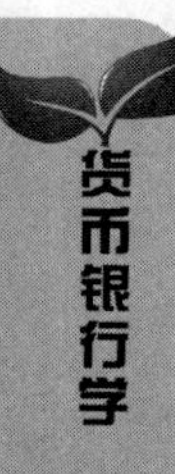

2. 利率风险(Interest Rate Risk)

利率风险是指由于利率水平的不确定变动而引起的金融产品价格及损益的变动，进而带来持有这些金融产品的经济主体的收益的变动。利率是资金的价格，是调节经济的重要杠杆。在市场经济条件下，利率受中央银行的货币政策、经济活动水平、物价上涨水平及国际市场上利率水平等诸多因素影响，利率经常性地发生变动。利率的变动会对金融机构的资产、负债产生影响，使其资产的收益和负债的成本发生变动，导致利率风险。

表 9-1 列出了中国各商业银行的利息收入占其营业收入情况和利息支出占其营业支出情况。从表中可见，无论是利息收入还是利息支出，其占银行总收入和银行总支出的比重都非常高。因此，利润的变化在很大程度上要影响银行整体的收入与支出水平，对银行的利润产生重要影响。

表 9-1　2009 年我国商业银行利息收入占营业收入比重　　单位：%

商业银行名称	利息收入/营业收入	利息支出/营业支出
中国工商银行	79	
中国农业银行	82	
中国银行	68	
中国建设银行	79	
交通银行	82	
中国光大银行	81	
华夏银行	92	
深圳发展银行	86	
上海浦东发展银行	91	
民生银行	77	
招商银行	78	

资料来源：邓鑫.2009—2010 年全国商业银行财务分析报告[J].银行家，2010(8)：27.

3. 外汇风险(Foreign Exchange Risk)

外汇风险又称为汇率风险，是指汇率的波动给当事人造成损失的不确定性。自 1973 年布雷顿森林体系解体以来，各国普遍实行浮动汇率制，汇率的波动越来越大，汇率风险也越来越大，加上各国经济发展不平衡，国际收支不平衡，一些国家政治动荡不安以及外汇市场上的投机交易等，更加剧了汇率的波动。外汇风险分为交易风险、会计风险与经济风险三种。交易风险是指以外币计价或结算的交易，从交易发生到完成的这段时间内因汇率变动而使得实际收到或支付的本币价值发生变化的风险。会计风险是指在会计处理中，某些项目需要在本币与外币之间换算时所使用的汇率不同而承担的风险。经济风险是指由于汇率发生出乎意料的变动而引起企业未来一定时间内收益变化的一种潜在性风险。

举例　外汇风险

(1) 会计风险：我国某合资企业以美元为记账货币。年初该企业有4万英镑存款，当时英镑与美元汇率为1GBP＝1.83USD，在财务报表中折算为7.32万美元。年底该公司编制资产负债表时，英镑与美元汇率变为1GBP＝1.50USD，该笔英镑存款经重新折算后仅为6万美元，账面价值减少了1.32万美元。

(2) 交易风险：某年5月2日，广东省某公司向新加坡出口价值为50万美元的电子产品，3个月后收款。签订合同是美元兑人民币即期汇率为1USD＝8.276 9CNY。3个月后美元贬值，即期汇率变为1USD＝8.151 0CNY。按照前一汇率，公司收到50万美元后折合人民币413.845万元，现在由于美元贬值50万美元只能折合人民币407.55万元。交易风险损失6.295万元人民币。

4. 通货膨胀风险(Inflation Risk)

通货膨胀风险又称购买力风险，是指因一般物价水平的不确定变动而使人们遭受损失的可能性。首先，通货膨胀造成单位货币购买力下降，即“货币贬值”，将使债权人面临损失的风险，因为在通货膨胀中，债权人收到的债务人归还的本利和已经是贬值了的货币，通货膨胀率越高，债权人的损失就越大。其次，通货膨胀会导致实际收益发生变动，使投资者面临风险。在第二章讲过，实际利率等于名义利率减去通货膨胀率，在名义利率一定的前提下，通货膨胀率越高，实际利率就越低；当通货膨胀率高于名义利率时，实际利率为负值。由于人们难以准确预计未来的通货膨胀率，因此难以预测未来的实际利率，投资者无法知道其收益率是否会高于通货膨胀率，因而，投资者面临着损失的可能性。

5. 流动性风险(Liquidity Risk)

流动性风险是指金融机构因流动性的不确定性变化而遭受损失的可能性。简单地说，流动性是“变现能力”，具体而言指一个机构的金融产品运转流畅、衔接完善的程度，即持有的资产能随时得以偿付，能以合理的价格在市场上出售，或者能以比较方便合理的利率借入资金的能力。保持流动性对金融机构特别是对商业银行来说至关重要，流动性风险可能置金融机构于死地。

举例　流动性风险

1984年，作为当时美国十大银行之一的大陆伊利诺斯银行曾经历了一次严重的流动性危机，后来在监管当局的帮助之下，该银行才度过了危机，避免了倒闭的结局。

在20世纪70年代，大陆伊利诺斯银行最高管理层制定了一系列的信贷扩张计划。从1977年到1981年，贷款额以平均每年19.8%的速度增长。然而，与其他银行不同，该银行并没有稳定的核心存款来源，其存款主要靠向其他银行发行定期可转让存单、吸收欧洲美元等来获得。从1970年以后，该银行的问题贷款比例越来越大。到1983年，该银行的流动性状况进一步恶化，流动性负债超过了流动性资产的数额，约占总资产的53%。

1983 年，市场上开始流传大陆伊利诺斯银行将要倒闭的消息，其他银行拒绝购买其发行的定期存单，存款人纷纷取款，公众对该银行失去信心，在短短 2 个月内流失了 150 亿美元的存款。由于该银行是美国大银行之一，拥有 340 亿美元的资产，其倒闭对整个金融市场将会产生巨大的影响，金融管理当局全力挽救。1984 年 5 月，美国联邦储备银行借入 36 亿美元来填补流失的存款，以维持必要的流动性。同时，联邦存款保险公司向公众保证所有的存款户和债权人的利益将会得到完全的保护，并宣布和其他几家大银行一起注入资金，联邦储备银行也继续借款给该银行。在多方帮助下，该银行才得以度过危机。

资料来源：宋清华，等. 金融风险管理[M]. 北京：中国金融出版社，2003：112.

6. 证券价格风险

证券价格风险是指由于证券价格的不确定变化导致当事人遭受损失的可能性。证券价格风险是金融风险中比较突出的风险。证券市场是金融市场中重要的组成部分，在各国证券市场上，每天都有大量的国债、股票在买卖交易，受多种因素影响，证券价格尤其是股票价格变动很大，投资者面临着巨大的风险。例如，1987 年 10 月 19 日，纽约股票市场出现大幅下跌，在一天之内道·琼斯工业股票指数暴跌 508 点，跌幅达 22.62%，在这一天中上市的 5 000 多家公司的股票价值总额减少了 5 000 亿美元以上，这一天被称为“黑色星期一”。这一危机迅速传递到其他证券市场，伦敦股票交易所当天股票价格下跌 11%，投资者损失达 500 亿英镑。

7. 国家风险

国家风险是指跨国从事信贷和投资时可能蒙受损失的风险。与其他风险相比，国家风险有其鲜明的特征：国家风险存在于跨国金融活动中，属于国际经济交往风险；国家风险是和国家主权有密切关系的风险；国家风险源于东道国法律和法规，非合同或契约条款所能改变或免除。

除了上述的主要金融风险外，还存在着金融衍生品风险、经营风险等种种金融风险。

二、金融风险对经济的影响

金融风险虽然能对金融活动当事人的行为产生约束，对金融活动起到一定的调节作用，但金融风险带来的主要是负面影响。它不仅影响经济主体的经营和收益，给市场参与者造成重大损失，而且影响国家宏观经济发展和社会稳定，造成社会动荡。

（一）金融风险对微观经济的影响

1. 给金融活动的参与者带来直接的经济损失

在现实生活中，这样的例子可以举出许多。如投资者购买股票后，股价大跌，投资者损失惨重；企业进出口活动中因汇率变化而蒙受损失；商业银行因借款人无法按时还清贷款导致坏账、呆账增加，严重影响银行正常的经营活动甚至威胁到银行的生存。表 9-2 列举了规模巨大的金融交易损失事件，从该表中，可以看到金融风险给经济活动主体带来的损失十分巨大。

表 9-2　全球金融交易巨大损失事件

公司名称	发生时间	损失额	交易内容
日本富士银行	1991 年 5 月	430 亿日元	股票交易
日本昭和壳牌石油	1993 年 2 月	1 650 亿日元	外汇期货交易
日本鹿岛石油	1994 年 4 月	1 500 亿日元	外汇期货交易
日本东京证券	1994 年 11 月	320 亿日元	美国期权交易
美国加州橙郡	1994 年 12 月	15 亿美元	证券交易
英国巴林银行	1995 年 2 月	10 亿美元	股指期货交易
日本大和银行	1995 年 9 月	1 100 亿日元	美国债券交易
法国兴业银行	2008 年 1 月	67 亿美元	股指期货交易
摩根大通	2012 年 5 月	58 亿美元	对冲交易
瑞银	2012 年 12 月	15 亿美元	银行同业拆解交易

资料来源：《国际金融信息报》1997 年 5 月 28 日，环球财经网页(http://finance.huanqiu.com/view/2012-12/3435779.html).

2. 影响投资者或存款人的信心和预期

金融风险给金融活动的参与者带来直接的经济损失，这些巨大的无法挽回的损失，会导致大量的投资者或存款人对遭受金融风险的机构丧失信心，对其未来存在悲观预期。一旦投资者对金融市场失去信心，就会引起恐慌性抛售，导致证券价格大幅下挫；一旦存款人对某家银行失去信心，就会纷纷提款，形成挤兑风潮，引发银行危机和银行倒闭。

3. 给金融活动的参与者带来间接的经济损失

由于金融风险能够影响投资者或存款人的信心和预期，因此金融风险不但给金融活动的参与者带来直接的经济损失，同时也带来了间接的经济损失。例如，一家存在严重信用风险的银行，存款人会对其支付能力产生担忧，会提取存款或者转移存款，导致银行资金不断减少，业务萎缩；一个企业可能因无法及时收到货款而影响其生产经营，利润减少。

4. 增大了经营管理成本

由于预期收益的不确定性，经济主体为了规避风险，使风险降到最低，不得不加大收集信息、整理信息的工作量，也增大了收集信息、整理信息的难度，这就增大了管理成本。

5. 降低了资金的使用率

金融风险的广泛性与后果的严重性，使得企业和个人不得不持有一定的风险准备金来应付金融风险。例如银行，由于对流动性变化的不确定性，难以准确安排备付金的数额，往往导致资金的闲置。此外，对金融风险的担忧使得一些消费者和投资者持币观望，导致社会上大量资金的闲置，降低了资金的使用率。

（二）金融风险对宏观经济的影响

1. 导致社会投资水平下降，并最终影响经济增长率

早在 20 世纪 60 年代末，经济学家的研究表明，金融风险将引起实际收益率、产出率、消费和投资的下降，金融风险越大，下降幅度越大。金融风险导致经济增长率下降甚至出现负增长，已被许多国家的实践所证实。经济学家研究发展中国家的银行危机后得出结论，如果一国银行危机持续一年，将会使其 GDP 下降 1%；在第二年，将会使其 GDP 下降 3%；在随

后的几年中还有更多的下降，即一个发展中国家的银行危机将消耗一年的名义经济增长值。①

2. 造成产业结构畸形发展，整个社会生产力水平下降

因为金融风险的存在，使大量资源流向安全性较高的部门，一方面使得边际生产力下降；另一方面导致资源配置不当，一些经济中的关键部门发展较慢，形成经济结构中的“瓶颈”。

3. 影响一国的国际收支

金融风险直接影响着国际贸易和国际投资活动。在金融风险增大时期，一国汇率和利率往往波动剧烈，而汇率的波动影响着商品的进出口总额，关系着一国的国际收支；利率的波动使利率风险增大，通货膨胀严重，投资环境恶化，直接影响着国际资本的流入和流出，从而影响一国的国际收支。

4. 其他影响

严重的金融风险还会引起金融市场秩序混乱，破坏正常的生产和生活秩序，甚至使社会陷入动荡，极大地破坏生产力。例如，1997 年爆发的东南亚金融危机给世界经济带来严重后果，全球经济增长率下降了 1%以上。处于危机中心的一些国家和地区更是深受其害，经济增长率都下降了 2%以上，有的国家经济因此倒退了十多年，印度尼西亚还引发了政治危机。

三、金融风险的防范

金融风险的种类很多，但是较普遍和典型的是信用风险、利率风险、流动性风险、外汇风险几种。限于篇幅，本书主要介绍这几种有代表性的金融风险防范和控制。

（一）信用风险防范与控制

信用风险有广义与狭义之分。广义的信用风险是指所有因客户违约（不守信）所引起的风险；狭义的信用风险通常是指信贷风险。本书所指的信用风险主要是狭义的信用风险——银行信贷风险。

信贷风险是指银行贷款不能按时收回本息而导致银行资金遭受损失的可能性。如贷款企业因破产倒闭造成的贷款本息损失，因经营决策失误而使生产陷入困境无力偿还贷款，投资项目失败造成贷款损失，因产品积压造成流动资金困难而无力偿还贷款等。商业银行的信用风险管理，主要是通过对借款人进行信用分析和评估，准确计算贷款风险度，正确做出贷款决策来达到防范和控制风险的目的。

1. 借款人信用等级的划分

（1）借款人信用分析

对借款人进行信用分析，是信用风险等级划分的基础和依据，它包括非财务状况分析和财务状况分析。

① 宋清华，李志辉. 金融风险管理[M]. 北京：中国金融出版社，2003：18.

① 非财务状况分析。非财务状况分析主要有六个方面，即国际上通行的“6C”原则，包括品质(Character)、能力(Capacity)、资本(Capital)、抵押(Collateral)、环境(Conditions)和控制(Control)。品质是指借款人借款有明确的目的，有偿债的意愿和能力。能力是指借款人具有申请贷款的资格和行使法律义务的能力，并具有还款能力。资本是指借款人财务报表上的总资产与总负债的情况、资本结构等。资本越雄厚，就越能承担风险损失。抵押是指借款人用于抵押的资产质量、流动性和总价值情况。环境是指借款人或行业的近期发展趋势，经济周期的变化对借款人的影响等。控制是指法律的改变、监管当局的要求等问题。

② 财务状况分析。财务状况分析主要是分析、评价借款企业的偿债能力。具体包括以下几方面指标。

- 反映企业流动状况的指标。企业的流动状况主要用流动资产和流动负债来反映。分析企业的流动状况，主要分析流动资产的周转情况，特别是企业对短期债务的清偿能力。反映企业短期债务清偿能力的指标有流动比率和速动比率；反映企业资金周转状况的指标有应收账款周转率、存货周转率和固定资产周转率等。
- 反映企业权益的指标。权益由债权人权益和股东权益两部分组成。这类指标主要有：负债对股东权益比率、负债比率、长期负债比率、股东权益比率、固定资产对长期负债比率、固定资产与权益总额比率、普通股每股账面价值等。
- 反映企业经营成果的指标。企业的盈利能力是银行最为关心的问题，反映企业经营成果的指标有三大部分：一是反映全部资产获利能力的比率，如股东权益报酬率；二是反映普通股获利能力的比率，如销售利润率、投资报酬率等；三是反映股东获利能力的比率，如普通股每股净收益、普通股每股净收益与市价比率等。

(2) 单笔贷款风险度确定

银行在计算出上述指标后，根据建立的信用风险模型给借款企业评分，评出企业的信用风险等级，分为A级、B级和C级，并确定各种信用等级的风险系数，企业信用等级部分风险系数表如表9-3所示。

表9-3 企业信用等级风险系数表

企业信用等级	分数值	风险系数
AAA	≥90分	0.4
AA	≥75分	0.5
A	≥60分	0.6
BBB	≥45分	0.7
BB	≥30分	0.8
B	<30分	1.0

资料来源：吴腾华，吕福来. 现代金融风险管理[M]. 北京：中国经济出版社，1999：281.

AAA表示投资信用最佳、还本付息能力最强；AA级表示还本付息能力很强；A级表示还本付息能力强，但易受不利经济因素的影响。B级中包括BBB级、BB级和B级。BBB级表示有还本付息能力，但比A级更易受不利经济因素的影响；BB级表示还债能力不强；B级表示企业有可能倒闭，但目前还有还本付息能力。CCC级表示对投资者有一定保障，但有重大风险和不稳定性；CC级是高度投机级；C级为最低级，表示无还本付息能力。B级以上是投资级，从B级以下(包括B级)就是投机级。银行原则上对投机级企业不予发放贷款。

贷款按保障形式划分，可分为信用贷款、保证贷款、抵押贷款和质押贷款。贷款因其保障程度不同而产生不同的贷款风险度。表 9-4 列出了根据中国人民银行的有关条例规定的各种贷款方式风险系数。

表 9-4 不同贷款的风险系数

贷款方式	风险系数
① 信用贷款	100
② 保证贷款	
商业银行及政策性银行保证	10
非银行金融机构保证	50
中国境内注册外资或中外合资银行保证	10
中国境内注册外资或中外合资非银行金融机构保证	50
中国境外注册的金融机构保证	
一级国家和地区	20
二级国家和地区	100
国家 AAA 级企业保证	50
国家 AA 级企业保证	70
国家 A 级企业保证	100
其他保证	100
③ 抵押贷款	
土地房屋产权转让抵押	50
居住楼宇抵押	50
不动产物业抵押	50
其他抵押	100
④ 质押贷款	
人民币存单抵押	0
外币存单抵押	10
一级国家和地区及中国政府的国债抵押	0
二级国家和地区的国债抵押	10
现汇抵押	10
金融债券质押	10
商业银行及政策性银行承兑票据贴现	10
商业承兑汇票贴现	100
其他有价证券质押	50

资料来源：牛锡明. 我国商业银行贷款风险度管理的理论研究[J]. 经济研究，1998(3)：58-66.

确定了企业信用等级风险系数和贷款方式风险系数后，就可以计算出单笔贷款的风险度。

$$单笔贷款风险度 = 企业信用等级风险系数 \times 贷款方式风险系数 \tag{9-1}$$

举例　单笔贷款风险度的计算

一企业向银行申请抵押贷款 1000 万元。经过评审，该企业信用等级为 AA 级，其信用风险系数为 0.5，如用其土地作为抵押，则贷款方式风险系数为 0.5。该企业此笔贷款的风险度为 0.5×0.5=0.25。

(3) 全部贷款风险度的测定

贷款发放以后，银行的信贷资金就参与了企业的生产经营。由于不同企业生产经营的效果不同，银行的贷款资金就会以各种形态存在，而不同形态的贷款的风险性不一样。表 9-5 给出了不同贷款形态风险系数。由此，可以测定出单笔贷款的资产风险度，即：

$$\text{单笔贷款资产风险度} = \text{单笔贷款风险度} \times \text{贷款形态风险系数} \quad (9\text{-}2)$$

$$\text{银行全部贷款资产的风险度} = \frac{\sum \text{单笔贷款资产风险度} \times \text{单笔贷款金额}}{\text{银行全部贷款金额}} \quad (9\text{-}3)$$

表 9-5 贷款形态风险系数

贷款形态	正常	关注	次级	可疑	损失
贷款形态风险系数	1.0	1.2	1.8	2.2	2.5

单笔贷款资产风险度，用于贷款发放时的风险度测定。全部贷款资产风险度，用于银行全面评估贷款资产的风险。

2. 商业银行信用风险的防范

(1) 避免风险

商业银行在贷款业务中，应尽量避免向低效益企业或高风险项目发放贷款以避免信用风险的发生。为此，银行必须通过信用分析，了解企业的生产经营情况、资金使用情况、成本收益情况以及管理情况，对贷款项目进行全面评价与论证，对贷款偿还能力不足的企业不发放贷款。

(2) 分散风险

对贷款风险采取分散策略，是各国商业银行普遍实行的一种风险管理方法。具体措施有：贷款投向的分散化，即将贷款分散在不同的地区和不同的行业中，防止因某一地区或某一行业的不景气而带来的信用风险；贷款数额的分散化，即银行发放的贷款数额，不应过分集中于某一地区、某一行业或者某一客户；贷款方式的多样化，即银行应采取多种多样的贷款方式，减小信用贷款比重，扩大抵押贷款和质押贷款比重；贷款期限结构的分散化，即银行的短期、中期和长期贷款比率要适当。

(3) 转移风险

银行可以用合法的业务手段将贷款风险转移给他人来承担。具体方式有：抵押贷款，商业银行通过抵押贷款将贷款的风险转移给借款人；实行浮动贷款利率，在贷款期限内，贷款利率可以根据市场利率的变化进行调整，因而将贷款风险转移给借款人承担。

除此以外，商业银行还应定期对信贷资产质量进行审查，并将审查结果分门别类。目前商业银行在贷款管理过程中，依据贷款五级分类对信贷资产质量进行识别，以便于随时掌握借款人经营状况和还款能力的变化，有利于及早发现和防范信用风险。

(二) 利率风险防范与控制

利率风险是指由于市场利率变化的不确定性给商业银行带来损失的可能性。由于利率是银行计算资金价格的基础，因此利率的变化对商业银行来说影响很大，利率的升降会影响商业银行所有业务的经验成果,利率风险管理就成为银行面临的重要风险之一。

1. 利率风险管理的常用方法

缺口管理是目前银行最常用的利率风险分析和管理技能。

课堂讨论　信贷风险的化解

某商业银行于×年×月对一公司发放保证贷款400万元,期限半年。该公司在经营中出现亏损,贷款到期时,不但不能偿还该银行400万元本息,而且还有其他四家银行的逾期贷款共计3 000多万元。而该贷款的保证单位,实际上也无还款能力。

银行信贷员及时了解了这一情况,并发现了该公司唯一比较值钱的资产——价值约1 000万元的地皮,因无力支付200万元的费用而办不了产权证。因此,信贷员向银行信贷部门领导建议:可以再向该公司贷款200万元,专用于办理此块地皮的产权。产权证办好以后,即向银行办理前次400万元及这次200万元贷款的转抵押手续。银行领导予以同意。该公司如期从产权部门取回产权证,经过艰苦努力,银行终于拿到产权证,重新办理了600万元的抵押贷款手续,期限3个月。还款期限到时,该公司已被其他多家债权银行申请破产还债。银行及时将其地皮进行拍卖,收回了贷款本息,及时化解了信贷风险。

资料来源:钱晔.货币银行学[M].大连:东北财经大学出版社,2003:172.

问题:该银行为什么能成功化解信贷风险?从中可以吸取什么经验教训?

利率有固定利率和浮动利率之分。固定利率的资产和负债对市场利率的变动都缺乏敏感性,而浮动利率的资产和负债对市场利率的变动比较敏感,其利息收入和支出都随着市场利率的变动而变动。资金缺口是指浮动利率资产与浮动利率负债之间的差额,用于衡量一家银行净利息收入对市场利率变动的敏感性。资金缺口有三种形态,即零缺口、正缺口和负缺口。在不同的资金缺口状态下,银行收益不相同,如表9-6所示。在零缺口状态下,商业银行的净利息收益在整个期限内不变。在正缺口状态下,浮动利率资产大于浮动利率负债。这时如果市场利率上升,则浮动利率的资产收益增加大于浮动利率的负债支出增加,银行盈利能力提高;反之,若市场利率下降,则银行盈利能力减小。在负缺口状态下,浮动利率资产小于浮动利率负债。这时如果市场利率上升,则浮动利率的资产收益增加小于浮动利率的负债支出增加,银行盈利能力减小;反之,若市场利率下降,则银行盈利能力增加。

表9-6　资金缺口状况与银行收益情况

资金缺口形态	状　况	银行收益(当市场利率上升时)	银行收益(当市场利率下降时)
零缺口	浮动利率资产＝浮动利率负债 固定利率资产＝固定利率负债	收益不变	收益不变
正缺口	浮动利率资产＞浮动利率负债 固定利率资产＜固定利率负债	收益提高	收益缩小
负缺口	浮动利率资产＜浮动利率负债 固定利率资产＞固定利率负债	收益减小	收益提高

缺口管理就是在银行对利率预测的基础上,调整资金缺口的正负和大小,以尽量减少利率风险。其做法就是随着市场利率的变动,调整浮动利率资产和浮动利率负债与固定利率

资产和固定利率负债的组合结构，通过改变资金缺口大小，获得较高的收益：当预测利率将上升时，银行应尽量减少负缺口，增加正缺口；当预测利率将下降时，银行应尽量增加负缺口，减少正缺口。

2. 利率风险管理的创新金融工具

现代金融工具的创新和发展，为银行规避利率风险提供了新的手段。有效地运用金融工具可以帮助银行锁定风险和化解风险。

常用的防范利率风险的工具包括远期利率协议、利率期货、利率互换等。利率期货是买卖双方在期货交易所签订协议，承诺在未来某一特定日期以协议价格交割标准数量的特定金融工具的活动。利率期货交易中的金融工具包括国库券、欧洲美元、大额可转让定期存单、中长期债券等。远期利率协议是买卖双方商定将来一定时间段的协定利率，并指定一种参照利率，在将来清算日按照规定的期限和本金数额，由一方向另一方支付协议利率的同时参照利率之间差额利息的贴现金额。远期利率协议建立在双方对未来利率的预测存在有差异的基础上，实际上是一种双方以降低收益为代价，通过预先固定远期利率来防范利率风险的一种方法。利率互换是指合约的双方以特定时期内、特定名目的同一货币本金和利率为基础，彼此交换支付利息的义务。包括固定利率与浮动利率互换、浮动利率与浮动利率互换。

举例　银行运用利率期货防范利率风险

某银行3月初知道6月将收到一笔400万美元的款项，该银行计划将其投资于国库券3个月以产生收益。已知3月时国库券市场收益率较高，为9%(年利)。该银行预测未来几个月利率将下降，因此，如果6月收到款项投资于国库券中收益将减少。为了防范利率下跌的风险，该银行决定利用利率期货来减少风险。已知3月1日现货市场国库券利率分别为9%，3个月国库券期货价格为8.8%；6月1日现货市场国库券价格为8%，期货市场价格为8.1%。具体操作过程如表9-7所示。

表 9-7　现货交易与期货交易

现货市场	期货市场
3月1日 如果将400万美元投资于国库券将收益400×(9%×3/12)=9(万美元)	3月1日 卖出4份3个月国库券期货合同(每张合同面值100万美元)，收益400×(8.8%×3/12)=8.8(万美元)
6月1日 收到400万美元，投资于国库券，收益为400×(8%×3/12)=8(万美元)	6月1日 买进4份该合同进行对冲，支付400×(8.1%×3/12)=8.1(万美元)
现货市场亏损1万美元	期货市场盈利0.7万美元

（三）外汇风险防范

外汇风险分为交易风险、会计风险与经济风险，对企业和银行来说，最常见的是交易风险。目前，国内外企业、银行大量采用各种技术工具，运用各种金融市场，如远期外汇市场、期货市场、期权市场以及货币市场进行套期保值，以降低交易风险。

1. 远期合约法

远期合约是合约双方约定在将来某一天或某一时间，以预先约定的汇率买入或卖出一定数量外汇的协议。运用远期合约规避外汇风险指具有外汇风险的企业或者银行，签订卖出或买进远期外汇的合约，以消除外汇风险的方法。

对外贸企业来说，远期外汇交易的具体做法是：出口商在签订贸易合同后，按当时的远期汇率预先卖出与合同金额相同的远期外汇，在收到货款时再办理交割；进口商则预先以远期汇率按照实际付款的期限，买进合同所需的远期外汇，待实际付款时再进行交割。进出口商就可以锁定进出口成本，减少外汇风险。

在我国金融市场不甚发达的情况下，远期外汇交易是目前我国企业防范外汇风险的主要做法。

举例　运用远期外汇交易防范外汇风险

某年5月2日，广东省一公司向新加坡出口价值为50万美元的电子产品，合同规定3个月后付款。签订合同时美元兑人民币即期汇率为1USD＝8.276 9CNY，该公司分析预测美元未来几个月将贬值，为防止美元贬值给公司带来损失，遂与银行做一笔3个月远期外汇买卖。已知3个月远期汇率为1USD＝8.263 2CNY，该公司与银行签订远期外汇交易合同，按

此汇率卖出美元，买进人民币，价值413.16万元。此后不管汇率如何变化，该公司3个月后都按此价格与银行成交。

3个月后若美元真的贬值，即期汇率变为1USD＝8.151 0CNY，如果不作远期交易，公司必须按照这个汇价将50万美元卖给银行，共得人民币407.55万元。现在公司履行远期交易合同，按照远期汇率1USD＝8.263 2CNY卖出美元，获得人民币价值413.16万元。可见，运用远期交易该公司锁定了收益，收到较好的效果。

银行进行远期外汇交易的目的是对即期外汇风险敞口进行保值，通过签订远期合约，将外汇风险转移出去。如果银行已出现或预计将出现外汇风险敞口，只要通过做一笔方向相反、金额一致的远期交易即可达到避险目的。例如，银行预计将收到一笔日元，为了防止日元汇率下跌而遭受损失，可以事先通过远期合约卖出金额相等的日元。

2. 外汇期货法

外汇期货法是指具有外汇风险的企业或者银行，通过外汇期货市场进行外汇期货交易，以消除或者减少外汇风险的方法。具体又分为多头套期保值与空头套期保值。

(1) 多头套期保值。多头套期保值用于防止将来在现货市场上购买外汇时，由于汇率上涨带来的损失。具体做法是：企业(银行)首先在期货市场上买入与将来要在现货市场得到的货币相同、金额相同或基本相同、到期日相同或基本相同的期货合约。一段时间后，企业(银行)在现货市场买入该货币的同时，再在期货市场上卖出期货合约。此时，若汇率上升，则期货市场的收益可以弥补现货市场的亏损；若汇率下降，则现货市场的收益弥补期货市场的亏损。达到套期保值目的。

举例　多头套期保值

5月6日某美国进口商从加拿大进口货物，价值50万加元，合同规定3个月后付款，到

时该进口商将用美元兑换加元进行支付。该进口商预计未来加元将升值，为了防止加元升值的风险，该进口商决定利用外汇期货交易进行保值。有关的成交价格如下。

5 月 6 日：即期汇率为 1USD＝0.846 0CAD　9 月期货价格为 1USD＝0.845 0CAD

9 月 6 日：即期汇率为 1USD＝0.849 0CAD　9 月期货价格为 1USD＝0.848 9CAD

设每张加元期货合约面值为 10 万加元。该进口商操作过程如表 9-8 所示。

表 9-8　进口商外汇交易

现货市场	期货市场
5 月 6 日 若支付 50 万加元，按照即期汇率 1USD＝0.846 0 CAD，折合美元需支付 42.3 万	5 月 6 日 买进 5 份面值为 10 万加元的 9 月到期的加元期货合约，价格为 1USD＝0.845 0CAD，支付美元 42.25 万
9 月 6 日 支付 50 万加元，按照即期汇率 1USD＝0.849 0CAD，折合美元需支付 42.45 万	9 月 6 日 卖出 5 份该期货合约，价格为 1USD＝0.848 9CAD，收入美元 42.445 万
现货市场损失 1 500 美元	期货市场收益 1 950 美元

(2) 空头套期保值。空头套期保值用于防止将来在现货市场上出售外汇时，由于汇率下跌带来的损失。具体做法是：企业(银行)首先在期货市场上卖出与将来要在现货市场上卖出的货币相同、金额相同或者基本相同、到期日相同或者基本相同的期货合约。一段时间后，当企业(银行)在现货市场上卖出该货币时，在期货市场上买入原期货合约。此时如果汇率下跌，则期货市场的收益可以弥补现货市场的亏损；若汇率上升，现货市场的收益可以弥补期货市场的亏损，达到保值目的。

举例　空头套期保值

在 3 月 6 日，某美国出口商向加拿大出口一批货物，价值 50 万加元，合同规定 3 个月后收回货款。美国出口商决定利用外汇期货交易来防范汇率风险。有关交易价格如下。

3 月 6 日：即期汇率为 1USD＝1.177 9CAD　6 月加元期货价格为 1CAD＝0.849 0USD

6 月 6 日：即期汇率为 1USD＝1.182 0CAD　6 月加元期货价格为 1CAD＝0.846 0USD

该出口商外汇交易过程如表 9-9 所示。

表 9-9　出口商外汇交易

现货市场	期货市场
3 月 6 日 若卖出 50 万加元可获得美元 50/1.177 9＝42.448 4 万	3 月 6 日 卖出 5 份加元期货，获得美元价值为 50×0.849 0＝42.45 万
6 月 6 日 卖出 50 万加元获得美元 50/1.182 0＝42.301 2 万	6 月 6 日 买进 5 份加元期货，支付美元价值为 50×0.846 0＝42.3 万
现货市场损失 1 472 美元	期货市场获利 1 500 美元

除上述远期外汇交易法和外汇期货法以外，经济主体还可通过掉期交易、期权交易等方法规避外汇风险。

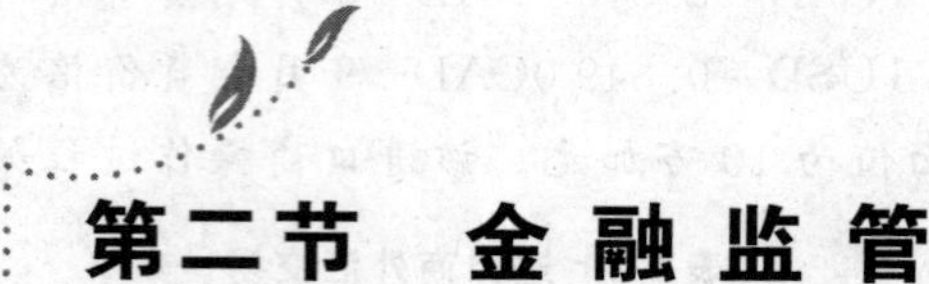

第二节 金融监管

由于金融是现代经济的核心、国民经济的命脉，而金融业具有高风险性。因此，世界各国无不对金融业实行严格的监督管理。

一、金融监管概述

（一）金融监管的含义及目标

1. 金融监管的含义

金融监管是指金融管理当局根据金融法规各类金融机构及其金融活动实施监督与管理，以保证金融体系的安全、稳定，保证公众的利益。金融监管涉及金融的各个领域，主要包括以下几方面：①对存款货币银行的监管；②对非存款货币银行金融机构的监管；③对货币市场的监管；④对资本市场与投资基金的监管；⑤对外汇市场的监管；⑥对衍生金融工具市场的监管；⑦对保险业的监管等。

2. 金融监管的目标

实施金融监管，首先要确定金融监管目标。

由于各国的历史、经济、文化发展情况不相同，金融监管的具体目标各不相同。有的国家更注重金融体系的安全，有的更注重效率。但是，总体目标都是从"经营安全性、竞争平等性、政策一致性"三方面考虑。

(1) 经营安全性，就是促使金融机构安全经营，防止倒闭，从而保障社会公众的利益和金融业的稳健运行。由于金融业经营的特殊性，一个金融机构出现问题或者出现危机往往会引起连锁反应，导致整个金融业的动荡，影响到千千万万存款人和社会公众的利益。金融监管当局必须促使金融机构稳健经营，以保护广大存款人和公众的利益。

(2) 竞争平等性，通过金融监管创造一个平等竞争的环境，防止垄断，保护合理竞争。鼓励金融机构在合理竞争的基础上提供高效率、多样化的金融服务，促进金融业的健康成长。

(3) 政策一致性，通过监督管理，使金融机构的经营活动与中央银行实施的货币政策目标相一致。1995年颁布的《中国人民银行法》规定："中国人民银行依法对金融机构及其业务实施监督管理，维护金融业的合法稳健运行。"目前我国金融监管的目标体现在四个方面：①保证金融机构的正常经营，维护整个金融体系的安全与稳定；②防范和化解金融风险，保护存款人的利益；③创造公平竞争的环境，促使金融业在竞争的基础上提高效率；④保障金融货币政策和宏观经济政策的有效实施。

（二）金融监管的模式

金融监管模式是指一国关于金融监管机构和金融监管法规的结构性体制安排。从世界各国情况来看，监管模式主要有统一监管和分业监管两类。

1. 统一监管模式

统一监管模式又称为混业监管模式，是指对不同的金融行业、金融机构和金融业务均由一个统一的监管机构负责监管，这个监管主体可以是中央银行或其他机构。

统一监管模式的优势包括：①成本优势，统一监管可节约技术和人力的投入，降低信息成本，改善信息质量，获得规模效益；②改善监管环境，由于提供统一的监管制度，避免由于多重监管者的监管水平、强度不同，使被监管者面临不同的监管制度约束，同时，也避免被监管者对多重机构重复监管及不一致性无所适从；③适应性强，金融业务创新日新月异，统一监管模式可迅速适应新业务，避免监管真空，降低新的系统性风险。统一监管模式的缺点主要是缺乏竞争性，易导致官僚主义。

20 世纪 80 年代后期，北欧的挪威、丹麦和瑞典开始将分散的监管机构合并，成立综合性的金融监管机构，实行统一监管模式。1996 年以后，日本和韩国也转向这种模式。1997 年英国的金融监管体制改革最为著名。截至 1999 年，实行统一监管的有 13 个国家，包括瑞典、挪威、丹麦、冰岛、英国、日本、韩国等。

2. 分业监管模式

分业监管模式是在银行、证券和保险三个业务领域内分别设立一个专职的监管机构，负责各行业的审慎监管和业务监管。目前分业监管模式较为普遍，实行分业监管较为典型的国家有德国、美国、波兰、中国等。

分业监管模式的优点是：①专业监管机构负责不同的监管领域，具有专业化优势，职责明确，分工细致，有利于达到监管目标，可提高监管效率；②具有竞争优势，尽管监管对象不同，但不同机构之间存在竞争压力。分业监管模式的缺点是：①多重监管机构之间难以协调，被监管对象有空可钻，逃避监管，若设立多重目标或不透明的目标，容易产生分歧，使被监管对象难以理解和服从；②从整体上看，分业监管各个机构庞大，监管成本较高，规模不经济。

3. 金融监管发展趋势

从国际金融监管发展趋势来看，金融监管日益从分业监管向混业监管转变。

以 1999 年美国《格拉斯—斯蒂格尔法案》的废除为标志，全球的金融业务日益向混业经营的方向转变，与之相适应的金融监管模式也日益朝着混业监管的方向演变。美国旧的金融监管体系采取按不同金融机构的类别进行纵向分别立法、分别监管的模式。如银行领域有《格拉斯—斯蒂格尔法案》（由美联储等机构实施对货币存款机构的监管），保险领域有《州保险法》（由州保险理事会对保险公司实施监管），证券领域有《证券法》、《证券交易法》和《投资公司法》等（由证券交易委员会实施监管）。1999 年实施《金融服务现代法案》后，美国采取了联邦政府、州政府与专门机构分层的金融监管模式，综合监管与分立监管相结合。与此同时，英国、日本等国也通过金融改革建立了统一的监管框架。统一监管提高了监管效率，实现金融监管的规模经济，顺应现代金融业混业经营的潮流。

（三）金融监管的内容

金融监管主要有商业银行的监管、证券业的监管、保险业的监管等。

1. 对商业银行的监管

商业银行是现代金融体系的基础，对商业银行的监管是金融监管的核心内容。对商业银行的监管主要包括市场准入监管、业务运作监管和处理有问题银行机构及市场退出监管几部分。

（1）市场准入监管

市场准入监管是指银行监管当局根据法律、法规的规定，对商业银行及其分支机构进入市场进行管制的一种行为。主要包括几个方面：审批商业银行，审批注册资本，审批高级管理人员的任职资格，审批业务范围。

金融监管从金融机构市场准入监管开始，把好市场准入这一关，可以把一些不符合要求的机构拒之门外。各国都十分重视市场准入监管。对金融机构市场准入监管的核心是合格的管理人员和最低限度的资本金额。

金融机构的市场准入实际上是监管部门对申请设立的金融机构的审批。在审批过程中，金融管理当局一般注意这样几方面：第一，金融机构的设立是否适合经济发展需要，金融机构并不是越多越好，金融机构设立过多，除了造成资源浪费以外，更严重的是会引起金融机构之间的过度竞争，从而使潜在风险大大增加；第二，是否符合金融业发展的政策和方向；第三，是否符合地区分布合理化要求。

在审批是否设立金融机构时，还必须考察金融机构本身的情况，包括：资本金情况，足够数量的资本金是金融机构抵御风险能力的重要标志；管理人员，尤其是高级管理人员情况；金融机构内部组织结构、制度建设和业务发展规划。

（2）业务运作监管

业务运作监管是金融监管的主要内容。对金融机构业务运作的监管包括：对商业银行资本充足率的监管，主要依据是1988年的巴塞尔委员会颁布的《统一的国际银行资本衡量与资本标准的协议》；对商业银行流动性的监管；对商业银行资产质量的监管；贷款风险控制；外汇风险监管，等等。

（3）处理有问题银行机构及市场退出监管

有问题银行机构是指因为经营管理状况的恶化或突发事件的影响，发生支付危机、倒闭或破产危险的银行机构。由于银行破产倒闭会影响到整个金融体系的稳定性和存款人的正当利益，各国管理当局对银行的市场退出进行严格监管，采取的必要措施包括：协调银行同业对有问题银行机构进行救助；中央银行进行救助；对有问题银行进行重组；接管有问题银行等。

举例　我国有问题金融机构的市场退出

在20世纪90年代中期之前，我国金融业基本不存在市场退出问题。随着市场经济体制的逐步建立，我国金融业竞争日趋激烈，金融机构经营体制和经营方式的缺陷不断暴露，致使金融风险迅速积累并逐步显现。在此背景下，政府放弃了对金融机构一味保护的政策，加大了对有问题金融机构的查处力度，先后接管和关闭了一些严重经营不善和违法违规的金融机构。1995年，上海万国证券公司因在国债期货交易中出现巨额亏损而被申银证券公司合并；1995年10月，中国人民银行对违规操作、资不抵债的中银信托投资公司宣布接管，一年后由广东发展银行收购；1997年1月，中国农村发展信托投资公司因严重违法违规被中国人民银行依法关闭。进入1998年以后，金融监管力度进一步加大。1998年6月，关闭了刚开业2年的海南发展银行；同年10月，关闭了广东国际信托投资公司。2000年8月，撤销了中国教育科技信托发展有限公司。

资料来源：蒋先玲.货币银行学[M].北京：对外经济贸易大学出版社，2010.

2. 对证券业的监管

证券业由于其证券产品的特殊性，在监管上相对于其他行业来说意义更为重大。对证券业的监管，是指证券管理机构运用法律的、经济的以及必要的行政手段，对证券的募集、发行、交易等行为以及证券投资中介机构的行为进行监督和管理。

(1) 证券监管的原则

公平、公开、公正的"三公"原则是各国证券监管的最基本、最核心原则。

公平即要求证券市场上的所有参与者一律平等地拥有平等的机会，不存在任何歧视和特殊待遇；公开则要求证券市场各种信息向所有参与者公开披露，不得利用内幕信息从事市场活动；公正原则是要求证券市场监管者公正无私地进行市场管理和对待所有参与者。

(2) 证券监管的内容

证券业监管的主要内容包括发行市场的监管、交易市场的监管、证券经营机构和从业人员的监管。其重点在于对券商、上市公司、机构投资者的信息披露的管理监督。

① 发行市场的监管。对证券发行市场的监管是证券业监管的最基础内容。世界各国对股票审核上市的制度基本可分为两种：一种是注册制；另一种是核准制。前者适合于比较成熟的市场，后者适合于证券市场历史不长、投资者素质不高的国家。

② 交易市场的监管。证券交易监管是证券市场监管的重要组成部分，证券市场的所有行为最终都会体现在交易过程中。对证券交易市场的监管主要体现在：对不正当证券交易行为的监管，其中的重点是反操纵监管和反内幕交易监管；对市场过度投机和稳定市场的监管，其中的重点是价格限制制度、交易停止制度、保证金制度等。

③ 证券经营机构和从业人员的监管。证券经营机构的监管包括证券经营机构的业务范围监管、证券经营机构的市场准入监管、对证券商经营行为的管理等。对证券从业人员的管理主要包括两个方面：一是证券从业人员的资格管理制度；二是证券市场禁入制度。

另外，证券业监管的内容还包括对上市公司的监管。上市公司监管的重点是贯彻执行国家证券法规，规范上市公司以及关联人员在股票交易中的行为，督促其按照法规要求履行信息披露义务。

3. 对保险业的监管

保险业监管指国家对保险企业、保险经营活动及保险市场的监督管理。其基本监管内容如下。

(1) 组织监管

① 保险公司设立的审批。各国保险监管制度均规定，设立保险企业必须向主管部门申请批准，申请时要提交资本金的证明，以及有关企业的章程、负责人资格、有关条款、费率、营

业范围等文件资料。

② 资本金和保证金要求。保险公司申请开业必须具备最低的保证金要求，其数额都远高于一般企业。

③ 组织形式。各国普遍要求采用的组织形式是股份公司，此外还有相互保险公司、保险合作社等。个人保险组织仅在英国劳合社保险市场上采用。

(2) 业务监管

保险业务监管是保险监管的重要内容，包括业务经营范围的监管、保险条款与费率的监管、偿付能力的监管、承保限额的监管等。

① 业务经营范围的监管。对业务经营范围的监管，主要是规定保险公司除保险业务外是否可经营其他的金融业务，如银行业务、证券业务等。目前，世界各国情况大致有两类，一类是禁止保险公司经营保险以外的业务，另一类是允许保险公司除保险业务外，还可经营其他金融业务。

② 保险条款与费率的监管。保险条款和费率的拟定是保险监管的主要内容。在保险监管宽松的国家和地区，国家一般只审核各险种的基本条款，具体条款根据市场的需要，由保险同业工会制定并实施。在监管严格的国家和地区，由国家规定各种标准保险单的格式、条款，保险公司制定的费率和保险条款必须经国家主管部门审批。

③ 偿付能力的监管。偿付能力指保险公司对所承担的风险在发生超出正常年份的损失数额时具有的赔偿或给付能力。当偿付能力低于法定最低限度时，保险监管部门就会进行干预，或者要求增加资本金，或者限制业务发展，直至停业清算。

④ 承保限额的监管。各国保险监管部门都规定了保险公司每笔非寿险业务的最大承保金额，超过这一金额，保险公司必须办理再保险业务。

二、我国的金融监管

(一) 我国金融监管的发展轨迹

我国从新中国成立以来到1984年，实行的是大一统的人民银行体制，即人民银行履行全部金融职能，没有监管当局和监管的对象，也没有监管的法律法规。因此，这期间，中国没有现代意义上的金融监管。

1984年开始，中国形成中央银行和专业银行的二元银行体制，中国人民银行行使中央银行职能，集货币政策和所有金融监管于一身，是一个超级中央银行。履行对银行业、证券业、保险业、信托业的综合监管。

1992年8月，国务院决定成立证券委和中国证监会，将证券业的监管职能从中国人民银行分离出去，中国人民银行主要负责对银行、保险、信托业的监管。1998年，国务院决定成立保险监督管理委员会，专司对中国保险业的监管，将原来由中国人民银行履行的对保险业的监管职能分离出来，中国人民银行主要负责对银行、信托业的监管。由此我国的金融监管也实行银行、证券与保险三个监管部门分工协作、各司其职的分业监管体系。

2003年4月26日，第十届全国人民代表大会常务委员会第二次会议通过《全国人民代表大会常务委员会关于中国银行业监督管理委员会履行原由中国人民银行履行的监督管理职责的决定》，确定中国银监会履行原由中国人民银行履行的审批、监督管理银行、金融资产管理公司、信托投资公司及其他存款类金融机构等的职责及相关职责。4 月 28 日，中国银监会作为国务院直属正部级事业机构正式对外挂牌，正式履行职责。这样，银监会、证监会和保监会分工明确、互相协调的金融分工监管体制在我国形成。

（二）我国三大监管机构的主要职能[①]

1. 银行业监督管理委员会（简称银监会）的主要职能

中国银监会统一监督管理银行、金融资产管理公司、信托投资公司及其他存款类金融机构，维护银行业的合法、稳健运行。截至 2003 年年底，监管对象包括 4 家国有独资商业银行、11 家股份制商业银行、112 家城市商业银行、3 家政策性银行、4 家资产管理公司、426 家正在营业的城市信用社、34 577 家农村信用社、1 家邮政储蓄机构、191 家营业性外资银行类机构、211 家外资银行代表处、74 家财务公司、59 家信托投资公司、12 家租赁公司。金融机构总资产超过 27.6 万亿元。

银监会的主要职责是：制定有关银行业金融机构监管的规章制度和办法；审批银行业金融机构及分支机构的设立、变更、终止及其业务范围；对银行业金融机构实行现场和非现场监管，依法对违法违规行为进行查处；负责统一编制全国银行数据、报表，并按照国家有关规定予以公布。

目前，商业银行在我国金融体系中占主体地位，对商业银行的监管成为我国金融监管的重要组成部分。表 9-10 是对商业银行监管所需要的基本信息。

表 9-10 商业银行监管所需基本信息

A 流动性指标

指标名称	项　目	频度	备　注
1. 准备金	(1) 一般性存款；(2) 准备金存款余额	旬	
2. 备付金比例	(1) 备付金余额；(2) 各项存款余额；(3) 备付金比例	旬	(3) ＝(1)/(2)
3. 临时性存款	临时存款账户余额	旬	
4. 拆借资金	(1) 拆入资金余额；(2) 拆出资金余额；(3) 拆入资金净额；(4) 拆入资金比例；(5) 拆出资金比例	旬	(3) ＝(1)－(2)
5. 流动性资产	(1) 库存现金；(2) 在人民银行的一般性存款；(3) 在人民银行的临时性存款；(4) 一个月内到期的同业拆出款；(5) 一个月内到期的存放同业款；(6) 一个月内到期的贴现及其他应收款；(7) 一个月内到期的贷款；(8) 一个月内到期的债券；(9) 其他一个月内到期的资产	月	
6. 流动性负债	(1) 一个月内到期的同业拆入款；(2) 一个月内到期的同业存放款；(3) 活期存款；(4) 一个月内到期的定期存款；(5) 一个月内到期的已发行的债券和票据；(6) 一个月内到期的应付款；(7) 其他一个月内到期的负债	月	

① 中国银监会网站（http://www.cbrc.gov.cn/）；中国证监会网站（http://www.csrc.gov.cn/）；中国保监会网站（http://www.circ.gov.cn/）.

续表

A流动性指标			
指标名称	项　目	频度	备　注
7. 流动性比例	(1) 流动性资产；(2) 流动性负债；(3) 流动性比例	月	(3) =(1)/(2)
8. 中长期贷款比例	(1) 余期在一年以上的贷款余额；(2) 余期在一年以上的存款余额；(3) 中长期贷款比例	月	(3) =(1)/(2)
9. 对流动性负债依存率	(1) 流动性负债净额；(2) 长期性资产；(3) 对流动性负债依存率	月	(3) =(1)/(2)
10. 各项存款	(1) 活期存款；(2) 定期存款；(3) 活期储蓄存款；(4) 定期储蓄存款；(5) 保证金	月	
11. 各项贷款	(1) 短期贷款；(2) 长期贷款；(3) 逾期贷款；(4) 呆账贷款；(5) 呆滞贷款；(6) 贴现	月	
12. 存贷款比例	(1) 各项存款比例；(2) 各项的贷款比例；(3) 存贷款比例	月	(3)=(2)/(1)

B安全性指标			
指标名称	项　目	报送频度	备　注
1. 市场风险率	(1) 市场风险资产；(2) 资本净额；(3) 市场风险率	季	(3)=(1)/(2)
2. 单一客户贷款比例	(1) 对最大十家客户贷款余额；(2) 对最大单个客户贷款余额；(3) 各项贷款余额；(4) 最大十家客户贷款比例；(5) 最大单一客户贷款比例	季	(4) =(1)/(3) (5) =(2)/(3)
3. 风险资产比例	(1) 加权风险资产比例；(2) 资产总额；(3) 风险资产比例	季	(3)=(1)/(2)
4. 境外资产运用比例	(1) 对境外贷款额；(2) 对境外的投资额；(3) 对境外拆放资金余额；(4) 境外资金运用总额；(5) 境外资金运用比例	季	(4)=(1)+(2)+(3)
5. 国际商业贷款比例	(1) 出口信贷；(2) 境外短期借款；(3) 境外资金拆入；(4) 境外发行债券；(5) 国际商业借款总额；(6) 资本净额；(7) 国际商业借款比例	季	(5)=(1)+(2)+(3)+(4) (7)=(5)/(6)
6. 表外风险比例	(1) 表外加权风险资产总额；(2) 资本净额；(3) 表外风险比例	季	(3)=(1)/(2)
7. 外汇资产比例	(1) 外汇资产总额；(2) 资产总额；(3) 外汇资产比例	季	(3)=(1)/(2)

C盈利性指标			
指标名称	项　目	报送频度	备　注
1. 利润	(1) 利润总额；(2) 本期应收利息增加额；(3) 实际利润	季	(3)=(1)−(2)
2. 资本利润率	(1) 所有者权益；(2) 利润总额；(3) 资本利润率	季	(3)=(2)/(1)
3. 资产利润率	(1) 资产总额；(2) 利润总额；(3) 资产利润率	季	(3)=(2)/(1)
4. 利息回收率	(1) 本期利息收入；(2) 本期表内应收利息新增额；(3) 本期表外应收利息新增额；(4) 利息回收率	季	(4) = [(1) −(2)]/[(1) +(2)]
5. 利息收入净额	(1) 利息收入总额；(2) 利息支出总额；(3) 利息收入净额	季	(3)=(1)−(2)
6. 非利息收入净额	(1) 非利息收入总额；(2) 非利息支出总额；(3) 非利息收入净额	季	(3)=(1)−(2)
7. 费用率	(1) 职工人数；(2) 营业费用支出；(3) 人均费用率；(4) 资产平均余额；(5) 资产费用率	季	(3) =(2)/(1) (5) =(2)/(4)

续表

D资本充足性指标			
指标名称	项　目	频度	备　注
1. 核心资本	(1) 实收资本；(2) 资本公积；(3) 盈余公积；(4) 未分配利润；(5) 核心资本	季	(5)=(1)+(2)+(3)+(4)
2. 附属资本	(1) 贷款呆账准备；(2) 坏账准备；(3) 投资风险准备；(4) 五年期以上的长期债券；(5) 附属资本	季	
3. 资本总额	(1) 核心资本；(2) 附属资本；(3) 资本总额	季	
4. 表内资产项目	(1) 现金类资产；(2) 对中央银行和政府的债权；(3) 对企业的债权；(4) 对个人的债权；(5) 对金融机构的债权；(6) 其他资产；(7) 表内资产总额	季	7=(1)+(2)+(3)+(4)+(5)+(6)
5. 表外资产项目	(1) 银行承兑汇票；(2) 融资保函；(3) 非融资保函；(4) 开出即期信用证；(5) 开出远期信用证；(6) 有追索权的资产销售；(7) 买入远期资产；(8) 银行贷款承诺；(9) 其他表外资产；(10) 表外资产总额	季	(10) =(1)+(2)+(3)+(4)+(5)+(6)+(7)+(8)+(9)
6. 加权风险资产总额	表内、表外资产分别与其相应的风险权数相乘后的总和	季	
7. 资本充足率	(1) 资本额；(2) 加权风险资产总额；(3) 资本充足率	季	(3) =(1)/(2)
8. 贷款准备金充足率	(1) 贷款损失准备金；(2) 呆账/坏账总额；(3) 贷款准备金充足率	季	

资料来源：《金融监管理论与实务》编写组. 金融监管理论与实务[M]. 北京：中国金融出版社，1999：134-139.

2. 证券监督管理委员会(简称证监会)的主要职能

证监会主要负责对股票、债券、期货市场的监管。主要职责如下。

(1) 对证券发行的监管。包括草拟境内企业在境内发行证券的规则、实施细则；审核境内企业直接或间接在境内发行证券的申请，包括首次发行、配股、增发、可转换债券的申报材料并监管其发行活动；审核企业债券的上市申请。

(2) 对证券机构的监管。包括草拟监管证券经营机构、投资咨询机构的规则、实施细则；审核各类证券经营机构、投资咨询机构的设立及从事证券业务的资格并监管其业务活动；审核证券经营机构、投资咨询机构高级管理人员任职资格并监管其业务活动；审核境内机构在境外设立从事证券业务的机构；审核境外机构在境内设立从事证券业务的机构并监管其业务活动。

(3) 对证券市场的监管。包括草拟监管证券的交易、清算、登记、托管的规则、实施细则；审核证券交易、清算、登记、托管机构的设立并监管其业务活动；审核证券交易所的章程、业务规则、上市品种；分析境内外证券交易行情；监管境内证券期货市场信息的传播活动。

(4) 对上市公司的监管。包括拟定监管上市公司的规则、实施细则，并组织检查法规实施情况；对涉及上市公司的重大政策问题做专题调研；负责对上市公司董事、监事证券知识培训；落实地方证券期货监管部门和交易所的监管任务，指导督促和检查证券交易所对上市公司信息披露的一线监管；审核并监督检查境内上市公司合并分立等事项；监管境内上市公司的收购兼并、资产重组；对上市公司规范运作、信息披露、募集资金使用、财务会计报告进行巡回检查和专项核查；监督境内上市公司及其董事、监事、高级管理人员、主要股东履行证券法规规定的义务；处理与证券市场有关的上市公司重大突发事件等。

(5) 对期货市场的监管，包括草拟监管期货市场的规则、实施细则；审核期货交易所的设立、章程、业务规则、上市期货合约并监管其业务活动；审核期货经营机构、期货清算机构、期货投资咨询机构的设立及从事期货业务的资格并监管其业务活动；审核期货经营机构、期货清算机构、期货投资咨询机构高级管理人员的任职资格并监管其业务活动；分析境内期货交易行情，研究境内外期货市场；审核境内机构从事境外期货业务的资格并监督其境外期货业务活动等。

(6) 对基金业的监管。包括草拟监管证券投资基金的规则、实施细则；审核证券投资基金、证券投资基金管理公司的设立，监管证券投资基金管理公司的业务活动；按规定与有关部门共同审批证券投资基金托管机构的基金托管业务资格，监管其基金托管业务；按规定监管中外合资的证券投资基金、证券投资基金管理公司。

3. 保险监督管理委员会职责(简称保监会)职责

保监会是我国保险市场的监管机关。其主要职责是：研究和拟定保险业的方针政策、发展战略和行业规划；制定保险业的规章。依法对全国保险市场实行集中统一的监督管理，对中国保险监督管理委员会的派出机构实行垂直领导。审批保险公司及其分支机构、中外合资保险公司、境外保险机构代表处的设立；审批保险代理人、保险经纪人、保险公估行等保险机构的设立；审批境内保险机构在境外设立机构；审批境内非保险机构在境外设立保险机构；审批保险机构的合并、分立、变更、接管、解散和指定接受；参与、组织保险公司、保险机构的破产、清算；审查、认定各类保险机构高级管理人员的任职资格；制定保险从业人员的基本资格标准；制定主要保险险种的基本条款和费率，对保险公司上报的其他保险条款和费率审核备案；按照国家统一规定的财务、会计制度，拟定商业保险公司的财务会计实施管理办法并组织实施和监督；依法监管保险公司的偿付能力和经营状况；负责保险保障基金和保证金的管理；会同有关部门研究起草制定保险资金运用政策，制定有关规章制度，依法对保险公司的资金运用进行监管。依法对保险机构及其从业人员的违法、违规行为以及非保险机构经营保险业务或变相经营保险业务进行调查、处罚；依法监管再保险业务；依法对境内保险及非保险机构在境外设立的保险机构进行监管；建立保险风险评价、预警和监控体系，跟踪分析、监测、预测保险市场运行态势，负责保险统计，发布保险信息；会同有关部门审核律师事务所、会计师事务所、审计师事务所及其他评估、鉴定、咨询机构从事与保险相关业务的资格，并监管其有关业务活动；集中统一管理保险行业的对外交往和国际合作事务等。

我国各金融监管机构监管内容如表 9-11 所示。

表 9-11 我国金融监管机构监管内容

监管机构	监管内容
银监会	制定有关银行业金融机构监管的规章制度和办法；审批银行业金融机构及分支机构的设立、变更、终止及其业务范围；对银行业金融机构实行现场和非现场监管，对违法违规行为进行查处；审查银行业金融机构高级管理人员任职资格；国务院交办的其他事项等

续表

监管机构	监管内容
证监会	研究、拟订证券期货市场的发展政策、发展规划、起草证券、期货市场的有关法规；统一管理证券、期货市场；监管股票、可转换债券、投资基金的发行、交易、托管和清算；监管上市公司及其有信息披露义务的股东的证券市场行为；管理证券、期货交易所
中国保监会	拟订有关商业保险的政策法规和行业发展规划，依法对保险企业的经营活动进行监督管理和业务指导，维护保险市场秩序，依法查处保险企业违法违规行为，保护被保险人利益

讨 论 题

如何理解金融是现代经济的核心？

案例分析　泰国金融危机：过程及原因

20 世纪 90 年代后期，爆发了震惊世界的东南亚金融危机。这次金融危机发端于泰国，起源于泰国的汇率危机。

1997 年 5 月，泰国货币泰铢贬值的压力越积越大，外汇市场上投资者不断抛售泰铢，购入美元。为了维护泰铢兑美元的汇率，泰国当局动用其外汇储备的 1/9(40 亿美元)，干预外汇市场。但是，此举犹如杯水车薪，很难维持汇率的稳定。迫于经济与市场的多重压力，泰国政府决定放弃泰铢盯住美元的固定汇率制，于 7 月 2 日宣布泰铢兑美元贬值。

泰国政府的这一举措是一石击起千层浪。当天，泰铢兑美元就跌去 20%，东南亚许多国家，如新加坡、菲律宾、马来西亚等外汇市场出现波动。7 月 11 日，菲律宾步泰国后尘，宣布比索自由浮动，当天，比索就贬值 6%。7 月 14 日，印尼政府也宣布印尼盾自由浮动，印尼盾立即贬值 14%。7 月 23 日，泰铢再遭重创，当日跌去 4%。

东南亚金融危机引起了国际金融组织的关注。8 月 2 日，泰国与国际货币基金组织(IMF)达成整顿经济、金融秩序的计划，IMF 拟贷款 172 亿美元援助泰国。8 月 11 日，国际社会又与泰国达成 160 亿美元的援助计划。但是，东南亚金融市场再次出现波动。8 月 25 日，泰铢再创新低，达到 1 美元兑换 35.15 泰铢，股市狂泻不止。上百家金融机构倒闭，泰铢的国际购买力降低了近 40%。泰国由一个昔日的亚洲“小虎”变为病虎，上千亿美元化为乌有，由从不向世界金融机构举债的国际新星，沦为要借贷 1 500 亿美元的债务人。

泰国爆发金融危机有深刻的经济、金融原因。

第二次世界大战以前，泰国是单一的农业国，几乎没有工业。从 20 世纪 80 年代开始，泰国经济迅速工业化。进出口成为经济发展的火车头，到 1986 年以后，对外贸易总额占国民生产总值的 50%以上。在 1984 年，泰国就实行了泰铢盯住美元的固定汇率制度。在进出口结构上，20 世纪 80 年代前期主要以农产品出口为主，20 世纪 80 年代后期转向电子产品出口。

随着经济发展，泰国的劳动力成本提高很快，出口产品逐渐失去价格优势，出口额下降，经济增长速度放慢。从1990年开始，泰国的外贸逆差递增，外汇储备每年只减不增。一方面经济增长速度放慢，另一方面外汇储备减少，外债增加。这种情况严重影响了投资者对泰国的信心。1991—1995年间外债额年均增长约20%，而外贸逆差逐年扩大。人们普遍认为泰国汇率严重偏离其经济真实情况，泰铢一直面临贬值的压力。

另外，从20世纪90年代以来，泰国为了吸引外资，几乎开放了其资本市场，允许国外资金自由进出泰国。在实行金融自由化的同时却未能完善金融监管体系。大量的投机资金进入泰国后，不是投向实体经济，而是流向房地产、股市等，加剧了其经济泡沫，给予投机为目的的国际游资提供了可乘之机。

1996年开始，泰国国内经济进一步恶化，投资意愿低落，泰铢贬值的传闻不断，股价一路下跌，以股市指数而言，1996年1月达到1400点，10月跌破1000点。到1997年2月，管理当局运作失当，通货膨胀升高，国际游资投机，房地产投资过度，出口不振，贸易逆差等，都说明泰铢贬值的基本因素已经构成了。

问题：

(1) 分析泰国出现金融危机的经济和金融原因。

(2) 我国在经济建设、金融对外开放、金融监管上应从中吸取什么经验教训？

练习题

1. 各举一例说明什么是信用风险、利率风险、外汇风险。
2. 金融风险对一个企业或者一个国家经济有哪些不良影响？
3. 说明贷款风险度如何测定。
4. 信用风险、利率风险与外汇风险应如何防范？
5. 金融监管有哪些模式，我国目前采用什么监管模式？
6. 简述我国的金融监管体系。

第十章

金融创新

内容提要与学习要求

金融是现代经济的核心。金融业的发达与否对一国经济发展有着十分重要的作用。本章首先阐述了金融发展与经济发展的关系，在此基础上，简要介绍了西方国家及我国金融创新的主要内容。通过本章学习，学生应掌握金融对经济的推动作用，了解金融相关率、经济货币化率指标及运用，熟悉西方国家和我国金融创新的主要内容。

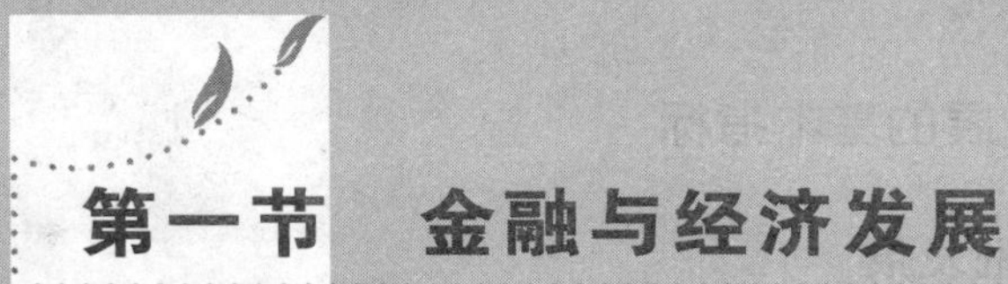

第一节　金融与经济发展

一、金融和经济的关系

金融与经济的关系可简单概括为：经济发展决定金融发展水平，金融反作用于经济，金融发展对经济有巨大的推动作用。

（一）金融对经济的推动作用

金融是现代经济的核心。在现代市场经济中，金融的地位和作用日益突出，金融活动已渗透到经济的方方面面。金融发展对经济发展的积极作用可以大致归纳为以下几方面。

（1）金融发展有助于实现资本的积聚与集中，可以帮助实现现代化的大规模生产经营，实现规模经济的效益。比如，通过吸收存款、发行有价证券、向国外借款等多种形式可以为经济发展筹集资金来源。积聚资金和运用资金是金融的一个基本功能，金融业越发达，积聚资本的能力就越强，资本运用效益就越高。比如，通过在金融业高度发达的国家，金融不仅可以帮助迅速集中国内资源，还可以调动国外资源，推进经济发展的国际化。

（2）金融发展有助于提高资源的使用效率，从而提高社会经济效率。通过金融机构的经营运作可以节约交易成本，促进资金流通，使资源得到最优配置，以提高经济发展效率。比如，通过对高科技产业和企业提供资金支持与金融服务，可以带动技术进步和产业优化升级，从而大幅度提高社会生产率；通过金融市场为优质企业筹集资金、进行企业的兼并重组，优化社会资源的配置。

(3) 金融发展有助于提高金融资产的储蓄比例,因而有助于提高社会的投资水平。投资的一个重要来源是储蓄额。金融业的发展可以提高金融资产的流动性,使品种和收益率更加多样化,从而提高人们持有金融资产的兴趣,增加金融资产形式的储蓄份额。尽管社会总储蓄水平并未提高,也会较大程度地带动投资增长。

(二) 经济对金融的决定作用

经济发展决定了金融发展,这种决定性主要表现为以下两个方面。

(1) 金融作为一种产业,是在商品经济的发展过程中产生并发展的。货币的产生、信用的出现、金融机构和金融市场的出现与发展等都离不开经济的发展。经济越发展,金融越发达。金融不能脱离经济单独存在。经济决定金融,金融取决于商品经济的发达程度。一般来说,在商品经济不发达的国家和地区,金融业集中在少数大城市,而广大农村基本上是实物借贷;在商品经济欠发达的国家和地区,金融业开始普及中小城市,与城市居民发生关系;在商品经济发达的国家和地区,金融业与全体社会成员发生关系。

(2) 经济发展水平决定金融发展的结构和规模大小。从结构上看,经济的结构决定了金融结构,如市场经济的结构决定了金融体系的组织结构与金融总量的结构;二元经济结构决定了二元金融结构等。从规模上看,经济总量大小决定了信用量大小、金融市场规模、金融工具的种类与数量等。

二、衡量金融发展的基本指标

(一) 什么是金融发展

金融要能有效地促进经济的发展,自身必须有较高的发展水平。根据西方经济学家戈德史密斯的有关金融发展理论,一国的金融工具与金融机构之和构成了一国的金融结构。不同的国家由于金融工具和金融机构的组合不同,所以金融结构也不相同。

所谓金融发展,就是指金融结构的变化。金融发展程度越高,金融工具种类越多、流动性越高,金融机构的规模越大、数量越多,金融的效率就越高,对经济促进作用就越大。

如何衡量一个国家金融的发达程度,西方学者提出了金融发展的基本指标。

(二) 金融发展的基本指标

1. 金融相关率(Financial Interrelation Ratio,FIR)

金融相关率是指一定时间内社会金融活动总量与经济活动总量的比值。其中,经济活动总量可用当期国民经济总量(GDP)来表示。而金融活动的总量计算非常复杂,大致可用当期的金融资产总额来表示,包括三部分:①非金融部门发行的金融工具,如股票、债券及各种信贷凭证等;②金融部门(中央银行、商业银行、清算机构、保险组织等)发行的金融工具,如通货、活期存款、居民储蓄、保险单等;③国外部门发行的金融工具。

戈德史密斯等人经过对发达国家和发展中国家金融发展的大量研究,揭示了金融发展的规律:一个国家的金融相关率与其经济发展水平成正比,经济越发达,金融相关率越高;一个国家金融相关率总体来说呈上升趋势,但是它的提高有限度,达到一定阶段后,该值会基本保持稳定;发展中国家的金融相关率比发达国家要低,西欧、北美发达国家的金融相关率明显高于其他国家或地区的金融相关率。

考察我国的情况，在改革开放的20世纪80年代初，我国金融相关率尚不足100%，而到2000年，已超过200%，经济金融化程度明显提高，如表10-1所示。在国际比较上，金融发达程度已超过了许多发展中国家(如1988年巴西为175%，印度为114%)，接近新兴工业化国家水平(如韩国1988年为234%，马来西亚为289%)。但是，与发达国家相比仍然还有很大差距(如美国1988年326%，日本1988年为392%，德国1988年为294%)，如表10-2所示。

表10-1　中国的金融相关率(FIR)

年份	年末金融资产余额	GNP	FIR
1978	3 257.4	3 624.1	90%
1986	16 573.6	10 201.4	162%
1991	45 697.8	21 662.5	210%
1996	149 237.5	66 850.5	223%

资料来源：王维安.金融结构：理论与实证[J].浙江大学学报(人文社会科学版)，2000，30(1)：135-142.

表10-2　金融相关率的国际比较

国别	美国	日本	德国	法国	韩国	马来西亚	印度	中国
FIR	326%	392%	294%	254%	234%	289%	114%	223%

注：中国的数据为1996年，其他国家数据为1988年。

资料来源：王维安.金融结构：理论与实证[J].浙江大学学报(人文社会科学版)，2000，30(1)：135-142.

2. 货币化率

金融发展程度还体现在经济货币化程度上。经济货币化是指一国国民经济中全部商品和劳务的交换，以及包括投入和分配在内的整个生产过程通过货币来进行的比重的提高过程及趋势。经济货币化有三层含义：其一，通过货币媒介的商品交易量的比重不断上升，物物交换逐渐消失，即交易货币化；其二，居民收入分配中货币收入比重不断上升，实物分配比重不断下降，即分配货币化；其三，居民持有的货币性金融资产比重不断上升，即居民财产货币化。三者相互影响，相互制约，其中交易货币化是基础。经济货币化的衡量指标是货币化率，即社会的货币化程度。货币化率指一定经济范围内通过货币进行商品与服务交换的价值占国民生产总值的比重。

同金融相关率一样，一个国家的货币化率也呈上升趋势，它与经济发展水平成正比。但是货币化率的提高也不是无限的，当货币化达到一定程度后便会稳定在一个水平上，其上限为100%。当货币信用高度发达、货币化比值接近100%时，其比值便会稳定，此时可认为社会经济已实现货币化了。

一个国家金融相关率越高，表明该国经济金融化程度越高；货币化率越高，表明社会货币化程度越高。这两个指标越高，表示金融在经济中的地位越重要，对经济影响越大。但与此同时，也加大了金融在经济发展中出现副作用的可能性，金融风险的发生概率和破坏力越大。

第二节 金融创新

金融创新是近几十年来国际金融界最重要的发展趋势之一。西方国家的金融创新从20世纪60年代开始，70年代全面展开，80年代最为活跃，形成金融创新浪潮。金融创新的内涵非常丰富。简单地说，金融创新是指在金融领域内部对各种要素进行重新组合。金融创新有广义和狭义之分，狭义的金融创新指金融工具的创新，广义的金融创新泛指金融业务、金融工具和金融制度的创新。因此，金融创新从内涵上包括四方面内容：新的金融产品的创造、新的金融交易方式的创造、新的金融市场的出现以及新的金融机构的出现。

一、金融创新的原因

科学技术革命和世界范围内的放松金融管制是金融创新的主要原因。

（一）影响深远的科学技术革命

20世纪70年代后发生的新科学技术革命，国外称为“第四次产业革命”。它以电子计算机、遗传工程、光导纤维、激光、海洋开发的广泛运用为基本特征，是人类历史上规模最大、影响最为深远的一次科技革命。

新的科技革命的核心是电子技术的发展和广泛运用，它彻底改变了金融观念，直接导致了金融创新和金融革命。

自20世纪60年代以来，随着电子计算机和高科技通信技术的成熟与运用，成倍地提高了金融信息的传播速度和处理能力，降低了金融交易成本，扩大了金融通信范围，使得传统的金融业务从手工操作转变为机械化和半自动化、全自动化操作。

1. 新技术在银行领域内的运用

以电子技术为核心的新技术在银行领域内的运用使传统银行业务发生了彻底变革。

(1) 电子计算机对银行传统业务如统计、记账、支票业务的大批量、高速度处理使得金融系统在很大程度上摆脱了手工操作，提高了银行效率与业务操作的准确率。

(2) 电子计算机的运用使得银行三大业务：资产业务、负债业务和中间业务实行计算机联机管理成为现实。通常的做法是在总行设置计算机主机，在各分行设置分机和终端设备，通过通信线路与总行联机处理银行业务。这样做既方便了客户，又加强了银行内部的资金运营和管理，大大提升了银行效率。

(3) 电子计算机的运用实现了银行各营业部门的自动化服务。最典型的例子当数自动出纳机(Automatic Teller Machine，ATM)的运用。自动出纳机可安装在任何地方为客户提供24小时服务，服务质量高，安全可靠。自动出纳机的运用是银行领域现代化的标志。

(4) 电子计算机的运用实现了银行资金的自动转账。通过全国性的银行网络，将社会上的企业、银行和家庭连成一体，形成计算机网络。无论是银行内部的资金运营、清算，还是企业与企业之间、企业与银行之间，个人与银行之间的资金往来，都不必自己到银行办理，在单位和家庭使用终端机和其他通信设备就可完成转账业务。

(5) 电子计算机使网络银行运用成为现实。20 世纪末电子技术尤其是互联网的大量使用直接导致了网上银行的产生与普及。网上银行的出现基本实现了线业务全过程的计算机化和信息化,大部分银行业务可以脱离营业网点,在家中或企业中通过计算机实现。网上银行的出现,引发了新一轮金融创新,使得传统金融业务发生了根本性变革。

2. 新技术在金融市场上的运用

新技术运用在金融市场上,引发了金融市场的金融创新,主要体现在欧洲货币市场和资本市场上。网络和现代通信技术的大量采用,使得金融市场从过去范围狭窄、相互分割、局部的金融中心转为范围广泛而联系密切的国际金融市场,资本能够自由流动,加快了金融全球化趋势。

3. 新技术在支付系统中的运用

新技术运用也使得国际金融业的支付与信息系统出现了革命。各种传统的支付系统相继革新,特别是自动清算所(Automatic Clearing House,ACH)、环球银行间金融电讯协会(Society for Worldwide Inter-bank Financial Telecommunication,SWIFT)等的运用,使支付与清算的效率成几十倍、上百倍地提高,从根本上改变了传统的支付与清算系统,大大节约了费用,降低了资金营运成本。

举例 SWIFT 系统

SWIFT 系统是环球银行金融电讯协会(Society for Worldwide Inter-bank Financial Telecommunication)的英文简称,是一个专门为国际银行业服务的全球性银行资金清算机构。该机构为会员银行间多种货币的资金调拨、外汇交易、托收、信用证和有价证券交易等业务提供便利服务和资金清算。

SWIFT 成立于 1973 年 5 月,总部设在比利时首都布鲁塞尔,现已有 1 600 多家会员银行,遍及世界 60 多个国家和地区。目前,我国各大商业银行和沪、深两地证券交易所均已加入了 SWIFT 系统。

SWIFT 系统可以说是世界各银行间的一个高速电信网络,它每周 7 天,每天 24 小时连续运行,具有自动储存信息、自动加押或核押、以密码处理电文、自动将文件分类等多种功能。SWIFT 系统的服务范围非常广泛,凡是会员银行所办理的有关国际业务都可以利用这个系统。电信种类主要有:客户汇款、银行间资金调拨与清算、外汇买卖与放款业务、证券、信用证、票据托收、特种付款、借贷记录证实及对账单。SWIFT 系统具有严格的工作制度,对收发电信规定了一整套规范化格式,会员银行发出的金融交易指令必须是规范化的特定格式,如在往来电信中,必须使用联合国国际标准化组织所制定的一套世界各国货币符号,美元为 USD,人民币为 CNY 等。目前,SWIFT 系统得到迅速发展,使用 SWIFT 系统已经成为银行结算现代化、国际化的重要标志。

资料来源:陈方正.现代商业银行经营管理[M].上海:同济大学出版社,2000:219.

(二) 金融管制的放松

20 世纪 70 年代以来,世界经济形式发生了剧烈变化,各国金融机构为了生存下去,不得不适应这种变化进行种种金融创新，还有电子计算机运用和国际金融市场的发展，使得原有的金融监管体系已经不适应新的要求。在这种背景下，各国不得不放松金融管制，导致了世界范围内的放松管制浪潮。

各国放松金融管制主要包括以下几方面。

(1) 取消对利率的管制。取消对存款利率的管制是放松金融管制的第一步。比如美国，在1980年就废除了Q条例，逐步取消了对定期存款和储蓄存款利率的最高限。日本，从1978年开始就不再对存款利率限制，只是对不同档次的存款实行指导性利率，并逐步取消了对银行间资金市场(包括短期拆借市场、外汇市场)的利率控制，使银行之间资金往来不再受到限制。

(2) 允许金融机构业务交叉。在20世纪70年代以前，各国大多实行“分业经营制”，即银行业务、证券业务、保险业务等严格分开，由不同的金融机构经营，各金融机构之间严禁业务交叉。20世纪70年代以后，逐步放松了对金融业务范围的限制，允许金融机构业务交叉。比如美国，在1980年通过相关法律确认了不同金融机构业务交叉的合法性，主要有：储蓄机构可办理商业银行业务，商业银行可办理证券业务和保险业务，允许金融机构间的兼并收购，允许银行开展跨州业务。加拿大结束了特许银行的业务垄断，允许银行业务和证券业务的交叉。

(3) 放松对金融市场的管制。20世纪70年代以前的国际金融市场基本处于分割状态，许多国家包括美国、日本、英国等均限制资本跨国界流动。20世纪70年代开始，资本国际化和国际贸易急剧增长使得各国纷纷放松对金融市场的管制，放松了对国际资本的限制，开放金融市场，对金融市场的发展与繁荣产生了巨大影响。

(4) 放松外汇管制。在国际贸易大量增长、资本国际化趋势不断增强、金融市场发展壮大的背景下，各国相继放松了对本国的外汇管制。比如日本于20世纪70年代末80年代初全面放宽外汇管制，允许日本的银行、居民和企业自由买卖外汇，允许银行经营国外信托业务。

放松金融管制本身就是一种金融制度的创新。金融管制的放松带动了传统金融业务的创新、金融工具的创新以及金融市场的创新。

二、金融创新的内容

(一) 金融业务的创新

金融业务的创新主要指银行传统三大业务，即负债业务、资产业务、中间业务的创新。

1. 负债业务的创新

20世纪60年代以后，世界金融形式发生了变化：非银行金融机构大量增加，通货膨胀上升，而银行的存款利率受到政府限制，银行存款大量流失。为了增加银行的资金来源，各商业银行对负债业务进行了一系列的创新，出现了许多新型的活期存款和定期存款。

(1) 可转让支付命令账户(Negotiable Order of Withdrawal Account，NOW)。它由美国储蓄贷款协会于1972年首创。这种账户的存款人可以开出可转让支付命令用于对第三方进行支付，不使用支票而使用支付命令进行支付，且使用次数不受限制，并能得到较高利率。这一账户的出现既解决了活期存款户不能开支票的问题，又规避了活期存款不能获得利息的管制，从而吸引了资金，增加了负债来源。目前，该业务在美国极为流行，大有取代传统的支票业务的趋势。

(2) 自动转账业务或电话转账业务(Telephone Transfer Service)。这是指顾客同时在银行开立两个账户，一个是无息活期存款，另一个是有息储蓄存款，客户可由活期存款开出支票对第三者支付，支票所支付款项由储蓄存款账户转入活期存款账户。1978 年起，该账户又发展为自动转账账户，即银行在收到客户开出的支票进行支付时，就自动地将准备用于支付的款项从储蓄账户转移到活期账户上，兑付支票。这项新型存款业务使客户既可以方便地开出支票，又能获得利息收入。

(3) 货币市场存款账户。这是由美国货币市场基金会首创的一种储蓄与投资相结合的账户。企业和个人均可开户，最低存款限额为 2 500 美元，支付利息时不受最高利率限制，而是按货币市场利率随时调整。这一账户兼有储蓄与投资的双重功能，适合于小额投资者。

(4) 大额可转让定期存单(Negotiable Certificates of Deposits，NCDs)。它是 1961 年由美国花旗银行推出的一种定期存款创新品种。当时银行定期存款利率由于受到政府关于存款利率最高限的限制，低于市场利率，导致大量资金流出银行体系外。为了稳定银行定期存款，花旗银行推出了这种存单。大额定期存单与传统银行存单的区别在于：传统的定期存单记名、到期前不可转让、存款金额上没有限制；而大额定期存单不记名、到期前可以流通转让、存款金额大(如花旗银行规定为 10 万美元以上)。由于大额存单可以按市价流通转让，其实际利率取决于市场利率，有效规避了政府关于利率最高限的限制。

2. 资产业务的创新

资产业务一直是商业银行经营的重点业务，近几十年来，各商业银行进行了资产业务的创新，尤其以消费信贷、住宅贷款和银团贷款最为突出。

(1) 消费信贷。它是“二战”后发展起来的新的资产业务，在发达国家已成为商业银行资产业务的主要项目，分为一次偿还消费信用和分期偿还消费信用。前者由银行和客户约定一个透支额度，当客户开出的支票金额超过其账户金额时，透支约定生效。这种形式的消费信贷可随用随还，十分方便，客户在一定的范围内可以自由利用。一次性偿还消费信用始于美国，后流行于德国、法国、瑞典等国家。其透支额可为客户收入后者是银行十分重视的 4～5 倍，超过此限，则转入分期偿还消费信用。分期偿还的消费信用是商业银行十分重视的消费者分期付款信贷。它可以是抵押贷款也可以是非抵押贷款。一般做法是由客户在银行存入一笔资金，当存满一定数额的款项时，连同银行提供的贷款，用来购买商品。根据借款人的信誉状况，银行可提供几倍于偿还款项的贷款，贷款利率为浮动利率。

(2) 住宅贷款。住宅放款是近三十年来西方商业银行发展起来的重要的资产项目。它是商业银行以借款人的住宅为抵押品而发放的贷款，包括固定利率抵押贷款、浮动利率抵押贷款和可调整的抵押贷款等。固定利率抵押贷款是以房地产作为抵押，由银行取得抵押品的留置权，借款人同意按照固定的利率分期偿还本金和利息。浮动利率抵押贷款是以短期存款利率为基准的抵押贷款，当市场利率变动时，发放贷款的金融机构即根据贷款合同调整贷款利率。住宅贷款带动了国民经济中建筑行业的发展与繁荣，提高了居民生活消费水平，也成为金融机构重要的资产业务形式。尤其在目前资产证券化的进程中，以住宅为抵押品的住宅贷款成为首选的证券化资产。

(3) 银团贷款。银团贷款也称为辛迪加贷款，是 20 世纪 60 年代末创新的一种贷款方式。此前,借款人的银行贷款只能由一家银行单独发放,贷款金额受到限制。银团贷款通常是由一家大银行牵头,多家银行参与,共同对借款人的某一项目提供信贷资金。银团贷款的金额一般较大,通常为数千万元美元以上;期限通常为中长期5~10年;贷款货币为国际普遍接受的货币,如美元、欧元、日元等;利率可以是固定利率也可以是浮动利率,但利率一般较高;贷款对象主要为大型项目。

据中国银行业协会银团贷款与交易专业委员会推出的《2013年我国银团贷款市场发展情况报告》显示,2013年中国银行业协会各成员单位共筹组银团贷款项目1 088笔,同比增加245笔;银团贷款余额达到45 128亿元,同比增加7 806亿元,同比增长21%。银团贷款余额占对公贷款余额比例达到10.56%,同比增加1.36个百分点;银团贷款不良贷款率不到0.1%,远低于同期商业银行贷款平均不良率。从银团贷款余额来看,近8年银团贷款余额逐年上升,从2006年的3 884亿元人民币,发展到2013年的45 128亿元人民币,连续7年实现了快速增长,7年间增长了近12倍,年均复合增长率为42%。

银团贷款余额占全部对公贷款余额的比例连续7年稳步提高。银团贷款占对公贷款余额的比例从2006年的1.72%提高到2013年的10.56%,7年增加8.84个百分点,取得了巨大进步,但相对于欧洲、美国等发达国家和地区银团贷款发展水平而言,仍有较大差距,发展潜力巨大。

总体来看,银团贷款重点投向了基础设施、制造业、服务业等领域,按照中央"稳增长、调结构、促改革、惠民生"的要求,支持了一大批国家重点项目的建设,有力支持了实体经济发展和经济结构调整。

3. 中间业务的创新

中间业务是商业银行竞争的焦点,也是银行业务创新的重要领域。银行中间业务的创新改变了银行传统的业务结构,增强了银行的竞争力。近几十年来,中间业务的创新最主要的一是信托业务;二是租赁业务。

信托业务中最流行的是证券投资信托业务,即个人、企业和团体将资金聚集起来交给银行,由银行进行证券投资并根据投资收益进行分红的信托业务。具体的业务流程是:投资者(个人、企业或者团体)向信托公司申请,然后由该公司作为委托人向银行办理信托投资事宜,交付信托款项。银行作为受托人按信托公司和委托人的要求经营投资,并将营业所得收益和受益权证书交付给委托人。证券投资信托主要有股票投资信托、企业债券投资信托和国债投资信托。

租赁业务包括融资性租赁、经营性租赁和杠杆租赁,最为流行的是融资性租赁。融资性租赁是承租人(一般为企业)向制造商选好所需设备,并谈妥价格及交货条件,然后寻找出租人(银行)。出租人根据承租人与制造商所谈条件购买承租人所需设备,同时签订租赁合同,承租人取得设备使用权,并按期交纳租金,出租人通过收取租金的方式收回购买设备时投入的全部资金,包括成本、利润、利息等。

(二)金融工具的创新

金融工具的创新一方面是指欧洲货币市场上金融工具的创新;另一方面是指衍生金融工具市场上金融工具的创新。

在欧洲货币市场上创新的金融工具主要是贷款工具,如多种货币贷款、平行贷款、背对背贷款、浮动利率贷款、票据发行便利、远期利率协议等。具体内容见相关国际金融教材。

金融衍生市场上金融工具的创新主要有远期合约、期货合约、期权合约和互换合约，具体内容在本书有关章节中已有介绍，在此不再多述。

虽然资产证券化所创造的金融衍生产品本来可以起到分散风险、提高银行等金融机构效率的作用，但是，资产证券化一旦过度，就加长了金融交易的链条，使美国金融衍生品越变越复杂，金融市场也就变得越来越缺乏透明度，以至于最后没有人关心这些金融产品真正的基础是什么，也不知道其中蕴含的巨大风险。

2007年席卷全球的次贷危机已经给人们敲响了警钟。在传统上，放贷银行应该把贷款记在自己的资产负债表上，并相应地把信用风险留在银行内部。但是，美国的大批放贷机构却在中介机构的协助下，把数量众多的次级住房贷款转换成证券在市场上发售，吸引各类投资机构购买；而投资机构则利用"精湛"的金融工程技术，再将其打包、分割、组合，变身成新的金融产品，出售给对冲基金、保险公司等。这样一来，提供次贷的银行变魔术般地销掉了账上的抵押贷款这类资产。表面上看，这是皆大欢喜的"金融炼金术"：购房者能以极低的首付款甚至零首付获得房产；提供抵押贷款的金融机构不必坐等贷款到期，通过打包出售债权方式便提前回笼了资金；提供资产证券化服务的金融中介可以在不承担风险的情况下赚取服务费；由抵押贷款演变成的各种新型金融产品，又满足了市场上众多投资者的投资牟利需求……据美国经济分析局的调查，美国次贷总额为1.5万亿美元，但在其基础上发行了近2万亿美元的住房抵押贷款支持债券(MBS)，进而衍生出超万亿美元的担保债务凭证(CDO)和数十万亿美元的信贷违约掉期(CDS)。

在创新的旗号下，投机行为一波一波地被推向高峰，金融日益与实体经济相脱节，虚拟经济的泡沫被"金融创新"越吹越大，似乎只要倒腾一下那些五花八门的证券，财源就可滚滚而来。通常，虚拟经济的健康发展可以促进实体经济的发展，但是，一旦虚拟经济严重脱离实体经济的支撑，就会逐渐演变成投机经济。起初1元钱的贷款可以被逐级放大为几元、十几元甚至几十元的金融衍生品，金融风险也随之被急剧放大。当这些创新产品的本源——次级住房信贷资产出现问题时，建立在这个基础之上的金融衍生工具市场就犹如空中楼阁，轰然坍塌下来。

（三）金融机构的创新

金融机构的创新主要体现在两个方面：一是非银行金融机构的种类和规模迅速增加；二是跨国银行的发展。

近几十年来，各种保险公司、养老基金、住宅金融机构、金融控股公司、信用合作社、投资基金等非银行金融机构迅速发展，成为金融体系中重要的组成部分。具体内容见第三章。

除了非银行金融机构的发展以外，跨国银行也得到巨大发展。各国大银行纷纷在国际金融中心设立分支机构，在业务经营上出现了电子化和全能化的趋势，"全能银行"、"金融百货公司"不断涌现。

（四）金融监管的创新

金融监管创新中最核心的部分是"巴塞尔协议"。20世纪60年代以来，在新技术革命、金融工具的创新和金融自由化、全球化的影响下，世界银行业发生了巨大变化：一方面，激烈的竞争导致银行片面追求规模，经营风险越来越大；另一方面，一些国家为了增强本国银行的竞争力，也放松了对商业银行的监管。为了加强银行经营的安全性，加强国际银行体系的健全性和稳定性，防范多国银行危机的发生，1975 年 2 月，美、英、法等 12 国组成了银行国际监督机构，简称为巴塞尔委员会。该组织分别于 1988 年和 1997 年出台了《巴塞尔协议》和《银行有效监管核心原则》，成为国际银行业监管的重大规章。

近年来金融监管创新的另一个典型趋势是从分业监管转向综合性的混业监管，代表事件是美国《金融服务现代化法案》的颁布。1999 年 11 月 4 日，美国参众两院表决通过了以金融混业经营为核心的《金融服务现代化法案》。该法案以加强金融机构之间的竞争力为出发点，确定了银行业、证券业和保险业之间参股和业务渗透的合法性。该法案的通过标志着美国银行业、证券业、保险业分业经营成为历史，美国金融业进入混业经营的新时代。随着金融混业经营时代的到来，金融监管也进入了综合性混业经营的新时期。

在雷曼兄弟破产两周年之际，《巴塞尔协议Ⅲ》在瑞士巴塞尔出炉。最新通过的《巴塞尔协议Ⅲ》受到了 2008 年全球金融危机的直接催生。《巴塞尔新资本协议Ⅲ》对统一银行业的资本及其计量标准做出了卓有成效的努力，在信用风险和市场风险的基础上，新增了对操作风险的资本要求；在最低资本要求的基础上，提出了监管部门监督检查和市场约束的新规定，形成了资本监管的“三大支柱”。

第三节　我国的金融改革与金融创新

前面讲述的西方国家的金融创新是在“二战”以后，国际资本流动、欧洲货币市场的建立与发展、布雷顿森林体系崩溃等国际背景下，金融机构为了生存和发展而进行的一系列新的金融产品、新的金融交易形式、新的金融市场和新的金融机构的创造过程。

在我国，由于金融创新的背景、性质、条件与西方国家均有很大不同，所以在金融创新的方向与内容上与西方国家存在较大差异。自 20 世纪 80 年代以来，在我国实行的经济体制改革的关键一个环节是进行金融体制改革，我国金融体制改革的过程正是金融创新的过程。进入 21 世纪，随着我国经济体制改革的不断深入和国际化程度的日益加深，金融业越来越开放，我国的金融创新必将进入一个全新的发展时期。

改革开放以来我国金融创新的主要内容如下。

一、金融组织体系的创新

（一）金融体制发生了重大变革

从“大统一”的中央银行到单独设立中央银行，形成独立的中央银行体制。

（二）组织结构的多元化

组织结构的多元化包括建立四大国有独资商业银行；将政策性金融业务从商业银行中分离出去，组建三大政策性银行；股份制商业银行的建立；保险公司、证券公司、信托投资公司、基金管理公司等非银行金融机构的建立；外资金融机构的引进等。目前，我国已初步建立了以中央银行为核心，以国有商业银行、股份制商业银行和城市商业银行为主体的银行体系，以证券经营机构、保险公司、信托投资公司、基金管理公司等为主体的非银行金融机构体系，多种金融机构并存竞争的多元化的金融组织结构。

二、金融业务和金融工具的创新

我国金融体制改革以后，金融工具出现了前所未有的多样化，包括国库券、商业票据、回购协议、大额可转让定期存单等货币市场工具的创新；国债、企业债券、金融债券、可转换债券、股票、封闭式基金、开放式基金、认股权证等资本市场工具的创新。期货、远期合约等金融衍生工具也有一定的发展。

在金融业务上，银行的负债业务除了传统的存款以外，已出现了金融债券、大额可转让定期存单、同业存款、保险储蓄、通知存款等创新业务；银行的资产业务除了传统的贷款以外，还出现了证券投资、同业放款、住房抵押贷款、消费信贷、银团贷款等创新业务。此外，代理、咨询、保管箱、租赁、信用卡等中间业务也在银行迅速普及和发展。

三、金融市场的创新

我国的证券市场、货币市场、外汇市场、黄金市场从无到有、从小到大、从幼稚走向比较成熟。

(1) 资本市场的建立与发展。1991 年上海证券交易所、深圳证券交易所的建立标志着我国资本市场的建立。1990 年 10 月 12 日，中国郑州粮食批发市场经国务院批准，以现货为基础，逐步引入期货交易机制，作为我国第一个商品期货市场正式开业。1992 年 10 月深圳有色金属期货交易所率先推出特级铝标准合约，正式的期货交易真正开始。2010 年 4 月 16 日，国内第一个股指期货品种——沪深 300 指数期货在中国金融期货交易所上市，我国期货市场乃至整个资本市场步入了一个新的发展阶段。

(2) 货币市场的形成。我国已建立起以银行同业拆借市场、商业票据和短期国债为主的货币市场体系。

(3) 外汇市场的形成。已建立起以市场供求为基础的、单一的、有管理的浮动汇率制及全国统一的外汇市场。

(4) 黄金市场的初步形成。2002 年成立的上海黄金交易所标志着我国黄金市场的初步建立。

四、金融管理体制的创新

(1) 中央银行宏观调控与管理方式的变革。从 20 世纪 80 年代开始，我国中央银行的宏观调控从以行政手段为主的直接管理逐步向间接调控方向转变，开始更多地运用货币政策工具如存款准备金、公开市场操作、再贴现等进行间接调控。

(2) 商业银行信贷资金管理体制的改革。取消了对国有商业银行的信贷规模控制，全面推行资产负债比例管理及风险管理。

(3) 外汇管理制度的改革。为了适应我国改革开放的需要，我国改革了计划经济时期的高度集中的外汇管理体制，实行了汇率并轨和人民币经常项目下的可兑换。

(4) 利率管理体制的改革。我国进行了利率市场化的初步改革，在同业拆借市场、国债市场上已实现了市场化利率，对存贷款利率也允许在一定范围内上下浮动。

五、金融交易技术的创新

我国金融交易技术的创新主要表现在计算机及现代通信技术在金融业的大量运用上。

(1) 实现了金融机构资金划拨电子化。随着计算机处理系统的开发及卫星通信的联网，银行联行业务迅速发展，实现了一次数据输入，一条龙处理联行报单、信封、电稿、转汇清单，并可一台主机多台终端机同时操作，提高了工作效率，缩短了金融机构间的对账清算时间。

(2) 自动银行服务的发展。通过自动银行服务，如自动柜员机、自动提款机等，客户自己可通过计算机的提示自动操作完成存款取款等，促进了银行现代化、提高了其服务效率。

(3) 我国还建立起了全国金融专用的通信网络，专门用于股票、债券交易。上海证券交易所和深圳证券交易所在电子化装备方面足以与一些世界级证券交易所相媲美。

虽然我国金融创新取得了一系列的成果，但是依然存在许多不足。例如商业银行普遍缺乏开发创新产品的动力，产品同质化现象较为严重。目前，相当多的银行分支机构认为，金融创新只是其总行层面关心的事，将自己的职能仅定位在负责对总行规定的新产品的推广方面，没有自主创新的动力。由于缺少对创新产品的知识产权法律保护，一种新产品开发出来后，没有有效的法律法规加以认定和保护，于是很快就被其他银行仿效，使得产品最初的开发银行预期利润降低。这也使得各银行不愿投入过多的精力搞自主创新，从而导致产品同质化现象比较严重，造成银行业金融服务的广度和深度都还不够。这不仅制约着银行业的发展，也限制了实业界的快速发展。

讨 论 题

举出两个你所熟悉的金融创新例子，讨论它们是如何影响经济和社会生活的。

案例分析　QFII 制度：我国证券市场的创新

QFII 制度(Qualified Foreign Institutional Investor)即“合格外国机构投资者”，是指经国内监管部门审批获准直接投资国内股市的外国机构投资者。QFII 制度实质上是一种资本管制制度，它是指允许经核准的合格外国机构投资者，在一定规定和限制下汇入一定额度的外汇资金，并转换为当地货币，通过严格监管的专门账户投资当地证券市场，其资本利得、股息等经审核后可转为外汇汇出的一种市场开放模式。这种制度要求外国投资者要进入一国证券市场时，必须符合一定的条件，得到该国有关部门的审批通过。它限制的内容主要有：资格条件、投资登记、投资额度、投资方向、投资范围、资金的汇入和汇出等。在一些国家和地区，特别是新兴市场经济的国家和地区，由于货币没有完全可自由兑换，资本项目尚未开放，货币体系比较脆弱，金融市场发展也不成熟，外资介入有可能对其证券市场带来较大的负面冲击，因此，它们往往选择QFII制度作为一种过渡性措施，逐步地开放证券市场。实施QFII制度的目的在于监管当局对外资的进入进行必要的限制和引导，使之与本国或本地区的经济发展和证券市场发展相适应，控制外来资本对本国经济独立性的影响，抑制境外投机性游资对本国经济的冲击，推动资本市场国际化，促进资本市场健康发展。

由中国证券监督管理委员会、中国人民银行联合发布的《合格境外机构投资者境内证券投资管理暂行办法》(QFII制度)自2002年12月1日起实施。从其基本框架和制度设计来看，这种合格的境外机构投资者制度既借鉴了海外一些新兴市场如韩国、中国台湾的成功经验，又充分考虑到我国证券市场"新兴加转轨"的特殊国情，较好地坚持了"整体设计、循序渐进、稳步展开"的渐进开放模式。在目前人民币资本项目尚未开放的背景下，通过特定的QFII制度，不仅有助于我们解决证券市场开放中的核心问题——货币进出问题，也向证券市场国际化的方向迈出了决定性的第一步。

在该暂行办法中设计了比较严密的资金进入和汇出的管理制度，严把入口和出口关。对入口的管理，主要有对投资者的资格认定制度，对入市资金的额度控制以及对投资组合的比例控制。对外国投资者的资格进行认定采取许可证制度，并辅助以年检制度，对年检不合格者，将取消其在我国证券市场上的投资资格；对投资资格严格控制，设立门槛，目的是让国际上优秀的基金管理人进入中国。对出口的管理主要体现在对外国机构投资者本金的汇出上。该办法规定了本金的锁定期制度和分期分批汇出本金制度。这些规定可以有效地缓解资金离场情况，减少对市场的冲击。该办法还对境外机构投资者在投资范围上做出限制：即单个QFII对单个上市公司所持股比例不得超过10%，所有QFII对单个上市公司持股比例不超过20%。

在我国证券市场上实施QFII制，具有重大得意义：第一，有利于吸引外资，扩大利用外资的规模，改变投资者结构，壮大机构投资者队伍。当前，我国证券市场注册的投资者中绝大部分都是散户投资者。引入QFII制会使我国证券市场机构投资者有所增加，同时市场的资金供应渠道也将进一步趋于多元化。第二，有利于改变我国投资者得投资理念。在QFII制度下，所有参与的境外投资者的资格都经过严格的挑选和限制，基本上是一些坚持长期投资理念、坚持稳健投资原则的理性机构投资者，随着越来越多的境外券商和境外机构投资者进入，他们在股市中的操作会对中国股市整体的投资理念产生良性影响，对当前中国内地股市投机色彩可以起到淡化作用，有助于改变目前我国股市高度投机的市场理念，渐次形成一个稳健、理性的投资策略和投资理念。第三，有利于实现与国际接轨。通过引入QFII机制，可以向合格的外国机构投资者逐步敞开本国证券市场。这些境外投资者在国外证券市场上有着丰富的操作经验，引入QFII制将会对国内金融衍生产品研究和开发起到一定的推动作用，会加剧境内外券商、基金管理公司、保险公司等在金融创新方面的竞争，对促进国内金融机构加强风险管理产生重大影响。

截至2012年3月，证监会共批准了150家境外机构投资者进入我国证券市场。主要的QFII单位名称如表10-3所示。

表 10-3　进入我国的部分 QFII 名单

QFII 名称	批准时间
UBS Limited	2003.5.23
野村证券株式会社	2003.5.23
Morgan Stanley & Co. International Limited	2003.6.5
Citigroup Global Markets Limited	2003.6.5
Goldman. Sachs Co.	2003.7.4
Deutsche Bank	2003.7.30
香港汇丰银行	2003.8.4
渣打银行	2003.12.11
Merrill Lynch International	2004.4.30
Bill & Melinda Gates Foundation	2004.7.19
法国兴业银行	2004.9.2
家庭医生退休基金	2012.1.5
德意志资产亚洲	2009.2.24

资料来源：中国证券监督管理委员会网站(http://www.csrc.gov.cn/).

问题：

(1) 查阅相关资料，说明我国证券市场为什么要引进 QFII 制度。

(2) 目前 QFII 在证券市场上的表现及特征。

(3) 举出两个其他的金融创新，并简要分析。

练　习　题

1. 判断题

(1) 金融期货合约是一种标准化合约，交易双方约定在未来某个时间按既定的价格交易某种资产。（　）

(2) 在期权交易中，期权的买卖双方都可以选择到期是否执行合约。（　）

(3) 到期日之前任何时候均可以执行的期权称为美式期权。（　）

(4) 金融机构从传统的单一结构向多元化方向发展是金融机构创新的主要表现之一。（　）

2. 金融与经济之间存在着什么关系？

3. 衡量一国金融发展程度的指标有哪些？

4. 金融相关率与经济货币化率指标的变化有什么趋势？

5. 什么是金融创新？简述西方国家金融创新的主要内容。

6. 你认为金融创新与我国改革有何关系？

7. 改革开放以来我国有哪些金融创新？

参考文献

[1] 黄达.货币银行学[M].5版.北京：中国人民大学出版社，2013.
[2] 弗雷德里克·S.米什金.货币金融学[M].北京：中国人民大学出版社，2011.
[3] 易纲，吴有昌.货币银行学[M].上海：上海人民出版社，2014.
[4] 胡庆康.现代货币银行学教程[M].上海：复旦大学出版社，2014.
[5] 朱新蓉.金融概论[M].北京：中国金融出版社，2003.
[6] 蒋先玲.货币银行学[M].北京：中国金融出版社，2010.
[7] 庄毓敏.商业银行业务与经营[M].北京：中国人民大学出版社，2010.
[8] 王勇，等.金融风险管理[M].北京：机械工业出版社，2013.
[9] 徐进前.金融创新[M].北京：中国金融出版社，2003.
[10] 李敏.现代货币银行学[M].上海：复旦大学出版社，2011.
[11] 何乐年.金融基础知识[M].成都：西南财经大学出版社，2002.
[12] 曹凤岐，等.证券投资学[M].北京：北京大学出版社，2013.
[13] 黄达.金融学[M].北京：中国人民大学出版社，2012.
[14] 张亦春.金融市场学[M].北京：高等教育出版社，2013.
[15] 曹龙骐.金融学[M].北京：高等教育出版社，2013.
[16] 戴国强.货币银行学[M].北京：高等教育出版社，2010.
[17] 张金清.金融风险管理[M].上海：复旦大学出版社，2011.
[18] 施兵超.金融风险管理[M].上海：上海财经大学出版社，1999.
[19] 郑振龙，陈蓉.金融工程[M].北京：高等教育出版社，2012.
[20] 宋海林，等.中国货币信贷政策理论与实证[M].北京：中国金融出版社，2003.
[21] 宋清华，李志辉.金融风险管理[M].北京：中国金融出版社，2003.
[22] 吴腾华，吕福来.现代金融风险管理[M].北京：中国经济出版社，1999.
[23] 钱晔.货币银行学[M].大连：东北财经大学出版社，2003.